LAS ALUSIONES SEXUALES DE JESUCRISTO

Francisco Juanes

LAS ALUSIONES SEXUALES DE JESUCRISTO

EN EL ARTE DE LA PINTURA

ALUSIONES SEXUALES Y SIMBOLISMOS ERÓTICOS EN
LAS IMÁGENES CRISTOLÓGICAS

© Francisco Juanes, 2016

Reservados todos los derechos. El contenido de esta obra está protegida por la Ley, que establece penas de prisión y/o multas, además de las correspondientes indemnizaciones por daños y prejuicios, para quienes reprodujeren, plagiaren, distribuyeren o comunicaren públicamente, en todo o en parte, una obra literaria, artística o científica, en cualquier tipo de soporte o comunicada a través de cualquier medio, sin la preceptiva autorización.

ÍNDICE.

PRELUDIO 13

INTRODUCCIÓN 19

I- EL EROTISMO Y LO SAGRADO 27
    Misterio y magia de la sexualidad primitiva. 27
    Culto al falo en la Antigüedad 43

II- LOS GESTOS SIMBÓLICOS DE JESUCRISTO 59
    Las caricias de la "mamola" 65
    Los pies desnudos y la sexualidad 73
    El paradójico "velo de pudor": el perizoma 83
    Desvelando lo sagrado: el sexo del niño Jesús 93

III- LA NUTRICIÓN DEL CRISTO LACTANTE 111
    La Virgen nutricia 117
    El Niño pidiendo comida 121
    Desnudando a la Virgen 127
    La primera satisfacción sexual de Cristo 137
    La exhibición del objeto del deseo 145

IV- ALUSIONES SEXUALES EN JESUCRISTO 151
    Exhibicionismo genital 151
    Voyerismo cristológico 169
    El impúdico *christus pudicus* 189
    Tocamientos genitales de Jesucristo 197
    La erección de Jesucristo 209

V- SÍMBOLOS RELIGIOSOS Y ERÓTICOS 223
    La fruta del amor 241
    Breve historia del "pajarito" 253
    El dedo impúdico 271
    Recapitulación: vestigios del culto a príapo 281

VI- EPÍLOGO 289

A la meua germana.

Advertencia

Este trabajo versa sobre la sexualidad y el erotismo de Jesucristo en la pintura, por lo tanto podrá contener imágenes y textos susceptibles de perturbar algunas sensibilidades. En ningún momento es nuestra intención calumniar, denigrar, ofender o despreciar la fe del creyente. Simplemente creemos pertinente un tema como este porque intenta esclarecer unos hechos que han sido velados durante largo tiempo y postergados al olvido. Sabemos que tanto la sexualidad como la religión son temas muy delicados para ciertas personas. Aquí no estamos para valorarlos sino únicamente en relación a las pinturas sobre Jesucristo (en adelante *pintura cristológica*).

Seremos considerados con las palabras y sólo expresaremos conceptos demostrables sostenidos por los textos de expertos modernos así como antiguos y reputados teólogos de la Iglesia. Ninguna invención mía existe en este trabajo, y mi opinión, cuando la plasme, mucho me guardaré de que sea irrespetuosa.

PRELUDIO

¿Qué pensaría el lector si yo le asegurara que existen muchísimas pinturas cristianas en los que se representan claramente y sin ningún tipo de pudor los genitales de Jesucristo? ¿Qué diría si le contara que el pene de Cristo fue un verdadero filón temático para los artistas del Renacimiento? Posiblemente usted, al igual que otros muchos, se resistirá a creer que la verdadera intención de los artistas a la hora de pintar a Jesucristo fuera representar un discurso en torno a su sexualidad. Pero no se extrañe tanto. Tal y como iremos descubriendo a lo largo de este libro, la verdadera razón de ser de muchas pinturas cristológicas es, curiosamente, el mostrarnos la sexualidad de Jesucristo... por increíble que parezca.

No es nada nuevo el hecho de que los artistas aborden el tema de la sexualidad de Dios, pues ya las primeras formas religiosas otorgaron gran importancia a los genitales de sus ídolos, piénsese por ejemplo en las *venus* paleolíticas; también es cierto que posteriormente algunas civilizaciones narraron en sus mitos los escarceos amorosos de sus dioses, por ejemplo la griega. Pero esto no debe parecernos raro, al fin y al cabo el sexo es el creador de la vida y el responsable de la consecución de las especies. Con el sexo empieza todo a modo de *Génesis,* y por ello bien podemos decir que la sexualidad es el mayor poder genésico conocido, o sea, el mayor poder creador.

Que algunas divinidades con órganos generadores queden plasmadas artísticamente con forma antropomórfica (forma humana) tampoco es tan anómalo, ya que lo sagrado se define por las similitudes y diferencias respecto de lo humano. Es por este motivo por el que a lo largo de la Historia se han representado dioses con una genitalidad evidente "al modo humano", según el referente que mejor conocíamos y que teníamos más a mano (nunca mejor dicho).

****

Observen como primer ejemplo la pintura que a continuación les presentamos. Se titula *La Sagrada familia en el fuego,* del artista Jan Cornelisz Vermeyen, pintado aproximadamente entre 1532-33.

Obviamente lo menos significativo de esta imagen es el gato que duerme en su camastro, en la parte inferior del cuadro, y cuya representación no es baladí, pues su objetivo es apelar a nuestra compasión hacia los pequeños animales necesitados de cuidados de igual manera que a todo bebé humano; el fuego que se haya en la parte inferior izquierda remite a un calor confortable, una sensación agradable y cálida, a una escena hogareña; la mujer de la esquina superior derecha nos mira directamente para apelar a nuestra complicidad, o sea, para integrarnos en la escena y hacernos sentir partícipes de ella, recurso muy en boga en las artes pictóricas de antaño. Pero todos estos elementos tan comunes en la Historia del Arte no tienen mayor importancia ni trascendencia, es más, son recursos muy habituales dentro del ámbito artístico. Lo verdaderamente sorprendente son otras cosas que suelen pasar desapercibidas.

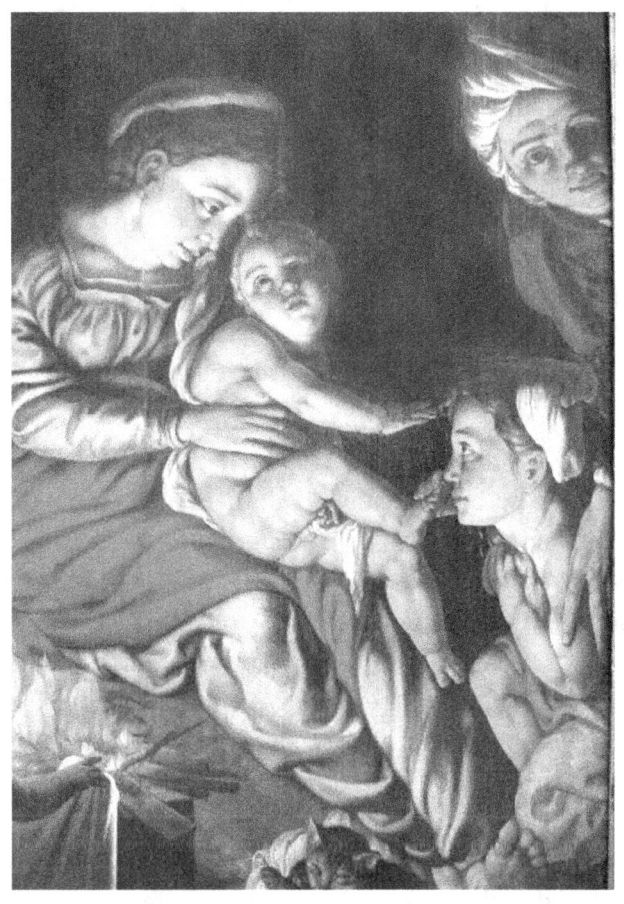

Vamos a empezar por la figura de la madre de Jesús con el pequeño en brazos. La Virgen está descalza mientras sostiene al Niño en su regazo. Y no está descalza por capricho del pintor. El hecho de pintar a un personaje con los pies desnudos (*planta nuda*) es señal inequívoca -según la tradición religiosa- de que se está en presencia de lo sagrado (el arte copió este gesto de la liturgia). Más importante que los pies de la Virgen son los del Niño, que también está descalzo mientras la mujer que nos mira le toca el pie. Aunque les resulte difícil de creer, el pie es un eufemismo iconográfico habitual para designar los genitales (tal y como les demostraremos a su debido tiempo en el capítulo titulado *Los pies desnudos y la sexualidad*).

Pero lo más significativo de este cuadro, lo que ocupa el centro compositivo y espacial, lo más sobresaliente es, sin duda alguna, que el Niño se está tocando su pene. En principio las personas que visitan los museos no se fijan en estos pequeños detalles, en parte por desconocimiento, pero también porque se nos ha educado a excluir apriorísticamente la posibilidad de un discurso en torno a la sexualidad de Jesucristo. Por lo tanto, ni siquiera nos fijamos en cosas tales como la anatomía genital de Jesucristo, aunque esté delante de nuestros propios ojos.

Sin embargo es evidente e irrebatible que el Niño se está manoseando sus genitales; el gesto no admite discusión, se observa a simple vista; podemos estar en desacuerdo con su significado pero no podemos negar el carácter incontestable del gesto: ¡Jesucristo se está tocando el pene! Y en este punto es importante hacer una matización: parece ser que su pequeño pene se encuentra en erección. Todo ello ocurre mientras su mirada se encuentra extraviada y bizca, señal empleada por la tradición pictórica para representar el clímax sexual.

A la vista de la clara e innegable alusión a los genitales de Jesucristo y a su erección, así como al placer sexual que está experimentando, obviamente hay que formularse unas preguntas necesarias: ¿Piensan ustedes que es casual que el artista haya representado al Niño Jesús cogiéndose el pene; un capricho aislado de un artista en concreto? ¿Creen que sus ojos bizcos son producto del mal pulso del pintor que no supo centrar la pupila en la bola del ojo? Pues no, ni una cosa ni otra son casuales: ni es un despiste del artista haber representado al Niño manoseándose sus partes ni es un capricho haberlo pintado bizco como señal de goce sexual. Todo es intencionado, cada pintura era la culminación de rigurosos estudios preliminares, nada quedaba al azar.

Aquí hay una cuestión capital, un punto muy importante a tener en cuenta antes de que avancemos más en este estudio: el hecho de que se represente al mismísimo Dios tocándose el pene indica que ese gesto es arquetípico, o sea, es un *gesto modelo* para el ser

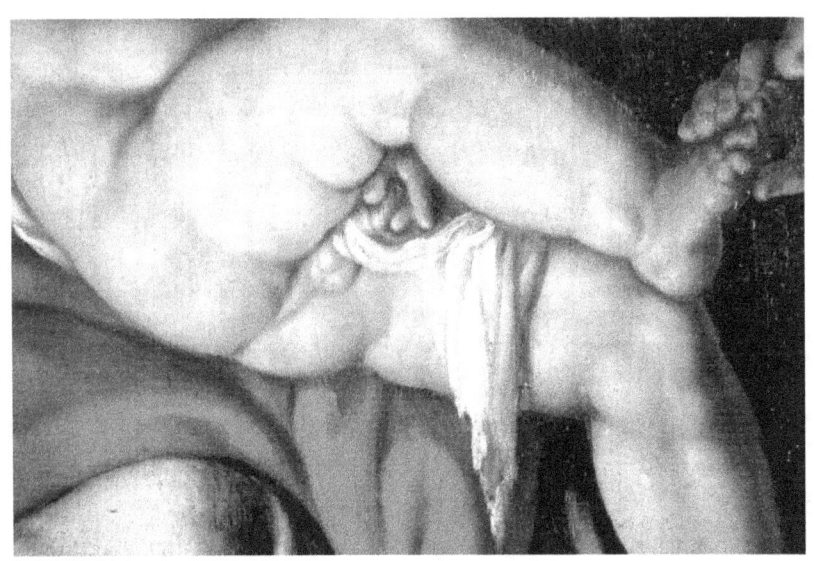

humano, un gesto a imitar, a través del cual se nos está intentando transmitir una enseñanza profunda y trascendental, como es normal en toda pintura religiosa y máxime si es el mismísimo Dios el representado.

No es un gesto baladí: se representa al personaje principal del cristianismo palpándose su sexualidad, no a cualquier santo o personaje secundario y mundano. Este hecho significa que los artistas que realizaron esos cuadros tuvieron que tener muy claras las ideas como para pintar a Cristo de forma impúdica. Y lo que es más: sin temer ser censurados por las autoridades religiosas, máxime en aquellas épocas donde la Iglesia tenía tantísimo poder y castigaba duramente las herejías. Por lo tanto, las incógnitas que suscitan estos hechos son: ¿No temían los artistas ser condenados o excomulgados al pintar semejantes blasfemias? ¿Por qué se arriesgaron a pintar estas "indecencias"?

La respuesta es obvia. Indudablemente la masiva proliferación de este tipo de cuadros indica sin ningún género de dudas que estas pinturas fueron permitidas. Pero, ¿por qué no fueron prohibidas si la sexualidad ha sido un tema tan delicado para la pastoral cristiana? O invirtiendo la pregunta: ¿Por qué fueron estas pinturas, aparentemente heréticas, permitidas e incluso fomentadas por la Jerarquía eclesiástica? ¿Qué pretendían transmitir pintando los genitales de Jesucristo y qué movió a las autoridades religiosas a tolerarlo y a fomentarlo?

Poco a poco, paciente lector, tendrá respuesta a estas preguntas.

****

Vamos a emprender un viaje a lomos de la iconografía pictórica cuyo propósito será dilucidar la conexión entre la sexualidad y lo sagrado en la figura de Jesucristo, analizar sus imágenes y esclarecer el por qué su sexualidad es centro discursivo a la vez que se da sobre Él un culto al falo (consciente e inconsciente) que nunca ha dejado de sucederse. Este trabajo empezará su andadura en la prehistoria, repasando los orígenes de las religiones para comprender el nacimiento del culto al falo, pero la gran mayoría de las pinturas que comentaremos serán de tiempos góticos y renacentistas.

NOTA: Ante la insuficiencia de espacio y en provecho del lector nos vemos en la obligación de alojar las imágenes tratadas en el presente volumen en la siguiente dirección web:

www.elcultoalfalodejesucristo.blogspot.com

De este modo siempre podrá usted recurrir a esta dirección para visionar con óptima calidad todas las imágenes aquí analizadas. Además están ordenadas siguiendo la narración exacta de los capítulos del presente libro y contienen todos los datos técnicos (autor, título, fecha, museo, etc.)

Espero que disfrute de la lectura.

INTRODUCCIÓN

Nuestra tarea en este libro se limitará a analizar las pinturas con alusiones sexuales y eróticas en la figura de Jesucristo y, a su vez, interpretar su sentido. Será inevitable dar algunos rodeos, pertinentes en todo caso, para tener una mejor visión de conjunto y necesarios para la metodología interdisciplinar que pretendemos en esta investigación.

Nada en este estudio es invención mía. Simplemente me limitaré a presentarles las pruebas que la Tradición pictórica nos ha legado para que ustedes mismos juzguen. Empecemos.

****

El hecho de que la pintura religiosa represente la sexualidad de Jesucristo responde a una necesidad intelectual, a un afán por abordar cuestiones incógnitas referentes al erotismo humano; es una manera de afrontar interrogantes irresueltos que no hallaban expresión en el cristianismo oficial pero sí en el mundo pagano. Pero a su vez estas pinturas también respondían a una necesidad emocional y una imperiosidad por concebir a los dioses como semejantes nuestros, más cercanos, capaces de ayudarnos tal y como lo haría un padre o un hermano mayor. (Sabido es que el factor emocional desempeña un papel importantísimo en la psicología religiosa).

Dejando los fundamentos psicológicos momentáneamente de lado, lo cierto es que ya por los albores del Renacimiento, con el Gótico flamenco, la iconografía cristiana empezó a contemplar conceptos paganos relacionados con la regeneración de la vida y el reflorecimiento natural. De esta manera los artistas cristianos representaron esas ideas tal y como se había hecho en todas esas religiones precedentes: pintando los órganos generadores de los dioses y personajes mitológicos, en este caso los genitales de Jesucristo por ser Dios Encarnado.

Con el advenimiento del humanismo empezaron a utilizar profusamente el falo de Cristo como símbolo-demostración de la *Encarnación* de Dios en un ser humano. Dicho de otro modo: representar los genitales de Jesucristo pretendía demostrar su naturaleza humana. Pintar sus genitales era pues una demostración de que Jesucristo era un ser humano completo en todas sus partes, y por lo tanto, como todo ser humano, tenía unos genitales igual que nosotros. Esta fue la principal hipótesis del erudito Leo Steinberg (que será comentada a lo largo de este trabajo, si bien la desarrollaremos más), y fue, obligado es decirlo, la idea germen a partir de la cual inicié mis investigaciones hace ahora quince años. Es de rigor agradecer a Leo Steinberg la inspiración que aún sin él saberlo me confirió.

Sin embargo en torno al falo de Cristo se articuló una amplia dialéctica que apuntaba más allá del mero simbolismo de la Encarnación. Apuntaba también hacia una concepción sexual del universo, donde la genitalidad de Cristo remitía de forma simbólica al origen de la vida en la Tierra: una concepción genésica que dotaba a Jesucristo de la capacidad creadora por antonomasia. En otras palabras: *la sexualidad de Cristo era entendida como el símbolo de su poder creador*, del poder creador de Dios, pues fue Él quien creó todo lo existente.

Es normal que su poder creador se simbolizara con sus genitales, pues al igual que las nuevas criaturas vienen al mundo gracias a la sexualidad, el universo entero se creó gracias al poder creador de Dios. Y como no podía ser de otra manera su poder creador se simbolizó con el órgano con el que se fecunda la vida, exactamente igual que hacían las antiguas religiones que representaron también a sus dioses con órganos sexuales. Un dato importante a tener en cuenta es que tal modo de concebir la sexualidad de Cristo fue entendido de forma simbólica y sagrada, no frívola ni anecdótica, sino todo lo grave y solemne que se merece el trato a lo sagrado. Remarquemos una vez más un dato muy importante que conviene no olvidar: *La sexualidad de Jesucristo también simboliza su poder creador, y no sólo su carnalidad.*

En un principio era fácil pensar que muchas de estas obras, con similares contenidos sexuales a la iconografía pagana, sortearon su destrucción gracias a que los artistas cristianos supieron velar sabiamente esas ideas por medio de las simbologías empleadas. Aunque más tarde quedó claro que esta idea no se sostenía, pues sabido es que existieron sacerdotes expertos en simbología que hubiesen podido denunciar tales "inmoralidades". Dichos religiosos a veces ayudaban a los artistas a planificar y concebir sus cuadros y los elementos en él representados, por lo que no puede argüirse el desconocimiento del clero. Y además, estas pinturas no disimulaban las alusiones sexuales de Jesucristo, ya que eran igual de evidentes a simple vista hace cinco siglos como lo son hoy en día, lo cual indica que sí se permitieron dichas representaciones. De hecho queda constancia en escritos eclesiásticos antiguos que el decoro de Jesucristo por representarlo desnudo ya les preocupaba hace cinco siglos, pero las autoridades religiosas continuaron permitiéndolo. Repetimos esto porque también es un dato muy importante que debemos recordar: *Las pinturas que aluden o representan los genitales de Jesucristo fueron permitidas por el clero e incluso fomentadas para que los feligreses entendieran mejor algunos conceptos teológicos.*

Si esos cuadros se permitieron fue precisamente por su carácter sagrado, ya que atendían a conceptos religiosos trascendentales: una nueva concepción de la vida otorgada por un dios encarnado, por una divinidad de carne y hueso como cualquier humano. Y como no podía ser de otra manera, entre sus atributos humanos estaban sus genitales, los cuales "demostraban" su naturaleza humana.

El error de apreciación por el que podía pensarse que esas obras habían sorteado la censura gracias a los simbolismos empleados era debido a nuestra mirada anacrónica, pues solemos caer en el error de creer que lo que pensamos hoy en día es lo mismo que lo que pensarían los fieles de antaño. O dicho en otros términos: solemos creer que nuestros temores, desconfianzas, deseos y, en definitiva, nuestra psicología es la misma que la de hace quinientos años. En realidad no es así. Cada época ve de una manera distinta a sus dioses e intenta dotarlos de sus valores preferidos, de ahí que la evolución religiosa y la evolución de los dioses sea un hecho incontestable si repasamos la Historia de las Religiones. Si hoy en día vemos esas imágenes y las juzgamos faltas de pudor, sólo es la manera en que algunos se han acostumbrado a mirarlas, pues nos enseñaron a excluir apriorísticamente la posibilidad de unos genitales en Jesucristo así como a evitar preguntas al respecto sobre su sexualidad, acusándonos de amoralidad en el mejor de los casos sólo por el hecho de pensar tal posibilidad, y de herejía en el peor. Fue como si la tan promulgada "humanidad" de Cristo excluyera su genitalidad, que es precisamente el órgano que nos hace humanos y nos permite perpetuarnos amándonos de forma única en todo el reino animal.

Sin embargo, las creencias sobre Cristo están sujetas a cambios conforme nuestras modas y limitaciones históricas y culturales, hecho por el cual tendemos a dotar a Cristo de una esencia semejante a nuestra realidad actual. Por esa razón la vergüenza que sienten hoy algunas personas cuando observan los genitales del Mesías sólo es una proyección de su represiva moral sexual, de su sentimiento de culpabilidad, aunque es de prever que en aquellos tiempos la sexualidad de Cristo estuvo libre de toda sospecha de pecabilidad (recordemos que teológicamente estaba exento de pecado original), por eso se representaron sin miedo sus genitales, porque no contenían pecado.

Más bien sucedía todo lo contrario: el sexo de Cristo se mostró orgulloso porque era un símbolo sexual sin pecado que, a la postre, remitía a la exclusividad humana, lo que nos convertía en privilegiados dentro del reino animal, y todo ello bajo una concepción sagrada de la sexualidad, no pecaminosa. De igual modo también estaban convencidos de que sus genitales simbolizaban la capacidad creadora de Dios, en sintonía con el resto de religiones que igualmente dotaban a sus divinidades de la facultad creadora. Así, la representación de la genitalidad de Cristo empezó a entenderse poco antes del Renacimiento como algo que honraba a Dios, pero también a nosotros los hombres por estar hechos *a su imagen y semejanza*, y no de forma vergonzosa tal y como pretendió e instauró la Jerarquía con el paso del tiempo.

El arte cristiano desarrolló entonces toda una suerte de estrategias variadas para remitir a la sexualidad de Jesucristo, que en su gran mayoría serán tratadas el presente volumen, como por ejemplo las siguientes:

- Afrontaremos ejemplos pictóricos de la lactación del niño Cristo, en la cual vemos el pecho desnudo de la Virgen, o sea, el primer "objeto de deseo" de todo ser humano nada más nacer, pues ese pecho nutricio nos alimentará y permitirá que sobrevivamos, amén de estar relacionado con el despertar del deseo erótico de todo neonato, tal y como nos cuenta el psicoanálisis.

- Estos mismos pintores renacentistas representaron la visita de los reyes magos al pesebre del Nacimiento (la Epifanía) en donde adoraron al Mesías, con la salvedad de que vemos al Niño desnudo (en pleno invierno) exhibiendo sus genitales intencionadamente, y lo que es más importante, los magos mirando directamente la sexualidad del Niño, pues tal era el cometido de estos sabios: certificar a modo de notarios la humanidad de Cristo comprobando visualmente su sexualidad humana.

- También trataremos la exhibición genital del Niño, cuando muestra directamente su sexo a los espectadores, recurso este que servía para exhibir el falo sagrado de Dios que protegerá al mundo de la infertilidad (del mismo modo en que lo entendieron griegos y romanos). Los cuadros en los que se retrata al Niño exhibiendo frontalmente y sin tapujos su pene son realmente muy, muy abundantes en la Historia del Arte.

- Abordaremos con el mismo espíritu escrutador los tocamientos a los genitales de Cristo, tanto cuando es Él mismo quien se toca como cuando es otro personaje quien le toca el pene, en tanto que esos tocamientos genitales son la certificación táctil de su naturaleza humana, algo así como una demostración palpable, similar a los cuadros de *la duda de Santo Tomás* en los que este santo tuvo que tocar la herida de Cristo para creer que realmente era Él. Si los reyes magos certificaban la naturaleza sexual y humana del Niño mirando su sexualidad mientras este permanecía en el pesebre, otros personajes -como su madre o su abuela- certificarán la naturaleza sexual y humana de Cristo tocándole los genitales.

- Revisaremos igualmente las erecciones de Jesucristo adulto como forma de aludir a la regeneración de la vida natural tras la muerte, generalmente alusiva a su Resurrección. Dicho en otras palabras: existen ejemplos en los que se muestra a Jesucristo con el órgano erecto aludiendo así a la Resurrección de su cuerpo, pues si los genitales son el símbolo que demuestran su naturaleza humana, también fue a través de ellos como se representó la resurrección de esa misma carne humana, o sea, la resurrección del cuerpo. El pene erecto de Jesucristo representa la resurrección. Pero esta idea no es original del cristianismo; recordemos que muchas religiones antiguas ya habían representado a sus dioses con el órgano erecto para remitir a la regeneración de la naturaleza durante el equinoccio de primavera; el cristianismo simplemente adoptó esa forma simbólica en su iconografía adaptándola a su Dios. Huelga decir que, por cuestiones de decoro, sobre los genitales en erección de Cristo adulto se pintaba un paño de tela que, no obstante, no disimulaba el bulto inusual de su pene.

INTRODUCCIÓN

- Analizaremos también distintos simbolismos eróticos utilizados por Jesucristo, como por ejemplo el empleo de una granada en la que el niño Cristo mete sus dedos, y veremos que en realidad la granada remite a la vagina de la Virgen; o la representación de un pajarito atado con un hilo que sujeta el pequeño Cristo, cuyo significado no es otro que una metáfora de su pene; e incluso veremos a Cristo realizar un gesto grosero, como erguir y mostrar frontalmente el dedo medio de la mano mientras encoge los otros dedos, es decir, el gesto impúdico hecho con el dedo rígido que se muestra a modo de insulto y que remite al falo en erección. Tal y como veremos estos simbolismos contienen un sentido erótico que ya quedó registrado tanto en la Tradición iconográfica como en la Historia, por lo que sus significados quedaron establecidos hace mucho tiempo y no admiten discusión. ...Y Cristo realizará todos estos gestos obscenos, tal y como iremos viendo a lo largo de este trabajo.

En resumen: repasaremos exhaustivamente los diversos gestos y simbologías utilizados para remitir a la sexualidad de Cristo y los analizaremos. De esta forma el lector podrá interpretar correctamente el sentido de esos cuadros clásicos y conocerá el verdadero significado de las pinturas cristológicas.

Después de leer este libro no volverán a contemplar un cuadro sobre Jesús del mismo modo en que lo han hecho hasta ahora. En adelante identificarán y conocerán el sentido de los simbolismos eróticos de Jesucristo.

I- EL EROTISMO Y LO SAGRADO

MISTERIO Y MAGIA DE LA SEXUALIDAD PRIMITIVA.

«El primer ámbito sagrado de la época primitiva está probablemente allí donde las mujeres han dado a luz.»
(Erich Neumann)

(Me perdonará el lector pero se hace imprescindible un breve resumen de los albores de la cultura humana para poder comprender correctamente de dónde proviene el culto al falo de Jesucristo y por qué se representaba a los dioses paganos con órganos genitales. De modo contrario, de no revisar los inicios de las religiones, no comprenderemos en toda su amplitud la necesidad humana de dotar a los dioses de capacidad sexual y dialéctica erótica. Este primer capítulo es la base necesaria en aras de un mínimo rigor metodológico y en provecho del lector.)

****

El ser humano es un animal increíblemente desarrollado. Desde los albores de su aparición progresiva hasta ahora, algunas de sus ramas genéticas se extinguieron, por ejemplo el *Australopithecus* o el *homo Neanderthalensis*, pero otra llamada *homo sapiens (sapiens)*, o sea, nosotros, llegó a tener un grado de conciencia tan excepcional que domina sobre la tierra y todas sus bestias.

En Atapuerca existe constancia de los homínidos más antiguos de Europa, de hace un millón de años. Los primeros restos de enterramientos así como funciones mentales más avanzadas tales como las expresiones simbólicas complejas (el arte) datan de hace aproximadamente unos cien mil años, ¡pero hace sólo 40.000 años de la aparición de quien es nuestro semejante!: el *Homo (sapiens) sapiens*. (En realidad 40.000 años es apenas un suspiro si tenemos en cuenta todo el tiempo de desarrollo de la vida sobre el planeta.)

El arte paleolítico que interesa para nuestros propósitos, aunque su datación sea siempre controvertida, se desarrolló aproximadamente entre los años 32.000 al 10.000 a.C. De estas formas artísticas las más conocidas son las pinturas parietales (las representadas en las paredes de las cuevas). Los individuos que participaron en la creación de esas imágenes no se diferenciaban de nosotros: ya eran *Homo sapiens (sapiens),* semejantes al hombre moderno, con las mismas funciones mentales e igual capacidad craneal que nosotros, aunque es de suponer que con una consciencia menos evolucionada y menor facultad de reflexión, lo cual compensaba con una mayor emotividad e intuición. En el interior de sus cuevas representaron figuras claramente relacionadas entre ellas, como hechiceros, animales míticos y falos, y en algunas de ellas vemos hombres con el sexo erecto, generalmente el chamán.

Cuando el ser humano empezó a separase de su "animalidad natural" su sexualidad sufrió cambios significativos respecto de sus compañeros los animales. Existen diferencias sustanciales entre el sexo de los animales y el nuestro. Al respecto nada mejor que remitirse a los eruditos como por ejemplo Octavio Paz, quien distingue al igual que otros muchos autores entre sexo, sexualidad, y erotismo. El sexo alude a los aspectos fisiológicos y biológicos de la genitalidad animal y todas las especies con reproducción sexual hacen gala de ello, incluida la nuestra. La sexualidad es, por el contrario, ese enorme repertorio de afectos, cariños, amores, apegos y un largo etcétera. La sexualidad escapa a lo biológico por estar definida principalmente por la inteligencia humana. Es, como dice José Antonio Marina, «una desbiologización de lo biológico»[1].

---

[1] MARINA, José Antonio. *El rompecabezas de la sexualidad.* Barcelona;

La sexualidad humana ha dejado de ser instintiva para convertirse en una verdadera construcción cultural, una creación que deviene del logro de "lo social" y que al final compone ese enorme amasijo simbólico que es la sexualidad humana. Cabe decir que sólo el ser humano disfruta de su sexualidad con plena conciencia, mientras que los demás animales disfrutan del instinto sexual, no de la sexualidad en sentido pleno. La sexualidad se define por las emociones y sentimientos humanos, mientras que el sexo es biología al servicio de la procreación: sólo fisiología.

Dentro de la sexualidad humana existe una construcción intelectual e imaginativa llamada erotismo, el cual, como podrán intuir, se basa en una recreación cuyo fin inmediato es acrecentar el placer, avivar el deseo y potenciarlo mediante un énfasis puesto en la sensualidad (y por ende en la estética). El erotismo se desprende de la sexualidad, sí, pero es distinta a ella: es sexualidad distorsionada, o también podemos llamarla perversa, no en sentido peyorativo sino referida a los desvíos psíquicos necesarios para la recreación intelectual. El erotismo es también sólo característico de la especie humana, es esa cristalización que transforma la sexualidad y se aliena de ella, pues poco le interesa al ser erotizado la procreación y mucho la recreación y el deseo. Octavio Paz opina así:

> «En la sexualidad la violencia y la agresión son componentes necesariamente ligados a la copulación y, así, a la reproducción; en el erotismo, las tendencias agresivas se emancipan, quiero decir: dejan de servir a la procreación, y se vuelven fines autónomos. En suma, la metáfora sexual, a través de sus infinitas variaciones, dice siempre *reproducción;* la metáfora erótica, indiferente a la perpetuación de la vida, pone entre paréntesis a la reproducción.» [2]

Anagrama, 2002. p. 17.
[2] PAZ, Octavio. *La llama doble. Amor y erotismo.* Barcelona; Seix Barral, 1993. p. 11.

El erotismo comporta pues una "tarea mental" en la cual es necesaria la recreación de los sentidos, sobre todo a través de la imaginación y la ensoñación, las perversiones, fantasías, etc. El erotismo es sexualidad transformada y socializada por la imaginación y el intelecto, puesto que es invención y variedad en donde prima la recreación: es esa búsqueda psicológica que proporciona placer en los sentidos independientemente de la finalidad reproductora.

Cabe señalar que existe una enorme diferencia entre nuestra consciencia y la de los animales[3]: nosotros hace milenios que vamos repitiendo *"mors certa, hora incerta"*, mientras que los animales no son conscientes de su finitud. Es decir, que la principal diferencia por la que nosotros somos eróticos y los animales no, es porque nosotros tomamos consciencia de que a buen seguro la hora de nuestra muerte llegará: esta es la condición principal sin la cual seríamos meros animales y no podríamos disfrutar del erotismo. Además existen muchas otras diferencias de orden biológico y sexual, por mucho que los chimpancés pigmeos (bonobos) se asemejen en sus usos sexuales a los humanos. Aún a pesar de estas excepciones sorprendentes en algunos simios, lo cierto es que la sexualidad humana difiere en grado de la animal, la cual se activa en mayor grado por unos desencadenantes biológicos: alteraciones hormonales provocadas por el cambio de estación, cambios en el aspecto y el olor, etc. Sin embargo, en el ser humano, la inteligencia y la cultura han provocado que nuestra sexualidad se haya independizado del determinismo del instinto, y a su vez el instinto queda también independizado del objeto sexual.

---

[3] A fecha de hoy todavía existe mucha controversia en el ámbito científico sobre qué es la conciencia. Los últimos estudios recurren a la física cuántica para dar cuenta de ella, pero del mismo modo otros estudios insinúan que bien podría estar desligada de la mera fisiología cerebral: esta hipótesis no cabe desecharla de momento por mínima que sea su posibilidad, aunque sea una hipótesis espiritualista y alejada del materialismo imperante.

En otras palabras: con el erotismo nos alejamos de la biología y nos integramos en la "cultura".

Sólo el humano es un ser erótico, sólo nosotros recreamos y pervertimos intelectivamente el instinto, pues no podemos abstraernos de nuestra naturaleza, no podemos dejar de intelectualizar nuestro instinto sexual porque en su día, tal y como narra el mito, comimos del fruto prohibido en el Jardín del Edén y cambió nuestra consciencia. De eso tratan precisamente los primeros versículos del capítulo 3 del *Génesis,* de una historia donde el hombre gozó del sexo hasta el momento en que tomó del fruto prohibido, cuando, según la serpiente, se nos abrirían los ojos y seríamos conocedores del Bien y el Mal. Dicho de otro modo: comer el fruto prohibido implica tomar consciencia erótica, en oposición al uso hasta entonces instintivo del sexo; nos separamos de la animalidad y del instinto sexual (el Bien) y nos acercamos al grado de consciencia que tenemos, a la cultura humana, al erotismo (el Mal según algunos exégetas). El mito de Adán y Eva narra de esta forma la separación respecto de los animales gracias a la toma de conciencia (el conocimiento del Bien y del Mal) y con ello la ideación intelectual del erotismo.[4]

En aquellos tiempos ancestrales el ser humano apenas era reconocible como tal y empezaba a alejarse de la animalidad, aunque todavía estaba guiado por sus instintos: fundamento vital y único medio con que la naturaleza ha dotado a sus especies para perpetuarse y cuya necesidad más inmediata es la supervivencia. Para lograr la supervivencia de toda especie obviamente son imprescindibles dos pautas básicas: alimentarse y reproducirse. Dos imperativos ineludibles para que cualquier forma de vida pueda perpetuarse. No olvidemos estas dos exigencias supremas: ¡nutrición y sexualidad! Éstas serán las dos estrategias más utilizadas por los artistas para remitir al sexo de Jesucristo.

---

[4] Al respecto véase *El fundamento erótico del cristianismo;* capítulo *El mito adámico: la primera transgresión sexual.*

Pasemos brevemente a comentar ahora la primera necesidad básica para sobrevivir: **la nutrición**.

Imaginemos por un instante el hambre que sufrirían los homínidos hace decenas de miles de años; imaginemos las muertes provocadas por la ingesta de alimentos contaminados o venenosos; imaginemos la obsesión para conseguir alimentos y las muertes devenidas tras la lucha con ciertos animales. La vida no sería tan plácida como algunas películas nos quieren hacer creer; la prehistoria no fue un jardín del Edén sino más bien todo lo contrario. De hecho, la principal hipótesis de la extinción de los neandertales es, precisamente, el hambre, devenida con la última glaciación, que hizo desaparecer muchos de los alimentos de los cuales se sustentaban.

Es comprensible la exigencia de la nutrición para subsistir y, por lo tanto, también es entendible la obsesión de nuestros ancestros por los animales de los cuales se sustentaban, hasta el punto que llegaron a grabarlos y pintarlos en el interior de sus refugios con su controvertida función "mítico-mágica" o "magia simpática". Salomón Reinach elaboró la primera teoría popular denominada "magia de la fertilidad", la cual propone que la representación de animales garantizaría su reproducción y por consiguiente la provisión de alimentos para el grupo humano: la finalidad de esas pinturas era pues garantizar el suministro alimentario (según esta hipótesis). Actualmente sin embargo al arte paleolítico no se le reconoce una función clara que lo relacione con la caza o la procreación en la medida de certidumbre que desearíamos, pues existen teorías que refutaron las hipótesis de la "magia simpática" por el hecho de que sólo el 10 por ciento de las especies representadas eran cazadas.

Pero en la década de los 50 dos investigadores franceses, Annette Laming-Emperaire y André Leroi-Gourhan, concluyeron que las cuevas fueron pintadas siguiendo un orden sistemático y planificado, no azaroso, considerando a los grupos de animales como símbolos y no como retratos. De igual forma también diferenciaron los signos abstractos grabados en las paredes de las cuevas como masculinos (falos) y femeninos (vulvas). Los grupos de animales más frecuentes, caballos y bóvidos, pasaron a representar la dualidad sexual (los equinos corresponderían al principio femenino y los bóvidos al masculino). La disposición de los animales en las paredes de la cueva respondería, según estos estudiosos, a un principio ordenador de diferenciación sexual: cada animal en el lugar de su sexo correspondiente, pues la cueva estaba dividida normalmente en zonas masculinas y femeninas. Así, el arte paleolítico intentaría representar la idea mágica relativa al principio masculino y el femenino, o dicho en términos modernos: la diferencia de género. Todo ello nos lleva a pensar que si la nutrición era sumamente importante para la supervivencia de aquellos individuos, no lo fue menos la sexualidad y la procreación: su otra obsesión para perpetuar la especie y sobrevivir.

Comentemos ahora brevemente esta segunda necesidad básica para que la especie sobreviva; estrategia utilizada también por los artistas para remitir al sexo de Cristo: **la procreación.**

La procreación siguió entonces la misma suerte que la nutrición, es decir, también quedó grabada artísticamente en el interior de los refugios para ejercer una influencia positiva en la fertilidad de los individuos. En la Prehistoria la vida era corta y la mortalidad elevada, por lo que el número de individuos de una tribu determinaba las posibilidades de supervivencia: cuantos más integraran el grupo mayores posibilidades de sobrevivir. En aquellos tiempos los partos no eran reconocidos como el fruto del coito, sino que se creía que eran obra de un poder numinoso y mágico que descendía sobre la mujer, de ahí el culto a ésta, representada simbólicamente como *venus*. Todavía no se asociaba el coito con la natalidad, pues en esta cuestión se les escapaba la relación causa-efecto; por ese motivo la fertilidad se convirtió en el gran misterio que favorecía la aparición de la vida en el mundo, y así pasó a considerarse la fertilidad como el poder mágico que nos daba la existencia: "lo sagrado", aquello a lo que rendir culto para favorecer la supervivencia.

La "mujer fértil" se convirtió de este modo en el receptáculo donde las fuerzas mágicas intervenían propiciando una nueva gestación. La mujer, junto con todos sus misteriosos pormenores biológicos, fue la única tabla de salvación que tuvimos cuando de la magia religiosa dependieron nuestras vidas. Surgieron así los primeros motivos de culto: la fertilidad femenina, creencia reflejada en las *venus* paleolíticas; y aparecieron las primeras religiones con artistas-chamanes, realizando la misma labor a la que milenios más tarde se dedicarían místicos y artistas: expresar el erotismo sagrado **(Fig. 1)**.

El sedentarismo de la edad glacial favoreció la consolidación de la mujer como centro familiar. La capacidad fértil de la mujer la convierte en el símbolo de la "Madre Tierra", concebida desde siempre como la diosa maternal, la figura divina más antigua. La mujer se equipara a la Tierra y es venerada como partícipe de algún don sobrenatural, la portadora vida. Las *venus* eran representadas con detalle sólo en las partes consideradas importantes, esto es, sus genitales, sus pechos y su vientre; los rasgos faciales así como las extremidades no interesaban y no fueron reproducidos con precisión. Las *venus* aparecen por doquier en la época de la cultura agraria unida a la función benefactora de la fertilidad de las cosechas, y su culto se extendió coincidiendo con el nacimiento de las religiones en Sumeria, Babilonia, ciudades mesopotámicas, India, Egipto, etc. El aspecto de estos símbolos de la fertilidad femenina cambia según las diferentes religiones y culturas del mundo, pero el principio de fertilidad sigue siendo el mismo. Ella es la Gran Madre Tierra, y con el tiempo *Magna Mater Deorum* (la Gran Madre de Dios). Por todo esto se piensa que el culto al poder fértil y femenino de la naturaleza es anterior a otro poder menos conocido: el poder fecundador masculino de la naturaleza, el culto al falo.

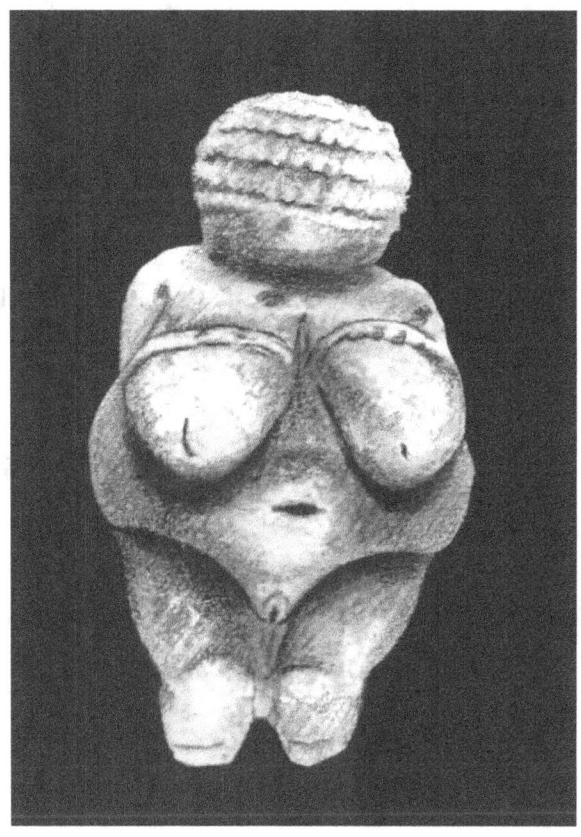

Ya en el Neolítico aparecen tanto *venus* femeninas como símbolos fálicos hechos con pequeños trozos de hueso, e incluso se especula que la *venus de Laussel* está asociada a otra figura que parece su imagen espectral y que representa a un varón itifálico (*itis:* inflamación. *Itifálico:* con el falo inflamado, o sea, erecto). La nueva situación agraria otorga una mayor importancia al hombre derivada de su labor en el trabajo y en la nueva economía; a la postre, adquiere más reconocimiento y su situación se iguala a la de la mujer porque ya se conoce su rol imprescindible en la procreación, ya se sabe que el parto es producto del coito. Surgen entonces divinidades masculinas subordinadas a las femeninas, aunque pronto las igualarán para posteriormente desbancarlas de su trono. De aquí saldrán las nuevas religiones fálicas y patriarcales que desplazarán a los cultos de *Magna Mater*, y con ella todo el sistema matriarcal dejará paso a una nueva concepción falocéntrica del mundo.

La figura de la divinidad masculina obtuvo su rango en principio subordinado respecto de la femenina, pues fue concebida como "hijo" de la diosa madre. En estos sistemas religiosos arcaicos normalmente la divinidad es una dualidad compuesta por una pareja de dioses representantes del poder masculino y el femenino, y este hijo falocéntrico que nace de *Magna Mater* será el encargado de copular con la divinidad femenina, con su madre, para asegurar la fecundidad del mundo gracias al incesto. Esta pareja divina concibe el mundo de forma continua, pues el dios masculino y celestial fecunda incesantemente a la madre tierra en un coito eterno a través de la lluvia, el rocío y el calor del sol. Algunas veces la pareja divina ha estado formada también por hermanos, a la vista de lo cual no debe extrañarnos el incesto practicado por gobernantes divinizados, como es el caso de faraones egipcios, emperadores romanos o monarquías sagradas africanas, quienes intentan emular con su cópula ritual el acto creador de la primera pareja divina: la Creación del mundo.

Pero no sólo los gobernantes contemplan ritos sexuales imitando a las divinidades, también las clases populares. Desde antiguo estas prácticas se realizaron para rendir culto a la fertilidad de la naturaleza durante los ritos primaverales, no por satisfacer los sentidos mediante el goce carnal, tampoco por interés exclusivo en glorificar lo divino, sino para favorecer la fertilidad del mundo y en particular la humana mediante el rito sexual. De esta manera se pensó que las cópulas intensivas y masivas en los momentos de siembra favorecerían las cosechas, y así se asimiló metafóricamente la siembra a la cópula, el surco a la vagina, la semilla al semen, y la azada y el arado al falo. Algunas tribus indígenas copulan literalmente con la tierra tumbados encima de ella, o riegan con su esperma las cosechas. Estos ritos religiosos reproducen un acto lógico de contaminación mágica por el cual se espera que la potencia sexual y la fecundidad humana se contagien a las cosechas. Son claros ejemplos de religiosidad expresada mediante un rito erótico.

Para profundizar en la relación entre la religión y el erotismo debemos remontarnos brevemente a los orígenes más lejanos y analizar si han existido o no estos vínculos y en qué medida. Al respecto algunas pinturas parietales son ejemplificadoras aún a pesar del halo de misterio que todavía las envuelve. De todos los ejemplos sin duda alguna el más célebre es el de la cueva de Lascaux **(Fig. 2)**.

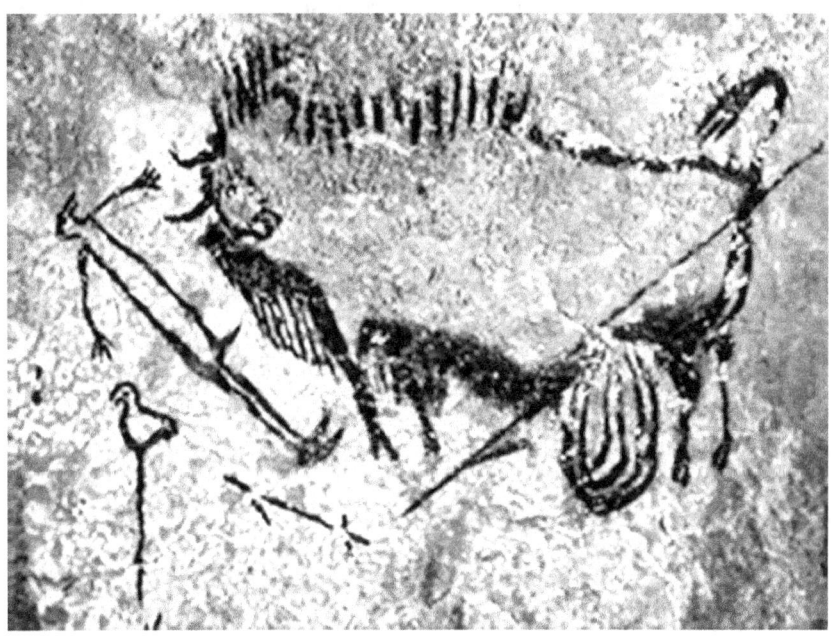

En ella vemos a un hombre con el sexo erecto y con la cabeza de pájaro, supuestamente una máscara, que pertenece al llamado tipo "hechicero". No son las únicas pinturas que retratan al hechicero itifálicamente, parece ser que fue hábito común: en Monfragüe, por ejemplo, el hechicero emplumado también sufre de priapismo, seguramente porque eran ellos los expertos en estas cuestiones relativas a la vida y la muerte, es decir, al erotismo, y por lo tanto eran los expertos en los rituales concernientes al falo. Pero lo interesante de la cueva de Lascaux es que enfrente del chamán itifálico hay un bisonte herido de muerte con los intestinos colgando. La imagen ha dado lugar a un sinfín de interpretaciones, aunque lo verdaderamente significativo es que se han representado juntos al sexo y a la muerte: el bisonte moribundo con los intestinos colgando y el chamán con el miembro erecto. Estas dos figuras nos remiten tanto a la escena primigenia, el coito, como al acto final, la muerte. O sea, representan la supuesta relación entre el erotismo humano con la muerte, tal vez anticipándose en el tiempo a los sacrificios mortales que acababan con orgías. De hecho no sería tan descabellado interpretar la muerte del bisonte en la escena de Lascaux como uno de los primeros sacrificios rituales de la humanidad, así se demostraría que *Eros* y *Tánatos* han ido desde siempre de la mano, no sólo a partir de la época que les puso nombre, sino ya desde el paleolítico, sin esperar ni al Marqués de Sade ni a que el siglo veinte corroborara emparentados el instinto de vida con el instinto de muerte mediante el psicoanálisis. La imagen de la cueva de Lascaux representa las dos máximas incógnitas trascendentales juntas: muerte y vida, unidas en la misma medida; *Eros* y *Tánatos* juntos desde que el hombre es hombre, desde antes incluso de que se inventaran sus nombres.

Estas dos cuestiones fundamentales relativas a la vida y a la muerte atañen en realidad a todas las especies vivas, no sólo al humano, aunque es cierto que sólo en nosotros ha repercutido de forma traumática por excelencia, pues tener consciencia de la muerte y observar a nuestros semejantes fallecidos creó la mayor herida emocional a la humanidad: nos dimos cuenta, como el niño cuando se hace mayor, que también nosotros moriremos. Por ello no cupo otra alternativa que afrontar las calamidades de las fuerzas sagradas con sus mismas armas divinas: combatimos el trauma de la muerte con otro hecho traumático como es la sexualidad, pues esta da frutos vivos y nos perpetúa. La estrategia a seguir para vencer a la muerte era clara: invocar la bonanza mediante el rito sexual, que no es sino la emulación humana del acto creador que realizan los dioses, y de ese modo favorecer la procreación y la vida.

Esta "problematización sexual" de nuestros ancestros queda reflejada en las muestras de arte prehistórico, pues algunas pinturas, tal y como hemos avanzado, atendieron a criterios compositivos dependiendo del género de cada animal, pintando zonas masculinas y zonas femeninas, como por ejemplo en Altamira, según apuntan las últimas hipótesis. No debemos olvidar que la representación de la dualidad sexual tiene una finalidad mágica y expresa por lo tanto un deseo, un anhelo que se demanda a lo sagrado, lo cual indica un sentimiento de inquietud y preocupación: una problemática sexual. ¿Qué significa esto? Pues significa que probablemente el ser humano, desde que lo podemos llamar humano, nunca ha estado libre de complejos y traumas sexuales, nunca ha vivido un estado paradisíaco en su sexualidad, de ahí el sueño del mito adámico que narra un estado paradisíaco donde íbamos desnudos sin sentir vergüenza, aunque en el momento en que nuestra mente adoptó el rasgo de la consciencia empezamos a sentir culpabilidad por nuestra desnudez y por ende por nuestra sexualidad. (Probablemente en aquellos tiempos la culpabilidad sexual no fue por causas morales, sino porque ya intuyeron que crear vida era condenarla a la muerte). El mito adámico narra el abandono de la animalidad y la aparición de la problematización sexual a causa de la consciencia, simbolizado este hecho en el acto de comer del árbol de la *Ciencia del Bien y del Mal*. Es el momento inicial en el que empezamos a ser humanos y a razonar como tales. El estado paradisíaco según esta narración es el animal (la sexualidad inconsciente e instintiva), y la conciencia sexual humana es la causante del pecado, de la Caída. Bien podría pensarse que este mito reniega de la condición humana.

Un ejemplo más de arte rupestre es el de la cueva española en la localidad La Riba de Salices (Guadalajara) llamada *cueva de los Casares*. Allí encontramos el primer ejemplo de cópula entre seres antropomorfos conocida, y representa la relación causa-efecto entre la cópula y los partos. En la escena se ve a una pareja de antropomorfos que representan los poderes genésicos masculino y femenino copulando, lo que indica que se trata de una *hierogamía* (una unión sexual y sagrada entre el representante del poder masculino y el del femenino) que favorece por contagio la fertilidad humana; también encontramos a una yegua que en su vientre tiene representada una figura femenina (*venus*), la cual tiene asimismo en su vientre otro pequeño antropomorfo (un niño). La interpretación más plausible es que esta pintura expresa el deseo de que la yegua (animal domesticado del que se conocen sus ciclos reproductores y cuya cría se vale por sí misma tan pronto nace) contamine con magia positiva a la mujer para facilitarle el parto. Dicha hipótesis corroboraría así la que hemos señalado al referirnos a Altamira, según la cual los grupos de animales remiten a la dualidad sexual, siendo la yegua el símbolo de lo femenino. En la cueva también encontramos representado a un mamut que simboliza a un ser superior –probablemente el chamán disfrazado que se halla presenciando la unión sexual- y cuyo cuerno apunta directamente a la vagina de la mujer. El colmillo del mamut, al igual que el cuerno de algunos bóvidos, es símbolo de fuerza y abundancia, de ahí que algunas *venus* aparezcan con un cuerno en su mano (cornucopia). Por eso el mamut señala con su cuerno (en realidad colmillo) la vulva, subrayando con este gesto la extrema importancia de la genitalidad femenina para el rol supremo a la que está destinada: la procreación. Recuerden este gesto en el que de alguna forma se señalan unos genitales, no lo olviden, porque volveremos a encontrarnos con él milenios después en la figura de Jesucristo.

Una cosa va quedando patente, y es que el enigma del erotismo (diferenciado éste de la sexualidad animal) turbó sobremanera al hombre a medida que su consciencia se fue despegando de sus instintos naturales. Cabe suponer que conforme fue evolucionando nuestra consciencia el erotismo y la muerte se fueron emparentando inextricablemente hasta hoy en día, pues ambos son justamente los misterios de la existencia y la inexistencia, de la vida y la defunción. Muerte y sexo son traumáticos y están unidos por su violencia intrínseca, y si hay un sentido diabólico (entendiendo diabólico al igual que Georges Bataille como la unión entre sexo y muerte) éste ya se intuyó en la cueva de Lascaux. La violencia de la muerte queda así relacionada con la violencia sexual, y ambas son, desde los orígenes, consideradas los aspectos más sagrados del ser humano a la vez que los más peligrosos. Este sinfín de sensaciones sin explicación llevó a aquellos hombres a asociar lo erótico a lo sobrenatural: lo sagrado que da y quita la vida, pues el sexo inicia el ciclo de destrucción con sus frutos, esa es la gran paradoja de la vida, que mata todo lo que crea. De esta manera y por asociación lógica se coligó la sexualidad humana a lo sobrenatural, y ambos conformaron una realidad indisoluble y sagrada: el erotismo, primer rito mágico humano. Tal y como dijo Lucie-Smith, «En el amanecer del arte –en el momento en que el propio hombre estaba simplemente en el proceso de convertirse en reconociblemente humano- lo erótico y lo sagrado estaban unidos de manera inextricable»[5].

Para conjurar el peligro de las violencias sagradas, tanto las de la sexualidad como las de la muerte, se establecieron unas normas, unas conductas sexuales destinadas a dominar y canalizar esas fuerzas destructoras por el único medio posible: el rito sagrado, el violento y el sexual, el sacrificial y el de la orgía. El rito erótico es lo que diferencia el erotismo humano de la sexualidad animal, pues significa tomar conciencia de esas perturbaciones, de esos impulsos y esas violencias fundamentales propias de la sexualidad. El rito sexual, aunque resulte paradójico, es lo único que nos exonera de la gran falta que significa el erotismo, es lo único que nos quita la culpa. El erotismo es, pues, tanto la conciencia de esas violencias como su transgresión voluntaria durante el rito; es comer conscientemente del fruto prohibido, es santificar la exclusividad humana en vez de avergonzarse y renegar de ella.

---

[5] LUCIE-SMITH. *La sexualidad en el arte occidental*. Barcelona; Destino, 1992. p.11.

CULTO AL FALO EN LA ANTIGÜEDAD

«*El corazón de las mujeres anhela el miembro generador del hombre, y el corazón de los hombres, la vulva; todo el mundo viviente está sometido al signo de la vulva y el pene.*» (Sentencia de SHIVA)

El "miedo ante la muerte" es, según ciertos criterios, lo que originó el nacimiento de las religiones, aunque en realidad este miedo a la muerte es sólo la cara visible de otro terror más fundamental: "el miedo a la no existencia", lo cual es similar pero no lo mismo, puesto que hay quien no tiene miedo a morir pero sí a dejar de existir. De este modo también hay quien opina que ese miedo ancestral es el origen de las imágenes, pues su intención principal es inmortalizar al prototipo representado, al modelo. Tal terror a la desaparición del mundo de los vivos propició la adopción de la sexualidad como única arma eficaz ante la extinción, pues el sexo y sus frutos son por su naturaleza justo lo contrario de la muerte, y por lo tanto, la mejor herramienta para conjurarla. Por eso el talismán más utilizado en las primeras religiones fue el falo sagrado llamado *fascinum*: símbolo venerado en los ritos sexuales. Los orígenes de estos ritos eróticos debieran ayudarnos a comprender su posterior adaptación en la iconografía cristológica, pues ésta también contempla de una manera muy especial la ostentación del miembro viril de Cristo, tal y como veremos a partir del próximo capítulo.

Si hay algo que simbolizó y expresó idóneamente tanto el deseo de vida como el temor a la muerte de aquellas gentes, ese objeto fue sin duda alguna el símbolo falo: la parte anatómica clave del pensamiento religioso y, aunque parezca increíble, más importante incluso que el corazón o la cabeza. En la base de las más diversas culturas encontramos al falo como una de las dos cosas más importantes dentro del pensamiento religioso, la otra es la vulva, y por eso no es arbitrario decir que el falo contempla y contiene prácticamente todas las valencias que nos podamos imaginar e infinidad de correspondencias, interrelaciones y préstamos, analogías y alusiones; se inserta en los dominios de la educación y en infinidad de discursos pedagógicos, en el ámbito jurídico, en el político, en el social; aparece en los "juegos de dominio" del poder, tal y como decía Foucault; es el causante de infinidad de violencias en las esferas de la vida cotidiana y, en última instancia, el falo es el posibilitador de la continuidad de la vida y de la pervivencia de la especie, el que permite escapar de la muerte, el que realiza el sueño de nuestra inmortalidad y el que hace que el mundo siga girando en una concepción sagrada del universo al igual que el poder fertilizante del sol, tan necesario e imprescindible como él. El falo es, en suma, el poder creador y la energía vital inmortal que trasciende la mera temporalidad de la especie: es *lo sagrado eterno*. Y todo ello gracias a su poder genésico, concebido como reflejo y *símbolo del poder creador de los dioses*. El falo aglutina y representa la fuerza y el poder necesarios en la conquista y el dominio de la vida, la gloria eterna que reina sobre el cosmos, por eso continuará *fascinando* por siempre a la humanidad.

Existe un estudio muy interesante sobre el culto al falo practicado en la Antigüedad, especialmente en Egipto, Grecia, Roma, y sus posteriores influencias sobre el cristianismo. Hace más de doscientos años que ese libro vio la luz, y obtuvo reproches no sólo por el entorno religioso con el que le tocó lidiar, sino por sus errores, en parte comprensibles si atendemos al hecho de que en aquellos tiempos no se habían dado aún los futuros descubrimientos en los que ahora nos apoyamos, por ejemplo en egiptología, antropología, etnología, etc. En este estudio se nos introduce sobre los orígenes de las creencias religiosas en torno a las fuerzas generadoras de la naturaleza de género masculino, y por extensión al falo. Su título fue *Des divinités génératrices, ou du culte du phallus chez les anciens et les modernes*, y fue escrito por J. A. Dulaure[6]. Vamos a comentar sus tesis principales a continuación,

---

[6] DULAURE, J. A. *Culto al falo. Divinidades generadoras.* Barcelona; mra,

pues es el sentido general del libro lo pertinente aquí -o sea, el culto al falo como rito instaurado y practicado desde la Antigüedad-, y no los posteriores descubrimientos, que aunque los hubo, no restan validez a las tesis planteadas en ese libro.

J. A. Dulaure creyó haber descubierto la procedencia de este culto al falo y dató su origen en hace más de cuatro mil quinientos años. Señaló que el principio del culto es de origen celeste, astronómico, pues en aquellos tiempos el sol era venerado como el origen de la vida y todo culto gravitaba en torno suyo, ya que de él dependía la continuidad de la existencia sobre la faz de la Tierra, y su salida cada mañana en el horizonte significaba su triunfo sobre la oscuridad. En aquellas fechas lejanas, cuando las antiguas culturas ya eran conocedoras tanto de los solsticios como de los equinoccios, idearon mitos que explicaban simbólicamente los cambios astronómicos adaptados al entendimiento humano, como ocurría por ejemplo con el equinoccio de primavera, que demostraba la victoria del sol sobre las tinieblas, por ser el equinoccio la época de florecimiento y regeneración y cuando los días empiezan a ser más largos que la noche, es decir, el triunfo de la luz sobre la oscuridad, del bien contra el mal, de la vida sobre la muerte. Tal concepción astronómica se halla presente simbólicamente por ejemplo en los dioses egipcios Horus (dios del sol) y Set (tinieblas).

Los antiguos egipcios, así como culturas anteriores a ellos, sabían que cada 2150 años aproximadamente el sol salía en el equinoccio de primavera en un signo zodiacal diferente, o sea, que amanecía por una nueva constelación debido a la "precesión de los equinoccios", que es el cambio lento y gradual en el eje de rotación de la Tierra. A cada uno de estos ciclos de tan larga duración los llamaron "Era". Así pues, según Dulaure, hace más de cuatro mil quinientos años los astrónomos observaron en los cielos que durante el equinoccio de primavera el sol salía por el signo

---

2000. (tit. orig. *Des divinités génératrices , ou du culte de phallus chez les anciens et les modernes*. Editado en 1805 bajo el título de *Des divinités génératrices*.)

zodiacal de Tauro, ante lo cual se consideró a este signo como el símbolo de la fuerza generadora del sol sobre la vida en la Tierra, por lo que los sacerdotes establecieron su solemnidad y los ritos pertinentes para favorecer las buenas venturas del astro. La imagen del signo zodiacal Tauro (toro) se identificaría pues con el sol, con el Reino del Sol, al que se le atribuyeron todos los poderes beneficiosos y se le rindieron honores. De este modo, toros y vacas sagradas fueron una constante en algunas religiones.

Debido a esta lenta variación en el eje de rotación de la Tierra (precesión de los equinoccios), a la era de Tauro le siguió, 2150 años después, la división zodiacal que se halla a su lado, que es la constelación llamada el *Cochero celeste* o el *Cabrero,* o sea, Aries, simbolizada con la imagen de un carnero. Y sufrió la misma suerte, es decir, que el signo del macho cabrío (cabrón) se elevó al rango de dios de forma similar a como sucedió con el toro, concediéndole al macho cabrío las mismas facultades regeneradoras y fecundantes que había tenido el toro. Heródoto (484-425 a.C.), Plutarco (46-125), Luciano (120-después de 180), Jámblico (240-325), San Jerónimo (345-419) y otros muchos autores clásicos testimonian el origen astronómico (zodiacal) de las divinidades Egipcias[7].

Saliéndonos un poco del tema, cabe decir que después de la era zodiacal de Aries le sigue por orden la era de Piscis, y que el mito de Jesucristo anticipa y es rico en esta simbología, como cuando dio de comer a una multitud con sólo dos peces, o al elegir entre sus discípulos a varios pescadores, etc. De hecho el pez fue el anagrama del nombre de Jesucristo y es símbolo del cristianismo.

Pero continuando con las tesis de Dulaure, cabe decir que de estos dos animales sagrados, el toro y el cabrón, ambos llamados *Apis* por igual, deriva el culto al falo. El falo en sus inicios fue la imagen simbólica del aparato reproductor masculino, y representa los genitales de estos animales sagrados, no el de los genitales humanos. Es un dato importante y conviene tenerlo en cuenta: los

---

[7] Recogido en DULAURE. *Op. cit.* p. 19.

primeros símbolos fálicos fueron imágenes del sexo de animales sagrados, tal y como confirma el propio Diodoro de Sicilia.

> «Ello no es propio solamente de los egipcios, sino de un gran número de otros pueblos, que rinden culto al signo del sexo masculino, Por tanto, se reconoce que no son hombres, sino dos animales adorados los que proporcionaron el modelo del Falo y el tipo de su culto.»[8]

La explicación del por qué estas partes del animal fueron las representativas de la función generadora del universo es obvia: porque esa parte es precisamente la imprescindible en la fecundación. También el cuerno del toro, por extensión, fue considerado como el símbolo de la fuerza activa del sol (cuerno de la abundancia), del mismo modo que sus genitales[9].

Llegados a este punto nos preguntamos: ¿realmente existe alguna diferencia entre los toros sagrados *Apis* y los bisontes y mamuts pintados en las cuevas rupestres? ¿Tan extraño sería relacionar los cultos de *Apis* como un rito continuador de los bisontes sagrados paleolíticos? ¿Es el mamut de la pintura rupestre el animal totémico con función similar a la que en Egipto realizará el dios-toro, aunque obviamente en el paleolítico sin significación astronómica? Comentábamos anteriormente que el mamut tocaba

---

[8] Diodoro de Sicilia, *Biblioteca histórica*, 1. I, secc. 88. Recogido en DULAURE. *Ibid.* p. 54 y 24.

[9] Para Mircea Eliade sin embargo los cuernos de los bóvidos son un emblema de la *Magna mater*, siempre asociados a la gran diosa de la fertilidad, de hecho existen numerosos ejemplos de *venus* que portan un cuerno en sus manos. Menghin (*Weltgeschichte der Steinzeit*) relaciona la media luna con las figuras auriñacienses femeninas que portan un cuerno en la mano. (ELIADE. *Tratado de historia de las religiones*. Madrid; Ed. Cristiandad, 2000. p. 178.) El cuerno se convirtió en símbolo lunar por el parecido con los cuartos de la luna, de tal modo que los dos cuernos del animal (forma cóncava y convexa) pasaban a simbolizar el cuarto menguante y el creciente, o sea, la evolución total del astro. (*Ibid.* p. 268.) Sea como fuere y de cualquier modo, su simbolismo fértil es indiscutible, bien sea asociado a la fuerza activa y fecundante del sol (Dulaure) como asociado al simbolismo lunar y fertilizador (Eliade).

con su cuerno la vulva femenina, y que algunas *venus* también portaban cornucopia, y ahora vemos en Egipto que los cuernos del toro *Apis* simbolizan la "fecundidad", por lo que "el cuerno de la abundancia" podría ser un símbolo más común y más antiguo de lo que creíamos. A veces sucede que la evolución de diferentes símbolos religiosos extravasa fronteras y va más allá de limitaciones territoriales o religiosas. De ser así, de haber continuidad entre el simbolismo fálico del mamut y el del toro sagrado de los egipcios, ello implicaría que el culto al falo no nació hace cuatro milenios como creía Dulaure, sino que lo hizo con la conformación del pensamiento mágico del *homo sapiens*, hace más de treinta mil años. Probablemente el culto al falo ya se dio en aquellos huesos tallados encontrados en las cuevas y en la pintura del cuerno del mamut.

El signo del falo como símbolo de culto ha tenido diferentes nombres dependiendo de época y fecha: Falo, Fascino, Príapo o Príapis, Tutuno o Tuno, Mutino o Muto, Bascino, Lingam, etc. El origen de este culto no es egipcio, aunque es de allí de donde conservamos más restos. Hesíodo (s. VIII a.C.), Plutarco, Tertuliano, Tiberio, Diodoro de Sicilia, Heródoto, e incluso cristianos como San Agustín han dejado escritos suficientes como para asegurar que esos cultos existieron sin lugar a dudas: son evidencias históricas.

En principio se piensa que la necesidad de un crecimiento de población es el origen de estos cultos, ya que por sus propios actos favorecen las preñeces, pero muchos otros factores convergen en el origen de estos ritos, por lo que no podemos desestimarlos y reducir las causas sólo a necesidades demográficas. No olvidemos que existen otros factores determinantes en el origen de los ritos, como son las necesidades religiosas destinadas a aplacar la cólera de los dioses mediante la instauración de prohibiciones; también intervienen factores sanitarios a través de normas y preceptos con el fin de regular la sexualidad a la par que propiciar costumbres sexuales sanas; factores sociales destinados al control de masas por parte de las castas sacerdotales, etc. Es decir, que los ritos y cultos al falo se dieron por muchas y muy diversas razones irreductibles al solo factor demográfico o religioso.

Al principio los falos estaban aislados, y se creía que los lugares en donde se colocaran serían propicios en abundancia y fertilidad. Posteriormente, a las representaciones religiosas se les añadieron esos falos para favorecer su función mágica, para conferirles una virtud sublime, la de la fecundación, igual que el poder creador de la naturaleza, y así esos falos se adhirieron a los animales sagrados. Pero cuando se adoptó la costumbre de representar a las divinidades mediante formas antropomorfas (forma humana), el falo continuó estando representado en ellos, tal es el origen de los Hermes, que si bien no llegan a tener forma humana definida y concreta son los orígenes de la estatuaria antropomórfica y fálica.

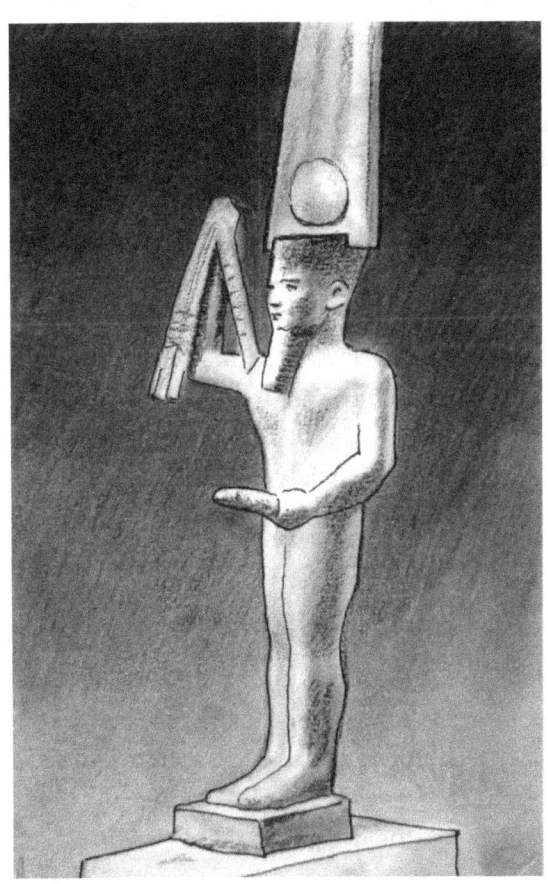

No solo las divinidades del toro y el cabrón gozaron del privilegio de representar con sus genitales la regeneración primaveral, sino que con el tiempo otras divinidades antropomórficas adoptaron estas particularidades. En Egipto, y aún a pesar del conglomerado confuso de sus dioses, todos los estudios coinciden en remarcar el notorio significado simbólico del miembro sexual de Osiris, aunque el que mayor número de representaciones itifálicas posee es sin duda alguna Min **(Fig. 3)**.

La historia de Osiris a grandes rasgos es la siguiente: Osiris era considerado como el dios de las fuerzas masculinas productivas de la naturaleza y se identificaba con el sol. Era hermano y marido de Isis (relación incestuosa característica de las divinidades), diosa de la tierra y la luna, quien representaba a las fuerzas femeninas productivas. Osiris enseñó a su pueblo avances maravillosos como la agricultura y la Ley, pero fue asesinado por Set (genio del mal y las tinieblas), su hermano, quien lo tiró al Nilo. Tras una larga serie de avatares el cuerpo de Osiris retorna a Set, quien lo descuartiza en catorce pedazos y los dispersa. Isis buscó, encontró y enterró los pedazos de su marido Osiris, todos menos uno, ¡su pene!, que se comieron unos peces (desde entonces malditos y temidos en el Nilo). Isis, para suplir la parte perdida mandó realizar una imagen de los genitales que Anubis embalsamó, y el pene de Osiris es considerado por esta razón como el primer ejemplo de momificación de Egipto. Isis le rindió a esta parte un culto incluso más ferviente y con mayor devoción que a los otros pedazos, y nos imaginamos qué clase de culto sería. Agradecida, Isis mandó hacer más imágenes fálicas para colocarlas por todos los templos y rendirles el culto debido.

No es la de Osiris la única muerte violenta con carácter sexual, pues en algunas religiones y mitos el personaje central es víctima de un ajusticiamiento tal como el descuartizamiento, y, con su sangre riegan las cosechas para favorecer la fertilidad en los campos. Los fragmentos del cuerpo de la víctima son asimilados a un orden jerárquico que normalmente es homologable al sistema cosmológico, como un *imago mundi*, y de la distinta importancia de cada miembro, en orden filosófico, metafísico y religioso, nacen las diversas instituciones sociales. Muchas divinidades existen con el miembro sexual amputado, Osiris, Uranos, etc., y muchos fieles se cercenaron ritualmente el mismo miembro que su divinidad, como por ejemplo los Coribantes, sacerdotes de la diosa Cibeles. Aunque lo importante para nosotros aquí es señalar que se aceptó como natural una relación de las divinidades con su sexualidad y, por lo tanto, los ritos para honrar a los dioses eran eventos y ceremonias sexuales con unos objetos fálicos considerados sagrados entonces, pero que hoy en día, tras su profanación y frivolización, sólo podemos encontrar en un *sex-shop*.

De este modo no es de extrañar que la prostitución sagrada se regulara en honor a estos dioses, aunque obviamente su finalidad no era ni el goce carnal ni el beneficio económico, no por placer hedonista, sino que era un sacrificio sexual, una ofrenda. Hubo sacerdotisas que organizaban rituales orgiásticos y autoestimulación erótica con objetos artísticos de formas fálicas que gracias a la arqueología han llegado hasta nosotros; este objeto, además de consolador ceremonial, también hacía las veces de talismán. Otro tipo de sacerdotisas como el de las *Palácidas* entregaban su cuerpo en el templo como parte del ritual en la siembra para aumentar la fertilidad. Durante los festivales de Osiris se daban procesiones de mujeres portando muñecos de un codo de altura (Osiris) con un descomunal falo que era puesto en movimiento por un sistema mecánico de cuerdas y palancas. Tampoco hay que olvidarse de las Felatrices, que como su nombre indica eran mujeres especializadas en el arte de la felación. A modo de anécdota, la felatriz más célebre fue Cleopatra, que según se dice alivió la "tensión" a miles de hombres. Especialmente significativo es el hecho de que el onanismo tuviera carácter sagrado en Egipto, y no sólo porque Isis sentara precedente mandando hacer un simulacro del miembro perdido de Osiris y rindiéndole un culto muy especial, que también, sino porque el supremo dios creador *Atum,* considerado la primitiva fuerza cósmica creativa, engendró a la primera pareja cósmica con un acto de masturbación. Todos estos cultos permanecieron en Egipto hasta el siglo cuarto, hasta que «Cambises, rey de los persas que vencieron a los egipcios, mató al buey Apis y mandó azotar a sus sacerdotes: era adorador de un solo dios.»[10]

Pero si alguna civilización ha sido especialmente famosa por sus rituales erótico-religiosos esa ha sido sin duda alguna la griega. Las prácticas eróticas colectivas fueron abundantes, como abundantes son los restos hallados que dejan constancia de su aparente laxitud moral **(Fig. 4)**.

Normalmente se tiende a pensar que sus individuos tuvieron escaso pudor, aunque esta opinión es reduccionista; más bien debiéramos decir que la concepción griega fue muy diferente de la nuestra y no se basó en lo decoroso, en lo aberrante, ni en lo moralmente aceptable tal y como lo entendemos hoy, lo que no debe hacernos concluir que no tuvieron recato moral o que fueron unos libertinos, por mucho que ciertos autores así lo consideren o que sea esa la opinión popular: no lo fueron más que ahora. En la antigua Grecia la sexualidad era entendida como una conducta ética y filosófica que atendía a unos principios para regir las vidas de forma coherente y sana, algo así como "un arte de vivir"; es decir, ligada en cierto modo a la pedagogía y a la enseñanza: una sabiduría y actitud vital, y no una conducta restrictiva con prescripciones religiosas tal y como devendrá en el futuro cristianismo. Al respecto sólo hay que revisar a Michel Foucault (sobre todo el vol. II y III de su *Historia de la sexualidad*) o a Pascal Quignard y su obra *El sexo y el espanto* para apercibir la enorme diferencia que media entre el mundo griego y el nuestro en lo tocante al modo de concebir la sexualidad. Todos los estudiosos coinciden en que nunca hubo homosexualidad griega ni romana, no contemplaban la idea de enamoramiento que rige hoy en día, sino que distinguían entre actividad y pasividad: dar o recibir. La pasividad era permitida sólo para imberbes, estando mal considerada en los adultos; es decir, que lo que hoy llamaríamos

---

[10] DULAURE. *Op. cit.* p. 42.

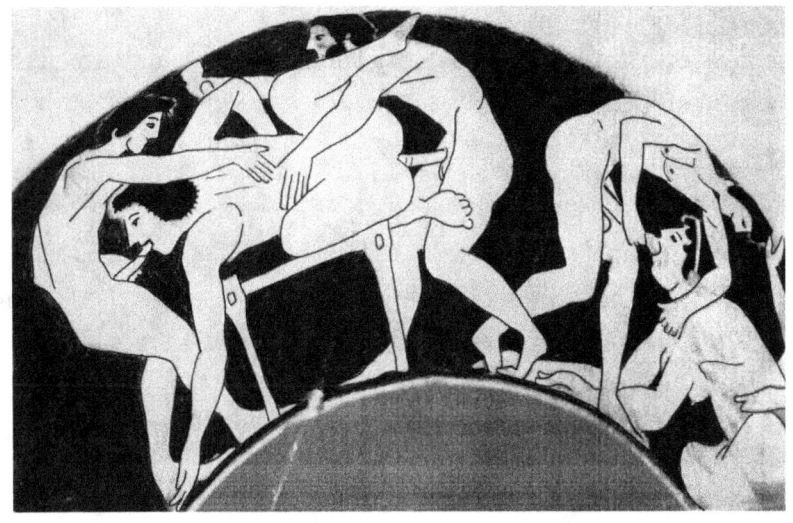

una conducta homosexual formaba parte de la educación normal de los muchachos y era castigada sólo en adultos. Así pues las relaciones homosexuales fueron un elemento común de la educación masculina infantil. Puede que en la actualidad nos escandalicen ciertas costumbres sexuales paganas, algunas de ellas son comentadas por Pascal Quignard de la siguiente forma:

> «Las costumbres romanas son rigurosas: la sodomía y la "irrumación" son virtuosas; la felación y la pasividad anal son infames. *Pedicare* era sodomizar el ano. *Irrumare* era sodomizar la boca. [...] *Fellare,* chupar espontáneamente, es incomprensible para un romano. Solo es posible *irrumare* activamente al congénere, es decir, obligarlo a que reciba en la boca el *fascinus,* obligarlo a lamerlo y a mordisquearlo hasta obtener su savia.»[11]

Ninguna duda cabe de que a la luz de hoy en día estos actos son juzgados aberrantes y considerados como reflejo de una concepción erótico-religiosa extrema, como es por ejemplo el

---

[11] QUIGNARD, Pascal. *El sexo y el espanto.* Barcelona; minúscula, 2005. p. 14.

hecho de transmitir el *genius* de la familia (*genius* es una especie de ángel custodio del clan familiar que protegía contra la esterilidad; el precursor del "ángel de la guarda" cristiano) sodomizando la boca del propio hijo para regalarle la savia viril. Aunque repetimos: sólo es aberrante bajo la luz de hoy en día; no lo fue para ellos en su momento **(Fig. 5)**.

Generalmente cuando hablamos de Grecia y de sus celebraciones sexuales todos pensamos inmediatamente en las fiestas Dionisíacas, que no eran sino el culto a dicho dios por medio de rituales orgiásticos. Dionisos, llamado también Baco, es el dios de la vegetación, de los frutos de los árboles, sobre todo la vid, considerado dios del vino y la embriaguez, y capaz de inspirar trances místicos que favorecen los cultos orgiásticos. En estas celebraciones el elemento protagonista y principal era la misma parte notable que la del toro *Apis*: el falo. Las mismas fiestas que celebraron la naturaleza regeneradora en Egipto fueron también celebradas de este modo en Grecia con otro nombre y dios diferente, aunque el concepto y la esencia mistérica continuaron siendo los mismos.

> «Heródoto y Diodoro de Sicilia coincidieron en decir que el culto a Baco fue llevado a Grecia por un tal Melampo, [...] "Melampo, hijo de Amitaón, tenía", dice Heródoto, "grandes conocimientos sobre la ceremonia sagrada del Falo. [...] Y añade: "Así pues, fue Melampo quien instituyó la procesión del Falo celebrada en honor de Baco, y quien instruyó a los griegos en las ceremonias que practican todavía hoy en día".»[12]

Sin embargo el ejemplo más radical de celebraciones orgiásticas fueron las *Ménades*, pues en sus ritos se combinaron de forma funesta la prohibición y la trasgresión, la violencia y el erotismo, la religión y la muerte. Estas religiosas vagaban en trance por el

---

[12] Heródoto, *Historias*, 1. II (Euterpe), secc. 49. Recogido en DULAURE. *Op. cit.* p. 67.

desierto devorando vivo al hombre que se les cruzara, sacrificaron varones, los desmembraban y los devoraban mientras todavía latía su carne cruda; todo propiciado por un desconcertante arrebato extático. Evidentemente impera en estas acciones un principio de homofagia y tal vez teofagia, como bien observa Roger Caillois[13], pues lo que toda ingesta sacrificial pretende siempre es apropiarse de las propiedades salvíficas de la víctima. Estas religiosas partían de sus casas vestidas con pieles de cervatillo hacia el desierto donde entraban en éxtasis, y llegaron incluso a despedazar y devorar a sus propios hijos, aunque es de suponer que no todas las celebraciones llegaron a estos extremos. En dichos cultos orgiásticos, por necesidad, se tuvieron que sustituir los sacrificios de niños por el de cabritos vivos. Una de las hipótesis apunta que cambiaron a cabritos debido a la escasez de niños a causa de tanto sacrificio. Otra hipótesis recogida por Octavio Paz señala que se eligieron los cabritos porque sus *gritos* son similares a los llantos de los niños[14]. Sea como fuere, hay que atender también al principio religioso de que la sustitución sacrificial debe basarse en la semejanza entre víctima y prototipo, tal y como observa Girard: «el principio de la sustitución sacrificial está basado en la *semejanza* entre las víctimas actuales y las víctimas potenciales»[15]. E igualmente Freedberg opina que la semejanza entre el objeto y el "prototipo" es la condición principal para que sea efectiva la "magia de las imágenes"[16]. De cualquier modo lo que nos interesa remarcar es que los machos cabríos sacrificados fueron el símbolo del poder fecundador masculino, tal y como hemos advertido cuando comentábamos lo de los animales sagrados, y por lo tanto no hay que desestimar que la elección de los cabritos se deba precisamente a ello, es decir, que el sacrificio de un cabrito implique el sacrificio simbólico del poder fecundador masculino, lo cual estaría en consonancia con la inmolación de varones.

---

[13] CAILLOIS, Roger. *El hombre y lo sagrado*. México : Fondo de Cultura Económica, 1984.
[14] En: PAZ, Octavio. *Íbid. La llama doble. Amor y erotismo. Op. cit.*
[15] GIRARD, *La violencia y lo sagrado. Op. cit.*, p. 18.
[16] FREEDBERG, David. *El poder de las imágenes*. Madrid; Cátedra, 1992.

El culto al falo también se dio en la India, de hecho, hoy en día esta religión y la budista son las de mayor contenido sexual. En la religión hindú existieron unas bailarinas (*devedassis*) cuyo cometido no se diferenciaba de las sacerdotisas egipcias que realizaban ritos eróticos, pues también utilizaron objetos fálicos (*lingam* o *pulleiar*) como amuletos protectores y para auto estimularse en sus funciones sagradas. La sexualidad de las divinidades hindúes podría deberse, según Dulaure, a que su culto pasó desde Egipto. De todos modos existen hipótesis que contradicen sus opiniones, como la que recoge Jacobelli, quien cree que pudo ser exactamente al revés, aunque no profundiza en la cuestión. Es decir, que tal vez el *Shivaismo*, arraigado ya en el pueblo hindú desde el 6.000 antes de Cristo, pudo ser "exportado" unos dos mil años antes de Cristo en las invasiones de los pueblos centrales de Asia hacia el Oeste, empapando a las tierras invadidas, y éstas, en una operación sincrética, adoptaron sus contenidos sexuales en la esfera de lo sagrado[17]. Sea como fuere, lo importante es subrayar que las creencias hindúes contemplaban uniones sexuales entre sus divinidades, y que sus fieles realizaban ritos eróticos en imitación y honor de sus dioses. El templo Khajuraho, el más famoso de la India precisamente por sus esculturas eróticas, estuvo dedicado, cómo no, al Dios Sol **(Fig. 6)**.

Los romanos adoptaron igualmente el culto al falo como poder fecundador masculino y enriquecieron su religión con aportes de religiones de pueblos vencidos, como los etruscos, con mayor carga erótica si cabe, tal y como comenta Lucie-Smith:

> «La civilización de los etruscos, influida por los griegos, llevó el respeto religioso por la actividad erótica a extremos incluso más lejanos que los propios griegos, y

---

[17] JACOBELLI, M. C. *El "risus paschalis" y el fundamento teológico del placer sexual*. Barcelona : Planeta , 1991. p. 113.

las representaciones eróticas aparecen con frecuencia en las pinturas de tumbas etruscas.»[18]

Egipcios, griegos y persas, entre otros, fueron quienes les proporcionaron a los romanos los elementos para sus dioses, muy numerosos por cierto. La divinidad que contenía los vestigios del culto al falo es Baco, importado de Grecia y nombrado por los romanos como *Líber*, de ahí que a las fiestas se las llamara *bacanales* y *liberales*. Según Heráclito –escribe Clemente de Alejandría-, el culto al Falo y a Baco en Roma fue llevado por los coribantes[19], que son sacerdotes eunucos que conducían a sus fieles en los rituales orgiásticos dedicados a Cibeles, diosa de la naturaleza y la fertilidad en Roma.

El Falo aislado recibía diferentes nombres como el de Fascino (*fascinus*), Mutino (*Muto*) o Tutino. Unido a los *Terminus* recibía el nombre de Príapo, y a menudo se le representa como una Herma, pues Hermes se representó en Grecia como una columna exenta itifálica. Esos falos eran responsables de la fecundidad de las mujeres, y las jóvenes casaderas, antes del matrimonio, eran conducidas ante el ídolo Príapo y sentadas encima de su miembro viril para que gracias al contacto con su falo las volviera fértiles y no tardaran en procrear. Existen textos de San Agustín que confirman dichas fiestas y prácticas, y cómo "ese símbolo indecente" era venerado públicamente. Este santo cristiano condenó a la religión pagana y dejó constancia escrita de su consternación ante la costumbre de sentar a las jovencitas sobre el ídolo Príapo.

«Es una costumbre considerada muy honesta y religiosa entre las mujeres romanas, [...] obligar a las recién casadas a sentarse sobre la monstruosa y sobreabundante masculinidad de Príapo.»[20]

---

[18] LUCIE- SMITH. *Op. cit.* p. 16.
[19] Clemente de Alejandría, *Protréptico*. Recogido en DULAURE. *Op. cit.* p. 84.
[20] San Agustín, *De civitate Dei*, 1. IV, cap. IX Recogido en DULAURE. *Op.*

Entre los romanos el culto a Príapo degeneró mucho y con el tiempo se convirtió en pretexto para el libertinaje. Al Falo ya no se lo consideraba el objeto sagrado digno de veneración, como tiempo atrás cuando fue el signo que posibilitaba la vida y su regeneración. De ser el símbolo más sagrado y venerado pasó a ser poco más que un amuleto fálico; no se empleaba más que como talismán, y habiendo perdido su rol glorioso ahora sólo presidía los placeres lujuriosos y solitarios. Las fiestas bacanales llegaron a contemplar unos actos tan extremos que fueron censuradas. El orden público se vio amenazado y el Senado las prohibió en el año 564 de la fundación de la ciudad, arrestando a sus sacerdotes, aunque no tuvo el efecto esperado, pues tiempo después los misterios dionisíacos fueron otra vez populares, como lo demuestran las representaciones encontradas en sarcófagos griegos. En el tiempo de los emperadores estas ceremonias resurgieron con la misma licenciosidad que antaño, pues estas supersticiones populares con base erótica son muy difíciles de erradicar, como bien comprobará la pastoral cristiana.

(En este punto sería interesante insertar un capítulo dedicado a los ritos sexuales que realizaron los antiguos hebreos, para demostrar así que las creencias y rituales eróticos de la Antigüedad tuvieron continuidad en las comunidades de los primeros judíos y, por lo tanto, continuidad en la esencia original cristiana. Sin embargo, para no incidir en estos pormenores que quizá no le interesen en demasía al lector, prefiero remitirlo al libro titulado *El intríngulis erótico del arte cristiano,* donde se recoge un capítulo titulado *El culto lítico-fálico entre los hebreos.* En él encontrará el análisis necesario así como diversas simbologías que remiten a los ritos sexuales que parece ser se realizaron en los orígenes de la religión hebrea, de la cual deriva el cristianismo)

---

cit. p. 88.

II- LOS GESTOS SIMBÓLICOS DE JESUCRISTO

Sentadas algunas de las bases acerca del nacimiento de las religiones y de los inicios del culto al falo, de la concepción sexual de los símbolos divinos, del erotismo y de la sacralidad, vamos a entrar ya de lleno en el ámbito de la iconografía cristológica.

En primer lugar es necesario hacer hincapié en el hecho de que para interpretar correctamente unas imágenes necesitamos conocer el significado que pretenden expresar los gestos que realizan los personajes; debemos saber qué sentido tiene cuando alguien representado se coge la cabeza con cara de asombro, o qué pretende decir cuando se señala la boca, incluso cuando coge el velo de la cabeza de una mujer o cuando se toca los genitales. Es preciso conocer su código, su lenguaje particular, para comprender correctamente el sentido que pretende transmitirnos el artista al representar a tales personajes con esos gestos tan particulares; se hace necesario pues entender los significados de cada gesto para interpretar correctamente las pinturas, y por ello debemos remontarnos necesariamente a la tradición iconográfica por ser la base más fiable. Dicho imperativo atiende a que la pintura cristológica se expresa generalmente a través de gestos simbólicos, por lo que no podemos pasar por alto estos gestos si lo que pretendemos es conocer el verdadero sentido de tales cuadros.

En realidad el recurso de los gestos pictóricos podríamos decir que nace con la primera representación del hombre, en aquellos gestos primitivos de caza y de guerra, pero sobre todo de cópulas rituales, pues no hay gesto más fundamental que el de la erección, como el de la mencionada cueva de Lacaux. El recurso de dotar de un "gesto" al personaje, e incluso dotarlo también como en el mundo griego de un "atributo" que lo defina, es de rigor si se pretende una máxima eficacia comunicativa que exprese la motivación del personaje: su actitud, su acción, su intención, quién es, etc. Muchos de estos recursos fueron utilizados por distintas culturas aunque eso no excluye que puedan ser utilizados por otras religiones, pues son gestos atemporales e interculturales. Así pues, a estos gestos que intentan comunicarnos algo los denominaremos, por su particularidad comunicativa, "gestos elocuentes", al igual que Moshe Barasch.

Cuando la religión estaba tan insertada en la sociedad hasta el punto que llegaba a legislar según su conveniencia, no era concebible el más mínimo error iconográfico ni había lugar para impresiones personales por parte del artista: era un asunto sagrado y su transgresión constituía una herejía, por lo que ningún elemento extraño podía insertarse libremente en los escenarios del arte cristológico. Aparte de eso, lo que hoy denominamos "creatividad" no existía como tal; todos los elementos pictóricos representados formaban parte de un "vocabulario común" de las artes visuales o, a lo sumo, era el producto derivado de la adopción de variantes iconografías coetáneas, como bien comenta André Grabar[21]. La pintura tenía su particular manera de trasmitir su sentido, principalmente mediante las simbologías y las metáforas de los elementos representados, pero también mediante los gestos que realizaban los personajes. Hoy se nos escapan muchos significados de esos gestos, pero baste sólo decir que la capacidad comunicativa de las manos no pasó por alto a los antiguos, como a Esquino, quien alababa al orador que no utilizaba sus manos para expresarse y las escondía bajo el manto, ya que al no ayudarse de éstas debía esforzarse más en la palabra: las manos ayudan y alivian al verbo, decía[22]. También las posiciones de los dedos tenían diferentes maneras de representarse remitiendo con ello a

---

[21] GRABAR, André. *Las vías de la creación en la iconografía cristiana*. Madrid; Alianza Editorial, 1998. p. 39.
[22] En: BARASCH. Moshe. *Giotto y el lenguaje del gesto*. Madrid; Akal, 1999. p. 24.

distintos significados, con lo que se dotaba así a los gestos de una capacidad expresiva singular que hoy en día no pervive[23].

Los cambios que se pudieran dar en la iconografía requerían un esfuerzo enorme que sólo fueron posible gracias a los intercambios culturales y los viajes de los artistas de la corte. Nunca se realizaba una pintura sin una concepción y estudio exhaustivo de la obra a todos sus niveles, y el motivo principal era la extrema gravedad que se atribuía a las pinturas religiosas: la primera y principal es que se representa un hecho religioso y sagrado; la segunda y no menos importante es que no se estaba representando a una persona cualquiera, sino a la figura principal del cristianismo, a Cristo el Salvador.

En esta época, umbral de entrada al Renacimiento, la divinidad del Niño ya no se intentaba demostrar como antaño en el arte paleocristiano o en Bizancio, cuando por ejemplo se tenía que explicar constantemente el misterio de la Trinidad a los fieles debido a la ignorancia popular. De hecho, en muchas imágenes góticas advertimos preocupaciones pedagógicas similares, por ejemplo en el empleo de pan de oro tanto en los halos de la cabeza como en el fondo del cuadro para remitir mediante el color dorado a lo sagrado y lo celestial; o incluso con los ejemplos de representación simultánea, cuando se pintaba en la misma composición al Padre, al Hijo y a la Paloma juntos para demostrar visualmente que los tres eran "Uno y Trino". Con la intromisión del Humanismo tal misterio quedaría superado, por lo que se pretenderá dar un paso más: narrar escenas más complejas e intentar hacer hablar a los personajes mediante los gestos.

La nueva mentalidad humanista inundó Europa, y por supuesto su reflejo en la pintura no tardó en observarse. En su empeño por representar tal cambio de pensamiento un nuevo acontecimiento acorde al creciente antropocentrismo empezó a desarrollarse, un asombroso avance: la representación del niño Cristo totalmente desnudo. En un principio su finalidad no era otra que la de

---

[23] Sobre el lenguaje de los gestos y sus significados véase también: CHASTEL, André. *El gesto en el arte*. Madrid; Siruela, 2004.

expresar de este modo la *Humanización* de Dios, pues se había encarnado en un niño y se pretendía mostrar precisamente "su carne" desnuda. Para ello simplemente había que pintar sus genitales de modo que los pudiéramos ver claramente. Y así nos lo mostraron los artistas, como a un niño de carne y hueso, como cualquiera de nosotros.

La iconografía de esta nueva mentalidad religiosa se difundirá sobre todo gracias a los contactos mercantiles entre territorios amigos. Una de las principales vías de comunicación será a través del Mediterráneo, y la artífice indispensable para la difusión de estos nuevos *tipos* iconográficos será la Corona de Aragón[24]. La expansión territorial de este territorio permitió a los mercaderes su otra forma de expansión: la comercial, y con ella la cultural.

Nápoles, Brujas, Valencia y la región de Provenza fueron ciudades bastión, receptoras y a su vez emisoras de los nuevos y futuros modelos iconográficos, donde por primera vez se nos mostrará "la sexualidad de Cristo", anticipándose a modo de precursoras, y fijando así los nuevos *tipos* que serán asimilados en el Renacimiento[25]. Sin estos cruces culturales nada hubiera sido

---

[24] A partir de Jaime II (hijo de Pedro el Grande) se produce el desarrollo del arte cortesano y tiene lugar la llegada de artistas italianos que posibilitarán que la corriente italianizante se introduzca en los territorios de la Corona. Durante el reinado de Alfonso el Benigno (1327-1336) y Pedro el Ceremonioso (1336-1387) el arte trecentista florentino-sienés se asimila, consolidando el italianismo como la estética hegemónica en la Corona de Aragón. Pero a lo largo del *quatrocento* la pintura italiana dejará de ser el principal modelo a seguir para pasar a serlo la pintura Flamenca, llegada a los dominios de la Corona principalmente por la vía de Brujas a Valencia. Será en la corte de Alfonso el Magnánimo donde el encuentro entre la pintura Italiana y la Flamenca se fundirá en lo que será el nuevo referente nacido del mestizaje estilístico, exportado a través de los dominios de la Corona hacia las diversas zonas dominadas. Alfonso el Magnánimo se establecerá en Nápoles y desde allí propiciará el fecundo cruce artístico entre la pintura Flamenca, la Italiana y la Hispánica. Al respecto véase: Bracons, Josep. cap. "El arte Gótico en la Corona de Aragón y en el mundo Mediterráneo". En: CARBONELL, Eduard Y CASSANELLI, Roberto (a cargo de) *El Mediterráneo y el arte. Del Gótico al inicio del Renacimiento*. Barcelona; Lunwerg editores, 2003, p. 68.

[25] «Hubo también en Nápoles una segunda vertiente cultural: la Valenciana. [...] a mediados del siglo (XV) y durante algunos años, en Nápoles coincidieron las dos vertientes de la nueva circulación cultural, la franca

igual en el Renacimiento ni en el arte cristológico y, por supuesto, mucho menos los desnudos crísticos.

Los cambios que conlleva el inicio de esta nueva época, considerada con posterioridad como el inicio la Edad Moderna, son visibles en muchos aspectos, pero en el caso que nos ocupa en uno muy concreto: el paso de Jesús vestido a Jesús desnudo. Esta novedad no fue en absoluto insignificante sino que constituyó todo un logro que condicionaría el futuro de la historia del arte: sin estos cambios el trato al cuerpo humano en general y al desnudo en particular hubiera sido muy distinto o simplemente no hubiera sido. De hecho, la Historia del Arte occidental es el resultado de este empeño añejo por representar a Jesucristo desnudo. Lucie-Smith ya se encargó de demostrar que las concepciones del desnudo en la pintura sentaron las bases del arte occidental, aunque él no limitó su estudio sólo al arte cristológico, sino atendiendo también a temas paganos y mitológicos[26]. Es conocido que aunque otras culturas anteriores hayan representado la desnudez en sus divinidades, en el ámbito cristiano estaban mal consideradas y se difundía la idea de que las imágenes lúbricas albergaban demonios; fue la desnudez de Cristo la que exoneró en cierto modo la representación de desnudos.

La cantidad de imágenes mostrando la sexualidad de Cristo, los señalamientos a ésta, las trasparencias de los velos, y otros tantos recursos destinados a subrayar su sexo, confieren significado y propiedad a los atributos de Jesús para demostrar su "humanidad", aunque personajes tan célebres como Emile Mâle no parecieron haberlo observado, ya que diversos gestos simbólicos le pasaron inadvertidos y no les atribuyó su significado correcto. En otras ocasiones ofreció explicaciones simples que poco se ajustaban a la realidad, como es el caso de la imagen del Niño jugando con un pájaro, donde Mâle, a la par que otros tantos de "su escuela",

---

flamenca o borgoñona y la hispana flamenca o valenciana.[...] entre 1440 y 1460 el baricentro artístico se fue desplazando hacia el norte, pasando de Nápoles a Provenza». Castelfranchi, Liana. cap. "La circulación artística en el Mediterráneo del siglo XV". En *Ibid.* p. 184 y 193.

[26] En: LUCIE-SMITH. *El arte del desnudo.* Barcelona; Polígrafa, 1982.

interpretó esta acción como el mero pasatiempo lúdico del Niño, sin hacer referencia alguna a otras hipótesis que trataremos más adelante en profundidad. Del mismo modo tampoco advirtió la importante significación del velo de pudor con el que se le cubren los genitales al Niño (perizoma), ni se cuestionó sobre el por qué estaba completamente desnudo exhibiendo frontalmente su sexo y reclamando toda la atención. Ninguno de estos *caprichos* y *niñerías* del Niño están representados al azar, sino que observan un significado íntimo con su correspondiente correlato teológico. Resumiendo: las explicaciones que nos dieron los más célebres historiadores del arte no parecían convincentes, pues eludían alguna especie de tabú sobre ciertas acciones y desnudos del Niño. Parecían no ver la sexualidad de Cristo aún teniéndola delante de sus ojos.

Los partidarios de la hipótesis *naturalista* alegan que dichas representaciones y gestos son los típicos de un chiquillo, estiman que son gestos naturales, pero guardan silencio ante los ejemplos en los que se potencia extremadamente la desnudez del Niño, a veces incluso con poses forzadas para resaltar su genitalidad. Esos argumentos *naturalistas* son rechazables en su inmensa mayoría. Todo da a entender que la razón que alumbra a estas representaciones sexuales de Cristo atiende a una voluntad de dogma que se centra en la búsqueda y expresión de una verdad capital del Credo: la *Humanización* de Dios, su *Encarnación*. Para plasmar tal realidad dogmática los artistas y expertos teólogos se sirvieron de la sexualidad de su dios, al igual que se ha hecho desde las primeras religiones.

Nosotros partiremos de la hipótesis que el miembro sexual de Cristo sirvió para certificar la *Encarnación* de Dios en hombre, hipótesis sobradamente demostrada por Leo Steinberg y con la cual estaremos siempre en deuda por ser la idea germen que propició estas investigaciones que ahora les hago partícipes. No obstante, partiendo de sus teorías, nosotros iremos más lejos de lo que él llego, daremos un paso más allá para rescatar lo que se dejó en el tintero.

LAS CARICIAS DE LA "MAMOLA"

«Está su izquierda bajo mi cabeza / y su diestra me abraza.» (*Cant.* 2,6 y 8,3.)

En el mundo de la pintura existió un inmenso repertorio de suertes para aludir a la sexualidad de Cristo, tanto de forma explícita como simbólica. Como ejemplo de gesto simbólico tenemos el que Leo Steinberg denomina *mamola*, y que consiste en acariciar, pellizcar levemente, rozar o tocar de alguna manera la barbilla de una persona. Para nuestro estudio resultan de interés los casos en que el niño Cristo le toca la barbilla a otro personaje, principalmente la Virgen. Cabe mencionar antes de nada que este gesto no es exclusivo del cristianismo ni del niño Jesús, pues existen restos arqueológicos de Egipto (época del Imperio Nuevo) en el que ya se recoge dicho gesto como expresión de afecto, seducción, persuasión, e incitación o atracción erótica entre amantes (o consortes) con una relación afectiva entre sí. En la pintura griega arcaica este gesto representaba a los pretendientes, y en la Antigüedad tardía representó la alegoría de la unión entre Cupido y Psiquis, o sea, el dios del amor que se une con el alma humana. Es decir, que este gesto representa un *tipo* iconográfico muy difundido desde Egipto entre sus faraones, pasando por Grecia entre sus héroes y hasta en la Provenza francesa para representar el incipiente amor cortés. En todos los lugares su sentido está inequívocamente relacionado de una forma directa y clara con la unión entre amantes, sea tanto de tipo carnal como espiritual, aunque por lo general remite a ambas a la vez.

Existe un precedente iconográfico de este gesto que data del siglo V antes de Cristo en el que se representa la escena de un cortejo pederasta en la antigua Grecia. Se observa cómo el hombre barbudo está realizando el gesto típico de cortejo: con una mano acaricia la genitalidad del muchacho y con la otra le toca la barbilla.

Es un ejemplo magnífico, un precedente iconográfico de antes incluso de que naciera Jesús, el cual nos instruye sobre el origen y significado del gesto de la *mamola*, sin lugar a dudas relacionado con el erotismo de la pederastia griega. La imagen se representa en la página siguiente. El sentido de esta imagen, y junto con ella el gesto de *mamola*, es más que evidente.

Sin embargo los historiadores y críticos de arte cristiano no quisieron o no supieron entender este gesto según su significado original, sino que lo purgaron de su sentido tradicional para interpretarlo como la simple monería de un niño Jesús que "juega" inocentemente con su madre; un gesto al que no le atribuyen la menor importancia y para el cual pretenden una carencia de significado simbólico, vaciándolo de toda implicación erótica: ésta es la hipótesis naturalista, como por ejemplo la que nos dio Emile Mâle.

Los detentores de estas hipótesis alegan que se trata de un mero juego inocente de un niño sin la mayor trascendencia, y no tienen en cuenta todos los ejemplos precedentes de la Historia, ni tampoco que su gran aceptación en el arte cristiano devino precisamente en una época en la que se pretendió dotar de una "humanidad singular" a Cristo. Sus teorías se basan sólo en la literalidad, en la superficie, y olvidan lo evidente aunque simbólico: se olvidan de la tradición iconográfica y de que ese Niño no es como cualquier otro niño, sino el unigénito de Dios. Tales hipótesis naturalistas pierden toda credibilidad precisamente por la magnificencia de la figura del Niño, y es que este Niño ¡nunca en la Historia del Arte ha sido tratado de forma semejante a cualquier otro personaje! No debemos olvidarlo. **(Fig. 7)**.

LOS GESTOS SIMBÓLICOS

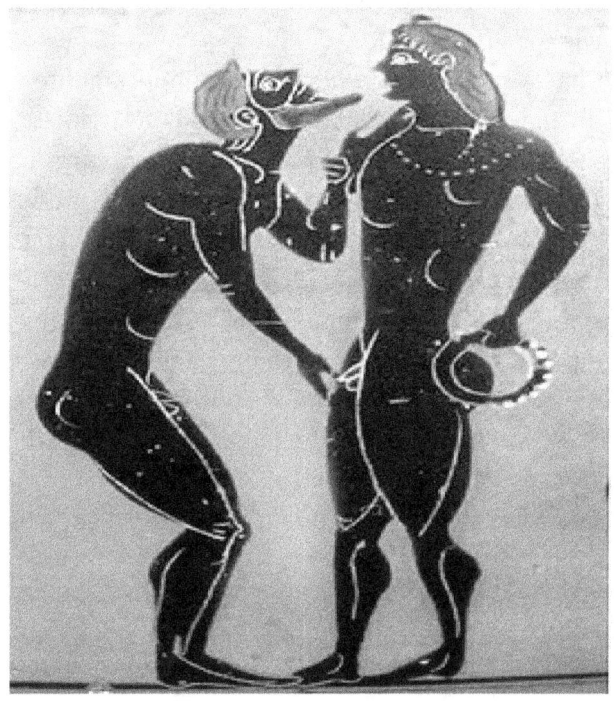

El gesto de la *mamola* viene a significar pues una unión erótica carnal o espiritual, y en el caso del Niño evidencia una unión muy especial con la Virgen: una unión mística en un plano más elevado y pleno. Este gesto legitima al mismo tiempo a la Virgen y con ella toda la mariología, pues el Niño habilita el culto a su madre mediante esta tenue caricia a su barbilla, ratificando y autorizando así a la mujer inmaculada que ascenderá a los cielos para ser la consorte eterna del Padre, la cual quedó fecundada por la tercera persona de la Trinidad penetrando por su oído. El misterio de la Trinidad viene implícito en este gesto, donde la divinidad es autoengendrada como en otros muchos sistemas religiosos, por ejemplo en Buda, quien engendró a su madre al aparecérsele durante un sueño bajo forma de elefante blanco. La deuda de la Trinidad con la "mujer" es irrebatible en todos sus aspectos. La *Humanización* no hubiera sido posible sin "ella", ni la *Anunciación*, ni la *Encarnación*, y en última instancia ni siquiera la capacidad creadora de Dios; pues, ¿quién gesta al Encarnado?, ¿quién lo pare y le da pecho? Dicho de otro modo: el Niño, en tanto que Padre y Paráclito a la vez -Uno Trino-, da muestra con este gesto del afecto del Padre hacia la mujer, de la unión simbólicamente sexual del Espíritu con ella y de la necesidad infantil de una madre.

Por lo tanto, este gesto de la *mamola*, más que una caricia inocente de un niño, es un gesto que relaciona íntimamente el principio femenino con la Trinidad, implicando con ello una cuestión de género.

Pero también debemos comentar que estas imágenes muestran una relación incestuosa (como en todo sistema teológico), aunque velada y enmarañada con la Trinidad (por la autoengendración del Niño), pues Él mismo es el que fecunda a su madre asumiendo el rol del Paráclito. Y no es de extrañar habida cuenta de que las relaciones incestuosas son más que frecuentes en la historia de las religiones, pero obviamente en el cristianismo de forma tan velada que parece no acaecer, aunque el sustrato y la esencia teológica sí contemple la relación incestuosa en la "familia divina", obviamente en clave simbólica y alegórica.

Ejemplos de *mamolas* son muy fáciles de encontrar en la pintura cristológica, sobre todo en iconos bizantinos y en imágenes renacentistas.

Según Steinberg la clave para la correcta interpretación del gesto de *mamola* se encuentra en el *Cantar de los Cantares*. En ese libro bíblico existe un pasaje que remite simbólicamente al abrazo místico -metáfora de la unión mística- que es el siguiente: "*Está su izquierda bajo mi cabeza / y su derecha me abrazará*" (*Cant.* 2,6. que se repite en 8,3). Son muchos teólogos y doctores de la Iglesia los que han rumiado estos versos y han intentado ofrecer una explicación. Su sentido literal nunca ha sido otro que el del abrazo sexual, pero esa es sólo la interpretación superficial, que ve en los diálogos el desahogo amoroso entre dos amantes. No obstante debemos tener en cuenta otras interpretaciones que intentan explicar su significado simbólico, alegórico y parabólico. El *Cantar de los Cantares* ha sido objeto de muchas interpretaciones aunque actualmente las más aceptadas son la alegórica y la parabólica: la alegórica ve en los diálogos entre amantes alusiones a hechos concretos en la historia de Israel, y la parabólica observa sólo los amores de Yahvé e Israel sin remitir a sucesos históricos concretos; ésta última goza de mayor prestigio.

La lectura e interpretación de este gesto obviamente cambia con el cristianismo, adecuándose a sus requerimientos, por lo que en vez de expresar los amores de Yahvé hacia Israel expresará ahora los amores del Dios cristiano hacia su Iglesia. No obstante volvemos a remarcar: hay quien defiende encarecidamente y con toda legitimidad la interpretación literal para el *Cantar,* es decir, el diálogo entre amantes como expresión del amor divino. Estas hipótesis sólo han tenido en cuenta su significado literal, sólo han observado el diálogo amoroso vacío de cualquier sentido más profundo, por eso no debe extrañarnos que sus interpretaciones apunten sólo hacia un abrazo sexual carente de cualquier contenido simbólico. De hecho, sabemos que en la Historia se han dado no pocos casos de rituales eróticos con una finalidad religiosa, y viéndolo así, no sería irracional sospechar que el *Cantar* pudiese señalar hacia tales prácticas. Sea como fuere es difícil creer que el gesto de *mamola* exprese un deseo lujurioso entre amantes, al menos en las obras cristológicas, sino que atiende a un sentido más amplio que evoca la unión espiritual entre Cristo y su madre, tal como observa Steinberg[27]. Según este autor, el gesto expresaría la unión del Logos con la naturaleza humana, lo que no es sino una unión mística. Y al respecto cabe comentar que el recurso por antonomasia en todas las religiones para intentar explicar la *unio mystica* ha sido el simbolismo sexual, cosa que probablemente nos

---

[27] «De acuerdo con mi hipótesis, los artistas recurren a la vieja fórmula de la mamola para expresar el encuentro de los enamorados, pero sin mostrarlos en el lecho, tal como exigiría el comentario literal del *Cantar de los Cantares.* [...] Cuando este gesto se da entre Cristo y María, se convierte a todos los efectos en signo del vínculo de amor que une a Cristo con María-Ecclesia, a Cristo con el alma, al Logos con la naturaleza humana» STEINBERG. *La sexualidad de Cristo en el arte del Renacimiento y en el olvido moderno.* Madrid; Hermann Blume, 1989. p. 137.

intenta transmitir el gesto de *mamola*, o dicho de otro modo: mediante un simbolismo sexual -que no es otra cosa que una fórmula aproximativa- se describe la unión mística. Este gesto de la *mamola* podría ser tal simbolismo sexual, tal fórmula aproximativa para expresar y significar una unión mística. Por lo tanto, sin rechazar la hipótesis alegórica y la parabólica, convendría cuestionarse esta otra hipótesis de forma ajena a cualquier interés proselitista para el *Cantar*; deberíamos contemplar la posibilidad de que la *mamola* fuera el simbolismo sexual que describiera la unión mística.

La caricia a la barbilla es un gesto simbólico que remite a la unión del espíritu con el cuerpo que se da en la unión mística: Logos y naturaleza reunidos en uno, como sucede en Cristo. Lo mismo sucede con el abrazo descrito en el *Cantar,* ese que reza: *Está su izquierda bajo mi cabeza / y su derecha me abrazará,* que también es de esencia simbólica y reclama el mismo significado que la *mamola*; de hecho, iconográficamente muchas veces se representa al Niño realizando ambos gestos a la vez: el abrazo del *cantar* y la caricia a la barbilla (*mamola*), en clara referencia a sus préstamos y correspondencias. Sin embargo no todos los cuadros de este tipo observan rígidamente lo de "su izquierda bajo mi cabeza, y su derecha me abrazará", sino que existen versiones relativamente libres, donde es el abrazo en sí y la situación íntima de los personajes lo importante, y no la disposición exacta de sus brazos. La unión mística puede ser representada pues como un abrazo o también simplemente mediante el gesto de la *mamola* acariciando la barbilla.

Estos gestos no se reducen sólo al ámbito materno-filial, pues Cristo, tanto niño como adulto, también se los ofrece a santos y santas repitiendo el mismo modelo y significado alusivo a la unión mística. En la tradición iconográfica cristiana se utilizó el gesto de *mamola* y el del abrazo místico para representar el favor tan singular que otorgaba Cristo a los santos. Pero sobre todo se lo dedicará a su madre, en una acción que los críticos vaciaron de toda significación simbólica y connotación erótica, viendo en ella sólo una caricia afectiva y pueril, un acto naturalista y no simbólico.

En el caso de algunas santas, los abrazos tan cariñosos del Niño suelen titularse *matrimonio místico*, derivación del *hieros gamos* original, y en ellos vemos frecuentemente al infante señalando el dedo medio de la santa, donde le colocará el anillo como símbolo de la alianza matrimonial contraída durante tal experiencia unitiva. En otras palabras: el anillo certifica que la unión mística se ha producido, que la santa ya se ha desposado espiritual y simbólicamente.

El gesto de *mamola* en la iconografía cristológica sólo lo realiza el Niño. El gesto es utilizado todavía y representado en tal cantidad de pinturas a lo largo del tiempo que cabe preguntarse si los artistas han sido conscientes de los significados a los que apunta o, por contra, se dedicaron a copiarlo de forma automática. Es fácil sospechar que muchos no conocieran su significado, limitándose a imitar el modelo establecido, pues la muestra de ternura que desprende este gesto es propicia para representar una idealización del cariño materno-filial a la vez que la de la infancia, deseable por los clientes que encargaban las obras. Es comprensible que con el paso del tiempo se puedan ignorar las verdaderas alusiones sobre la unión mística y sus implicaciones eróticas, y más fácil aún desconocer los precedentes iconográficos de la Tradición. Es factible que sucediera así, pues este gesto se presta al "didactismo fácil y dulzón", el que demanda el sentimentalismo devocional, el que frecuentemente interpreta los significados simbólicos de forma degradada y pueril. No olvidemos que incluso hoy en día los devotos aficionados a la pintura repiten este gesto ignorantes del sentido simbólico que encierra la *mamola*.

Resumiendo podemos decir que este gesto representa una unión erótico-mística, es decir, tanto en plano físico como espiritual, pues no debemos olvidar que Cristo es carne espiritualizada y que no reniega de ninguna de sus dos naturalezas, sino todo lo contrario, las exhibe orgulloso y sin pudor, tal y como iremos viendo. El gesto de *mamola* no puede evadirse de sus correspondencias eróticas, tal cual impone la Tradición, pues la relación de la unión mística con el erotismo de los cuerpos es indisoluble y evidente: el éxtasis místico no se puede librar del clímax de la carnalidad, es decir, del orgasmo. Los sentidos corporales son indisociables de los procesos de la mente, y los afectos de la mente tienen su correlato en el cuerpo (de hecho este es el principio que rige todo arrobamiento extático). Cristo contempla ambas realidades: psique humana en cuerpo humano, por lo tanto sería un error eximir a la experiencia mística de sus correspondencias con el erotismo de los cuerpos, con la afectación de la carne.

Los estudiosos de la mística advierten que en toda experiencia mística son indisociables los afectos espirituales de los corporales. En otras palabras: para poder hablar con propiedad de que una experiencia mística se ha producido es necesaria la enajenación extática de la mente junto con la del cuerpo a través del orgasmo. Y en este punto están de acuerdo los neurocientíficos actuales que estudian el fenómeno místico, cuando afirman, como Carlos Domínguez en su capítulo titulado *"La experiencia mística desde la psicología y la psiquiatría"*, que «habría incluso que sospechar de una experiencia mística en la que la sexualidad no estuviera de un modo u otro presente». No voy a profundizar aquí en esa cuestión porque ya la traté con anterioridad en el libro *"El erotismo y la religión. La influencia erótica en las experiencias religiosas"*. En ese estudio ya quedó claro que, según las opiniones tanto de los místicos como de los científicos, el trato directo con la divinidad –o al menos su intuición sensible- afecta a los sentidos del cuerpo hasta dejarlo arrobado y con síntomas similares a los de un orgasmo sexual (los experimentos con pacientes lo corroboran), y de hecho las poluciones involuntarias suelen ser un efecto colateral de las experiencias místicas.

Todo esto que estamos contando aquí parece ser que ya se intuía hace siglos e incluso milenios, en los primeros momentos en que se instauró el simbolismo del gesto de la mamola, expresando con ella la unión mística a través de la recreación y el goce mental y corporal. La mamola, pues, contiene una valencia erótica de la que no puede desprenderse, a menos que pedagógicamente, desde instancias superiores, se ninguneen sus ejemplos y excluyan su sentido original pervirtiendo con ello su verdadero significado.

LOS PIES DESNUDOS Y LA SEXUALIDAD

«Yahvé le dijo: "No te acerques. Quita las sandalias de tus pies, que el lugar en que estás es tierra santa"» (*Ex.* 3, 5.)

En la pintura religiosa constantemente se representa a los personajes descalzos, en consonancia con el precepto que obliga a descalzarse como señal de respeto ante la presencia de lo sagrado o lo numinoso (manifestación de los poderes divinos), y ya desde el *Éxodo* se nos advierte de este mandato. El célebre filósofo Román de la Calle hace especial hincapié en ello, y observa acertadamente que ir descalzo (*planta nuda*) es un signo de respeto a lo sagrado, una especie de exigencia, una inequívoca señal de «público respeto, sometimiento e íntima compunción [...] caracterizador de las conductas, capaz, por sí mismo, de marcar la frontera entre lo sagrado y lo profano.»[28]

Al Mesías cristiano se le ungen los pies con ungüento de nardo legítimo, destinado a su cuerpo para el día de su sepultura (*Jn.* 12, 3). María, la hermana de Lázaro *a quien Jesús había resucitado de entre los muertos,* se los unta y se los seca con sus propios cabellos, dando pie a un sinfín de especulaciones sobre el supuesto fetichismo del acto. Al respecto debemos recordar que en Roma poca diferencia había entre desnudar un pie o unos pechos, pues el acto del desvelamiento en sí era el mismo: es la erótica del desnudamiento, el contexto de *anásyrma,* en donde descalzarse, desvendar los pechos o desvelar los genitales era entendido por igual. Y debemos remarcar que los pies han sido considerados –y todavía lo son- una parte de la anatomía con connotaciones sexuales en ciertas culturas.

---

[28] CALLE, Román (de la) *Senderos entre el arte y lo sagrado.* Valencia; Institució Alfons el Magnànim (Diputación de Valencia), 2003. p. 39-40.

En la Antigüedad tardía surge la idea de concebir el cuerpo como un sistema jerárquico, otorgando a cada una de las partes un significado simbólico específico. Los artistas cristianos, para destacar la *Humanización* de Dios, tuvieron que buscar la parte anatómica que remitiera más eficazmente a dicha *Humanización*, y para ello acudieron a la Tradición, de donde tomaron la idea de que la mejor forma para aludir a la humanidad de Dios sería ubicando ésta, tal y como venía estipulado por el simbolismo antiguo, en las partes inferiores del cuerpo, entendido éste como un sistema simbólico y jerárquico.

Esas zonas inferiores del cuerpo son los pies, en contacto con la tierra, que por extensión remiten a lo terrenal y la terrenalidad, ya que la cabeza es concebida como lo elevado y sublime, de donde surgen los pensamientos y por lo tanto asimilada a lo celestial y al espíritu. Por el contrario, los pies, en contacto con el suelo, son relacionados con lo bajo y lo terrenal, con lo carnal, y equiparados por extensión con la genitalidad. En otras palabras: los artistas cristianos se sirvieron de los pies de Cristo para remitir metafóricamente a su sexualidad, y con ello al hecho de que Dios se hizo hombre, a su *Humanización*, a la *Encarnación* de Dios.

San Agustín (354-430) y San Cirilo de Jerusalén (315-386) recogieron estas ideas afirmando que «la cabeza significa la divinidad de Cristo; los pies, su humanidad...»[29]. Y en el siglo VII, el teólogo bizantino Máximo el Confesor se expresó así: «Quien dice que las palabras de la teología "se sitúan a la cabeza" a causa de la divinidad de Cristo, mientras que las palabras de la dispensación "se sitúan a los pies" a causa de la *Encarnación*, y quien llama a la cabeza de Cristo su humanidad, no se aparta de la verdad»[30]. Más tarde, la misma referencia sobre la jerarquía de las partes del cuerpo es recordada en Occidente por San Bernardo (1090-1153): «Si san Pablo juzgó adecuado describir la cabeza de Cristo en términos de su divinidad (I *Cor.* 11, 3), no nos parece inadecuado

---

[29] STEINBERG. *Op. cit.* p. 40.
[30] *Liber ambiguorum, Pat. Gr., 91, col. 1379.* Recogido en *Íbid.* p. 168.

asignar los pies a su humanidad»[31]. Es decir, que desde tiempo atrás distintos doctores de la Iglesia hicieron referencia a que los pies del Cristo remiten por extensión a la terrenalidad, a su humanidad, y ésta a la *Encarnación*. De ello queda constancia escrita.

Sin embargo con los pies también se remitía a los genitales, que no son sino el símbolo de la carne por excelencia: la parte anatómica que aglutina todas sus significaciones ontológicas. De esta manera, un gesto aparentemente tan simple como tocarle el pie al Niño, comporta unas implicaciones mucho mayores, pues se está remarcando simbólicamente su genitalidad. En este contexto los pies son intercambiables con los genitales, de hecho, son un eufemismo habitual en la Biblia que frecuentemente se utiliza para designarlos.

Muchos ejemplos iconográficos nos muestran el tocamiento de los pies del Niño, y atendiendo a lo que tantos doctores de la Iglesia dijeron, sólo podemos interpretarlo como el gesto empleado para aludir a la terrenalidad y a la humanidad de Cristo localizadas en su genitalidad; tocar los pies del Niño es tocar simbólicamente su sexo. La finalidad que se pretende al tocar simbólicamente los genitales del Niño es certificar y verificar su naturaleza humana: demostrarnos que posee una sexualidad sana y normal como el común de las personas, que es en definitiva lo que nos hace humanos. Este gesto del tocamiento de los pies será ampliamente difundido y se insertará en muchos pasajes distintos, pues se adapta tanto a *nacimientos, adoraciones, epifanías*, etc. Así pues, cuando veamos que se le tocan, acarician o señalan de alguna manera tenue los pies, sea en el contexto y en la escena que sea, debemos entenderlo en su sentido simbólico, es decir, se está remarcando la *Encarnación* de Dios a través de la carnalidad de Cristo, poniendo énfasis en su sexualidad. Es este un recurso retórico para aludir metafóricamente al sexo de Jesucristo.

---

[31] San Bernardo: *Cantar de los Cantares*, I, Sermón VI, 6. Recogido en *Íbid.* p. 169.

Sabemos que la concepción y utilización del propio cuerpo, sus temores, necesidades, etc., vienen impuestos por el entorno donde se vive, el cual jerarquiza la importancia y funciones de cada distinta parte de nuestro cuerpo, pues éste, al igual que la sexualidad, viene definido y construido conceptualmente por la sociedad. No debe extrañarnos que los pies sean los encargados de remitirnos a la sexualidad, ya que esta idea se da tanto en Oriente (en las *geishas*) como en Occidente, y tampoco fue exclusiva ni de la Antigüedad ni del cristianismo medieval; de hecho, todavía perdura esta creencia en el psicoanálisis, que nos dice que ciertas veces el pie es un símbolo inconsciente del pene.

Y ya que hablamos de psicoanálisis, de pies y de penes, debemos sacar a colación obligatoriamente a Edipo (en honor a Freud, padre del psicoanálisis), que fue quien mató a su padre y desposó a su madre, cuyo nombre significa curiosamente "pie hinchado", el cual fue abandonado por su verdadero padre con los "pies atados", obviamente como gesto mágico-simbólico para limitar los usos de su sexualidad incestuosa, pues el Oráculo lo había advertido del fatal destino. Y aquí debemos dejar de creer en la casualidad. Indudablemente su padre lo abandonó para librarse de morir asesinado por su hijo, tal y como había predicho el oráculo. Pero habitualmente suele pasar lo que reza un proverbio chino: "A menudo los hombres encuentran su destino en el camino elegido para evitarlo", o igual que nos cuenta la fábula del misticismo sufí en *Cita en Samarra,* cuando el protagonista ve a la muerte en su ciudad y se marcha rápidamente a otra, sin saber que era en esa otra ciudad donde debía realmente encontrarse con la muerte. Así, de este modo, el padre de Edipo pretendió poder sortear su destino abandonando a su hijo, el del "pie hinchado", con los "pies atados" para impedir la relación incestuosa de Edipo; por eso le ata los pies, porque representan simbólicamente su sexualidad. El simbolismo de los nudos que le ataron los pies –siguiendo a Mircea Eliade- tampoco deja lugar a dudas de que lo pretendido con ellos es impedir que los pies desarrollen su cometido incestuoso. Así pues, el del "pie hinchado", y entiéndase lo de "hinchado" también

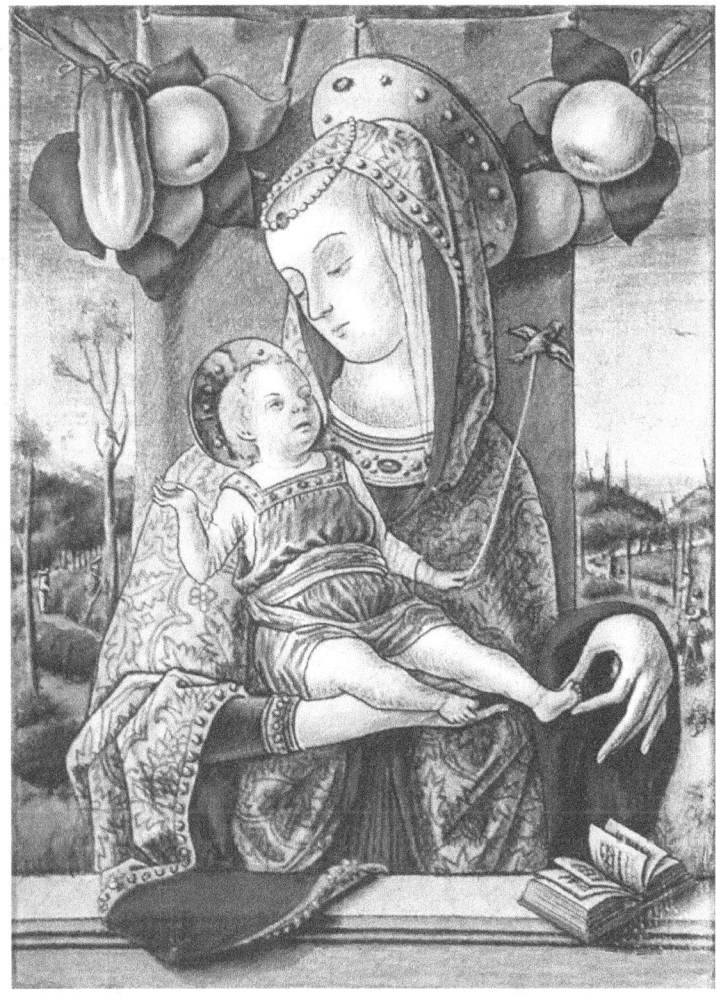

por su analogía con el miembro erecto, es abandonado con los pies atados para impedir los desastres de una sexualidad pre-humana (si atendemos a tantos eruditos que comentan que el inicio de la cultura humana empezó con la prohibición del incesto).

La gran cantidad de pinturas en que se señalan y tocan los pies del Niño no dejan lugar a dudas de que ese gesto no es azaroso sino premeditado, a la vez que su simbolismo acapara el sentido principal y la razón de ser de estas pinturas, pues en éstas se pretende precisamente remarcar la naturaleza humana de Cristo.

¿Qué si no representan tantos y tantos tocamientos a los pies de forma tan sutil pero intencionada? Y si no lo creen, fíjense de ahora en adelante en la gran cantidad de ejemplos donde la Virgen le toca el pie al Niño, realmente los ejemplos son numerosísimos. Su gesto no pasa desapercibido, sino al contrario: es un "toque" tan tenue pero a la vez tan visible que no disimula su intención en absoluto. No hay pintor que se precie que no reproduzca este gesto en sus pinturas, como Rafael Sanzio de Urbino **(Fig. 8)**, quien pinta a la Virgen tocando el pie del Niño mientras Éste se encuentra atando un cordelito a un pájaro. Realmente son tantos ejemplos que no creemos necesario extendernos, pues a buen seguro que el lector se habrá hecho una idea y encontrará ejemplos más que suficientes.

Ciertamente habrá quien haya pensado que representando un tocamiento al pie se evita tener que pintar la palpación a los genitales, y eso es cierto sólo en parte. Argüir que las razones de los recursos simbólicos responden a cuestiones de decoro no es acertado, pues implica reducir la retórica visual al único principio moralista; y aunque resulte menos ofensivo este eufemismo para remitir a los genitales, no es este el motivo principal, pues el sentido simbólico de una pintura atiende a la concepción artística del momento, a los recursos simbólicos de cada época. No se toca el pie por imperativos morales sino por hábitos iconográficos y simbólicos que vienen de antiguo. Al respecto y para confirmar dicha aseveración cabría recordar las figuras del románico obsceno, altamente lujuriosas, donde vemos coitos, felaciones, etc., y donde un personaje se toca el pie mientras se pone un objeto fálico en la boca. Es decir, que allí el decoro brillaba por su ausencia y sin embargo el gesto de tocar el pie persistía, lo que indica que no es una necesidad eufemística si ahora se representa el mismo gesto para aludir a la genitalidad de Cristo, sino que es para expresar un significado erótico en concreto, más allá del simple significado que implicaría una simple representación genital. Pero, ¿cuál es ese significado erótico en concreto?

Evidentemente si decimos que tocarle un pie al Niño equivale simbólicamente a tocarle su sexualidad no andamos desencaminados, aunque sí haciendo una interpretación parcial y sesgada, pues no es sólo una lectura erótica lo que se desprende de este gesto sino también dogmática y teológica: la que emparenta la sexualidad humana con la *Encarnación* de Dios, la que utiliza la alusión a su genitalidad para demostrar su humanidad. No se toca el pie al Niño únicamente como gesto erótico, pues aunque remita a los genitales, éstos sólo simbolizan su humanidad; es decir, se alude al hecho de que es "entero en todas sus partes", como cualquier hombre común. Los pies remiten a los genitales, pero éstos son un símbolo de su carne y su naturaleza humana y sexual. Tocar el pie del Niño demuestra la *Encarnación* de Dios... (de momento nos conformaremos con esta interpretación).

Los pies son susceptibles de convertirse en fetiche, pues parece que se prestan a ello de forma innata. Los fetiches (pies, pelo, ropa íntima...) son una sustitución inadecuada del objeto erótico a causa de una temprana intimidación, según Freud[32], y guardan relación con una voluntad consciente o inconsciente de renuncia al acto sexual. Según el mismo autor, cuando el fetiche se separa de la persona que lo encarna y deviene por sí mismo finalidad sexual ya se lo considera un caso patológico[33]. Puede ser, tal y como hemos dicho, que los continuos tocamientos a los pies del Niño comporten conceptos teológicos, aunque su reiteración continuada refleja una sintomatología que linda con el fetichismo; de igual modo cabría opinar respecto de las miradas hacia el sexo del Niño (que veremos más adelante), donde además de las implicaciones *voyeurísticas*, apercibimos que el pene infantil se ha convertido en el objeto de interés de la mirada. Para Freud el fetiche es como un emblema

---

[32] FREUD, Sigmund. *Tres ensayos sobre teoría sexual (y otros escritos)*. Madrid; Alianza, 2006. p. 26- 27.
[33] «Otro dato para la explicación de la preferencia fetichista del pie resulta de las teorías sexuales infantiles [...] El pie sustituye al pene, que el niño echa extrañamente de menos en la mujer.» *Ibid.* nota 19 p. 158. Freud lo tiene claro: «el fetiche es el sustituto del falo de la mujer (de la madre)» (*Ibid.* p. 116.), aunque indudablemente «el prototipo normal de todo fetiche es el pene del hombre». (*Ibid.* p. 121.)

que representa el triunfo del individuo sobre la amenaza de castración a la vez que lo protege contra ésta, pues el valor apotropaico (talismán: *protector*), se halla presente en todo símbolo religioso. El fetiche es tolerado por la sociedad, pues es un objeto sin la mayor importancia que sustituye a la sexualidad ajena, a la que así no se violenta; de este modo el fetichista no tiene por qué convertirse en paria ni en marginado, pues su "objeto sexual" es aceptado socialmente y no está prohibido. Para Freud los pies son un fetiche en ciertos casos porque son la última impresión percibida antes del trauma de la visión genital femenina, al espiar furtivamente desde abajo de las faldas el sexo opuesto. Antes de ver directamente la sexualidad, la última visión anterior fueron los pies, por lo que quedan fijados obsesivamente a modo de trauma en la psique inconsciente.

Volviendo a la iconografía cristológica, en la escena de la Epifanía los Magos hacen el ademán de besar los pies al Niño en el mismo instante en que desvían su mirada hacia la sexualidad de Éste. Hay muchas pinturas que nos muestran a los Reyes haciendo ambos gestos: besarle los pies al Niño y mirarle los genitales. Es decir, justo la acción que nos dice Freud que provoca la fetichización de los pies: ver los pies antes de la mirada traumática al sexo. Besar los pies y tocarlos de forma tan significativa puede indicar adoración y sumisión, pero también una recreación fetichista que no tiene por qué ser consciente. Existen muchísimos ejemplos en los que podemos ver a los Magos besarle los pies al Niño mientras miran su genitalidad.

Tal vez, cuando a principios del cristianismo y en la Edad Media los doctores de la Iglesia equiparaban los pies a la sexualidad de Cristo, estaban especulando ya de forma intuitiva y sin saberlo sobre el fetichismo, pues tal vez, y decimos tal vez, percibían una relación profunda entre los pies y la sexualidad, un nexo inextricable e inexplicable a no ser que se recurra al mito. La diferencia estriba en que antaño intentaban expresarlo teológicamente mediante un desplazamiento metafórico que remitía a un simbolismo determinado, y su finalidad era enteramente demostrativa, mientras que en el siglo XX el psicoanálisis le dio un enfoque profano: violó la concepción misteriosa, mágica y sagrada del fetiche. En términos psicoanalíticos el fetiche es un sustituto, y en su origen atiende a factores antropológicos y religiosos, pues no olvidemos que los fetiches no eran sino las imágenes de los dioses indígenas[34]. Los fetiches fueron para las tribus arcaicas un sustituto que encarnaba a su Dios, y muchas veces su aspecto era simplemente una mera forma fálica. Es curioso cómo un objeto devocional religioso ha contaminado aspectos relacionados con los usos de la sexualidad cotidiana, lo cual sólo puede demostrar la estrecha relación que existe entre la religión y el erotismo.

Los sustitutos de la verdadera imagen de Cristo, el sudario y la *vera icona,* por ejemplo, también son imágenes fetiche que reciben restos de la energía psicosexual de los creyentes, aunque evidentemente este término no es aceptado oficialmente ni se admite el desplazamiento del fin sexual en dicha sublimación: el cristianismo no reconoce que sus imágenes sagradas reciben energía libidinal proyectada inconscientemente por sus feligreses. En este punto también cabría cuestionarnos sobre el grado de fetichismo de los velos de pudor que cubren los genitales de Cristo, pues esas prendas íntimas poseen de por sí un valor altamente atrayente: «¡Procúrame un pañuelo que haya ceñido su seno, algo con que alimentar mi amor!» -dice *Fausto.* No hay duda de que el pañuelo que cubre los genitales crísticos es el sustituto de su inaccesible sexualidad, pero posee además un valor añadido: ha estado en contacto directo con su zona íntima, como cuando vemos

---

[34] Para los conquistadores occidentales, las imágenes de los dioses oriundos de las tierras indígenas les parecieron terribles y demoníacas; se adoptó el vocablo portugués "fetiche" (*feitiço*: que significa "hechizo") para designar a esas divinidades de carácter misterioso y agresivo. El término fetiche fue divulgado por el francés Charles de Brosses en su libro *Culto a los dioses fetiches* (1760) antes de que el término fuese adoptado por sexólogos y psicoanalistas. En GUBERN, Román. *Patologías de la imagen.* Barcelona; Anagrama, 2004. p. 73.

en una película moderna a un personaje obsesionado con la ropa íntima de la protagonista. Posteriormente volveremos sobre los usos del velo de pudor y sus implicaciones eróticas, ahora sólo nos interesa destacar que en el universo cristiano existen ciertas prendas crísticas que por sus cualidades son fetiches, aunque no lo consideren así las autoridades ni los creyentes.

En religión y en Cristo todo es fetiche, por mucho que denominen a estos objetos con el nombre de reliquia (el velo, la cruz, los clavos, su cuerpo, su sexo...); sin embargo, ningún objeto de todos estos queda libre de implicaciones eróticas: desde los clavos hasta la cruz todos ellos poseen un exceso de energía psicosexual. Los pies son fetiche, y su relación con contenidos sexuales es evidente. Su descubrimiento intuitivo posiblemente se dio hace milenios, aunque su formulación científica y profana relativamente hace poco. Por suerte el arte de la pintura recogió esas intuiciones donde los pies del Niño son algo más que meros miembros anatómicos, pues expresan un trasfondo ideológico y erótico recogido ya desde el mito de Edipo, pasando por la Tradición cristiana y acabando con el psicoanálisis. El recurso simbólico a los pies fue adoptado desde los inicios del cristianismo, pasó por la Edad oscura, y su simbolismo fue registrado por explicaciones de los doctores de la Iglesia hasta llegar a nuestros días, donde fue formulado en términos psicoanalíticos. En otras palabras: suerte que las pinturas están ahí dejando testimonio y corroborando el aserto de mitologías y teologías antiguas a la vez que teorías modernas. Aun así, hay quien niega las evidencias.

Éste es el significado erótico concreto que se alude con el tocamiento del pie de Cristo: su fetichización.

Señalar los pies del Niño es una estrategia que pretende remarcar la carnalidad de Cristo, su *Encarnación* y su *Humanización,* y por extensión su genitalidad y su sexualidad enteramente humana, es decir, una sexualidad erótica convertida en fetiche.

EL PARADÓJICO "VELO DE PUDOR": EL PERIZOMA

«*Estando allí, se cumplieron los días de su parto, / y dio a luz a su hijo primogénito, y le envolvió en pañales y le acostó en un pesebre...*» (*Lc.* 2, 6-7.)
«*Díjoles el ángel [a los pastores] [...] os ha nacido hoy un Salvador, que es el Mesías Señor, en la ciudad de David. / Esto tendréis por señal: encontraréis un niño envuelto en pañales y reclinado en un pesebre.*» (*Lc.* 2, 10-12.)

En este apartado vamos a tratar sobre las diversas estrategias y significaciones a las que apunta el velo de pudor -normalmente transparente- que cubre los genitales del Niño. Por cuestiones de economía (y falta de espacio) no trataremos aquí los numerosos ejemplos de Cristo crucificado con dicho velo de pudor.

Son muy abundantes los cuadros consagrados a expresar de alguna u otra manera el concepto de la *Encarnación* de Dios, como también es verdad que existen muchas formas distintas de remitir a dicho dogma, por ejemplo las que se sirven de un velo llamado "perizoma" para remitir a la *Encarnación*. Dicho velo se usa tanto para cubrir como para mostrar su sexo, pues gracias a su trasparencia nos permite ver nítidamente la genitalidad del Niño: es el juego erótico por excelencia, el juego dialéctico del mostrar-ocultar, del desnudo-vestido. El número de ejemplos a disposición del investigador es de tal magnitud que sólo el intento de enumerarlos, compilarlos y clasificarlos, corre el riesgo de ser incompleto y fragmentario. Contamos para ello con clasificaciones previas ya existentes para prácticamente cualquier tipología, por ejemplo para los *tipos* donde el Niño está en brazos de la Virgen, aunque para nuestro caso en particular no nos son de mucha utilidad estas clasificaciones, pues debemos centrarnos en los *tipos* susceptibles de remitir a conceptos relacionados con su sexualidad.

Además no pretendemos una clasificación, sino indagar en los conceptos a los que apunta para comprender así su significado.

Si por algo se distingue el cristianismo de otras religiones es por la creencia de que Dios se encarnó en hombre: es en este punto donde las autoridades eclesiásticas ponen el mayor énfasis. La primera obra de dios, la Creación, fue superada por la segunda, la *Encarnación*, pues la primera resultó corrompida por el pecado original de Adán y Eva, y además, el mismo Dios pretendió acabar varias veces con la corrupta raza humana; al respecto baste sólo recordar el pasaje de Noé. Por lo tanto no le cupo otro remedio a Dios que redimir a la humanidad, y para que ello fuera posible, el Verbo se hizo carne y habitó entre nosotros (*Verbum caro factum est et habitavit in nobis. Jn.* 1, 14.). La *Encarnación* es por lo tanto en este orden la segunda gran obra de Dios, y para ciertos exégetas mejor que la primera, ya que es en este segundo acto cuando el mismísimo Dios bajó en forma humana a la tierra, pues su voluntad divina decidió encarnarse en hombre y morar aquí durante una existencia humana completa para redimirnos del pecado con su sacrificio: nacer, vivir y morir. En verdad y para ser justos, cabe decir que sólo le faltó disfrutar de una unión sexual, para con este acto participar plenamente también del instinto sexual, del acto creador que posibilita la perpetuidad de la especie. Tal como reza un poema dramático de Eliot, "Nacer, y copular y morir". A Dios sólo le faltó copular.

Jesucristo se convirtió en "el nuevo Adán exento de pecado", y como tal, sin pecado original, podía mostrar plácidamente sus genitales sin ningún tipo de vergüenza: ésta era la nueva concepción humanista y renacentista. Pero no siempre fue así, pues en tiempos anteriores se representó al neonato vestido, por este motivo vemos que a finales del siglo XIII y principios del XIV todavía las imágenes mostraban al Niño cubierto por una túnica majestuosa (*Cristo en Majestad*) o con vendas que cubrían sus partes pudendas (en el caso de Nacimientos y Adoraciones). Fue a partir de 1310 cuando se empieza a desnudar al Niño y a sustituir su túnica majestuosa por un velo trasparente al que se denomina *perizomium* o perizoma, el cual se colocaba estratégicamente sobre su sexualidad, aunque como hemos dicho debido a su trasparencia igualmente resultaban visibles sus genitales. Podría argüirse que estos paños no cumplen con su cometido, que es ocultar la sexualidad, aunque realmente si dejan entreverla es porque esa es precisamente su intención. Si su labor fuese la de ocultar, obviamente se hubiera encubierto el sexo divino pintando un velo opaco, pero no era esa la finalidad, sino mostrar sus genitales para expresar un significado acerca de la desnudez de su cuerpo humano y divino, un significado sobre su doble naturaleza. Y es que en torno a la sexualidad del Mesías se entreteje todo un entramado teologal y un hilo discursivo muy extenso.

Para poder llegar a la representación del cuerpo desnudo del Cristo no podía ser de otra forma que yendo a la par de las revisiones dogmáticas, que como sabemos fue en el Gótico donde se dieron los mayores avances en teología, los cuales continuaron después con el creciente Humanismo y la revisión de la Biblia. Siguiendo los escritos teológicos nos encontramos con pasajes donde son posibles conjugar la fidelidad a las Escrituras con la plasmación del cuerpo de Cristo desnudo, es decir, con otra verdad incuestionable. Dicho en otras palabras: si Cristo era un hombre completo y nacido de madre humana -tal y como estipulaba la teología-, debía necesariamente nacer como todo ser humano, o sea, desnudo y con ombligo, por eso tantas pinturas muestran la desnudez del Niño con énfasis. De esta simple manera las pinturas resultaban ser dogmáticamente correctas y adaptadas a su vez a la nueva visión antropocéntrica: un nuevo y creciente *Humanismo* que se reflejaba en el cuerpo de un dios igual que nosotros, un Dios humanizado.

Por tal motivo, el afán por demostrar la humanidad del Niño llevó a tratarlo de igual modo que se haría con cualquier otro niño: arroparlo al nacer. Así pues hubo dos momentos pues en que la Virgen tuvo que prestar el velo de su cabeza para cubrir la desnudez de Cristo. La primera al nacer, poco antes de colocarlo sobre el pesebre: «Lo envolvió en el velo que caía de su cabeza». La segunda una vez crucificado, todavía en la cruz, estando la Virgen «triste y llena de vergüenza más allá de toda medida al contemplarlo enteramente desnudo, [pues] ni siquiera le dejaron su ceñidor, se apresura y se acerca, lo abraza y lo envuelve con el velo que pende de su cabeza»[35]. Según esta tradición piadosa, el velo de la cabeza de la Virgen (el *velamen capitis*), cubrió los genitales de Cristo dos veces, una nada más nacer y la segunda en la cruz. En el nacimiento y en la muerte de Cristo, al inicio y al final de su vida, lo cual indica la gran significación simbólica que se pretende para el perizoma.

Indudablemente el velo de la Virgen atiende a un sentido simbólico, y la utilización de dicha prenda para cubrir la sexualidad de Cristo no atiende a razones morales, no referentes al pudor, sino teológicas. El hecho de que no observe razones de pudor viene dado porque Cristo, al quedar exento de pecado original, no tiene por qué sentir vergüenza, aunque parece que las personas de su alrededor sí que sienten vergüenza ajena de Él. A fecha de hoy todavía existe la costumbre en ciertas personas de cubrir con un paño de tela las vergüenzas de las tallas de Cristo desnudo, como por ejemplo una de El Greco que todavía se exhibe en Toledo con un paño añadido sobre su sexualidad (aunque el artista la concibió desnuda). De igual modo muchas pinturas fueron repintadas con un velo opaco sobre sus genitales; esto último sucedió sobre todo en el siglo XIX a manos del puritanismo americano con las obras europeas expoliadas durante las guerras mundiales y llevadas a sus museos. Estos velos opacos, como dice el poeta, "niegan lo que esconden". Y es que vestimos a los dioses según nuestras normas del pudor

No debemos confundirnos, pues el velo, aunque en primera instancia nos parezca que atiende a razones "realistas" o "naturalistas", éstas sólo sirven de explicación para las masas indoctas: las verdaderas razones son como hemos dicho de orden teológico. Para Deschner, el uso del velo durante la oración y el oficio es «un signo de inferioridad, pues llevar el velo significa

---

[35] Pseudo-Buenaventura. *Meditations, pp. 33, 333*. Recogido en STEINBERG. *Op. cit.* p. 46

"avergonzarse del pecado traído al mundo por la mujer"»[36]. Aunque claro, Deschner está hablando aquí de las palabras de san Pablo, cuando obligaba a las mujeres a cubrir sus cabezas en el templo. De todos modos debemos recordar que este *velamen capitis* puede remitir, como ya hemos visto y dependiendo de su uso simbólico, tanto al pecado original (de índole sexual) como al himen intacto de la Virgen (virtud e inocencia virginal, también de índole sexual).

Según ciertos autores el velo de pudor que la Virgen coge con tanta delicadeza simboliza su himen intacto y por lo tanto virginal. Recordemos brevemente el simbolismo del velo: las novias sólo se lo retiran de la cabeza una vez desposadas para besar a su marido; el velo es el himen simbólico, un himen que Cristo retira de su madre al desposarse con ella, y ese mismo velo que simboliza el himen de la Virgen será el encargado de cubrir los genitales de Cristo, pues es el atributo que define su sexualidad. Como podemos ver este velo de pudor está estrechamente relacionado con el incesto crístico.

Sea como fuere, y en cualquier caso, la Virgen cubre con su símbolo sexual contaminado otro símbolo sexual puro, que es la sexualidad de Cristo. Y cuando decimos "contaminado" nos referimos obviamente a que el dogma de la *Inmaculada Concepción* y todo lo relativo a él no ha gozado siempre de muy buena aceptación por diversos sectores de la Iglesia, ya que en los primeros tiempos del cristianismo la Virgen no contemplaba beneficios teológicos de pureza inmaculada, sino que éstos han devenido por una evolución teológica: hubo que crear una redención previa -*redemptio praeservativa*- para que fuese considerada *Virgen ante partum, in partu y post partum*; así por ejemplo, los dominicos fueron contrarios y los franciscanos favorables a considerar a María sin pecado original. Por todo esto, debido a que la ratificación en dogma de fe de la Asunción mariana es relativamente reciente (defendida con anterioridad por diversos

---

[36] DESCHNER. *Op. cit.*, p. 73.

Papas pero sólo finalmente decretado en 1950 por Pío XII -*bula Munificentissimus Deus*) cabe concluir que el velo de la Virgen, el velo de su cabeza, remite a una sexualidad cuanto menos ambigua, incierta, puesta en tela de juicio por sospechosa de contener pecado original, y evidentemente no podemos equipararla con la sexualidad de Jesús, libre en todo momento de sospecha por *peccatum originale*.

En los Textos piadosos se nos dice que es el *velamen capitis* lo que cubre a Cristo de niño al nacer así como de adulto en la cruz, aunque la tradición pictórica por mandatos de pudor lo ha vestido en la cruz de modos diferentes, dependiendo de los distintos momentos históricos y gustos de las distintas zonas geográficas. Y si bien hasta ahora habíamos dicho que las normas morales no impedían la representación del Niño desnudo, no sucede lo mismo con Cristo adulto, porque no es lo mismo presentar desnudo a uno que a otro: a cualquier niño se le presupone una inocencia sexual y una incapacidad para el acoplamiento, mientras que la sexualidad del adulto es funcional y apta para el coito, ofensiva a la moral, por ese motivo en Cristo adulto sí se contemplan razones de pudor a la hora de representarlo desnudo.

Evidentemente el Niño nace desnudo y, puede parecer extraño, pero el desarrollo de su progresiva desnudez viene parejo al arropamiento de Éste por parte de la Virgen. Dicho de otro modo: advertimos cambios muy significativos acaecidos con el decurso del tiempo, es decir, que si bien al inicio del Gótico ambos personajes, tanto la madre como el Niño están representados alejados el uno del otro y sin comunicación aparente, con el paso del tiempo el cuerpo del Niño se va acercando al de su madre para terminar en su regazo y sus brazos. Esto propicia que cuanto más se acercan ambos personajes y cuanto más lo intenta cubrir la Virgen, más desnudo se muestra el Niño.

Encontramos muchas variantes respecto a su cubrimiento, pero en este capítulo les mostraremos una secuencia donde se observa de forma más clara la progresiva comunicación entre las figuras del Niño y su madre; de este modo advertiremos los cambios acaecidos: desde la incomunicación inicial entre ellos hasta la compenetración íntima, y todo en torno a un hilo conductor que es el mal llamado –en mi opinión- velo de pudor, pues poco pudoroso resulta un velo transparente que deja ver los genitales.

Cronológicamente el primer momento sería también ese primer instante del nacimiento, cuando la Virgen todavía ni lo había cubierto ni recogido del suelo, y aunque resulte chocante, las primeras imágenes nos muestran al Niño como abandonado en tierra. Existen gran cantidad de estas imágenes donde el pequeño Cristo está en el suelo, desnudo, sin sábana alguna, como desatendido y sin cubrir. No existe comunicación entre madre e hijo y prevalece la distancia física entre ellos. Muchos cuadros del gótico flamenco son pródigos en este *tipo*, el cual nos muestra justo el instante posterior al Nacimiento y previo al cubrimiento de sus genitales. Pero con el paso del tiempo y sobre todo en el Renacimiento la comunicación entre ambos se acrecienta, se aproximan físicamente. Los cambios iconográficos suceden de manera tan lenta en estos tiempos que es posible apercibir claramente el paulatino acercamiento. El Niño, al principio separado de la madre y abandonado en tierra sin nada que lo proteja del suelo se irá arrimando al amparo de María. La primera etapa de esta aproximación la observamos en obras en las que el vestido de la Virgen se sitúa entre el Niño y el suelo, como procurándole comodidad y protegiéndolo del duro y gélido piso. No obstante Jesús permanece todavía enteramente desnudo. Este recurso de colocar la capa debajo de Cristo será bastante generalizado.

Pero todavía no parece ser suficiente acercamiento como para llegar a despertar la empatía maternal en los fieles y por eso se exige más, tanto a pintores como a teólogos, y así continuará la aproximación entre ambos consortes celestiales. Si existen ejemplos donde la capa de la Virgen se posa bajo el Niño, con el tiempo podremos ver no sólo su capa, sino también su *velamen capitis*, el que contiene toda la significación teologal y el que favorecerá la aparición de nuevos *tipos* en esta secuencia. Un ejemplo al caso es el cuadro de Jacopo del Sellaio **(Fig. 9)**. En esta imagen vemos que el Niño todavía está en el suelo sobre la capa de la Virgen pero no a tanta distancia como en tiempos precedentes, sino más cerca de ella. Además existen otros elementos que lo hacen especialmente significativo: Jesús tiene un pájaro cogido con su mano derecha mientras que con su otra mano sujeta el *velamen capitis*. Vemos que este *tipo* es más fidedigno respecto de la tradición piadosa y se adapta mejor en su elocuencia, pues el grado de significado que alcanza el velo centra prácticamente todo el sentido de la obra. El hilo conductor para su interpretación nos lo muestra precisamente el velo, que empieza como no podría ser de otra manera en *"el velo que caía de su cabeza"* (la de la Virgen), pasando por el oído (por donde entró el Verbo), desde donde desciende hacia el Niño, el cual, lo agarra fuertemente con su mano como asiéndose a su destino, pues es esa misma tela la que en un futuro lo volverá a cubrir en la cruz; de este modo se convierte en un elemento premonitorio de la futura crucifixión[37]. Aunque ciertamente, lo más interesante en esta pintura es el recorrido del velo, que baja desde la cabeza directamente hacia la sexualidad del Niño, cubriéndola por completo pero sin impedirnos observarla gracias a la transparencia de la tela. Para algunos expertos el sentido del velo cubriéndole los genitales remite también a un gesto premonitorio acerca de la castidad perpetua de Jesús, es decir, que el velo cubre la parte anatómica que siempre permanecerá inutilizada para su función biológica, y pretenden estos historiadores que el velo remita así a la virginidad de Cristo. No es probable que sea ese su significado, sino precisamente el menos afortunado; no obstante estas opiniones nos sirven para comprender mejor el afán del rumbo célibe que tomó el sacerdocio en el cristianismo.

---

[37] Algunos autores han visto también al pájaro como signo premonitorio de la pasión, pues generalmente el Niño lo coge abriéndole las alas, como disponiéndolo en cruz, lo cual ha convencido a algunos historiadores que lo pretendido es reproducir a modo de premonición su futura postura en la crucifixión. Pero tal y como veremos en el capítulo titulado *Breve historia de un "pajarito"*, esta hipótesis no es siempre acertada.

El velo reclama la función para la que está destinado: cubrir el sexo de Cristo; y así son fáciles de encontrar ejemplos donde la Virgen coloca el *velamen capitis* sobre la sexualidad del Niño, como Jaume Huguet, pintor oriundo de la Corona de Aragón que utilizó este recurso conjugando en formidable síntesis la *maniera* italiana con la flamenca. Pero en general son muchos, verdaderamente abundantes las imágenes donde podemos ver la sexualidad del Niño cubierta por un velo de pudor transparente.

En otra obra de Jacopo Bellini titulada *La Virgen y el Niño adorados por Lionello d'Este*[38] **(Fig. 10)** observamos a la Virgen realizando lo que el franciscano Buenaventura ya escribió antes de 1300: colocarle el velo a su hijo. El Niño coge un dedo de la mano a su madre en señal del desposorio, de la *unio mystica* entre ambos, mientras que ella sostiene levemente el velo totalmente diáfano con la delicadeza característica ya comentada. Conviene asimismo apercibir los ligeros cambios que se están produciendo en la comunicación madre-hijo, constatar el progresivo acercamiento entre ellos y valorar en su justa medida las variaciones iconográficas desde que el Niño estaba abandonado en el suelo, sin comunicación con su madre, hasta ahora, en su regazo y con ella cubriendo con el velo de su cabeza los genitales. Los cambios paulatinos en relación al perizoma son evidentes.

Alberti, en sus explicaciones sobre cómo pintar desnudos, aconsejaba taparles las vergüenzas con un paño, y eso exactamente es lo que harán los pintores como Bellini, aunque en realidad no servirá de mucho, pues la transparencia no impedirá ver la zona erógena de Cristo. El Niño realiza el gesto de *benedictio latina*, y así, de pie y frontalmente hacia nosotros nos recuerda a las innumerables *venus* del Renacimiento cuya intención no era otra que la del deleite sensual. Ellas utilizaban un velo transparente para despertar el deseo erótico en el espectador, y al igual que ellas, Cristo también utiliza una tela transparente que atrae el interés hacia la zona genital, donde queda atrapada nuestra mirada

---

[38] Steinberg sin embargo nombra a esta imagen con otro título diferente: *Virgen de la Humildad con Donante*.

como fascinada (y no es casual que utilicemos esta palabra que remite al *fascinus*). Aunque lo verdaderamente importante, y por citar a Steinberg, «lo que tendríamos que explicar es que anteriormente [a las Venus] aparezcan esos atavíos, y con su misma capacidad de provocación, en las imágenes del Cristo niño de los siglos XIV y XV»[39].

En este ejemplo mostrado la tela transparente no "niega lo que esconde" sino todo lo contrario: lo ratifica, lo confirma, lo subraya. Tal vez no podamos aseverar que el Niño intente seducir al espectador, pues se trata de una imagen religiosa y en principio esa no es su finalidad, aunque bien sabemos que *nunca* un artista representa un cuerpo desnudo sin la intención de que guste al espectador, pues siempre es, al fin y al cabo, la belleza del cuerpo desnudo (*bel corpo ignudo*) lo que busca representar el pintor[40]. Y es eso justamente lo que también sucede en estas pinturas, donde la carga erótica y la estrategia *voyeuristica* se haya implícita y es inseparable de los desnudos cristológicos. Con ello consiguen propiciar la mirada erótica sobre el Niño, pues un desnudo ¡siempre despierta el interés sexual del mirón! aunque sea hacia un niño. Sucede de forma similar con el cuerpo de Cristo adulto desnudo, donde no sólo se busca fomentar la piedad con un cuerpo torturado, sino que también está concebido para agradar a la vista del fiel mostrando un cuerpo sensual y hermoso.

Estos velos que hemos visto sirven en el cuerpo de Cristo para remarcar a la vez que para velar el verdadero significado, obviamente un discurso no tan marginal de mostrar sus genitales, de abordar el problema irresuelto de su sexualidad, y por extensión la nuestra.

---

[39] STEINBERG. *Op. cit.* p. 173.
[40] Esta es una afirmación de Lucie-Smith con la cual coincidimos. Al respecto podemos también citar a Román Gubern, quien comentando sobre los diversos pasajes bíblicos con carga erótica –como en Salomé, Betsabé, Susana, etc.- dice: «el desnudo intenta seducir al espectador del cuadro, utilizando la mediación anecdótica de unos personajes que desvelan o desencadenan la exhibición nudista para el espectador». GUBERN. *Op. cit.* p. 207. Conforme avance este trabajo iremos dándonos cuenta de que la sensualidad es un atributo de la pintura cristológica, sea cual sea su momento histórico.

DESVELANDO LO SAGRADO: EL SEXO DEL NIÑO JESÚS

> «*La cortina del templo se rasgó de arriba abajo en dos partes, / la tierra tembló y se hendieron las rocas; se abrieron los monumentos, y muchos cuerpos de santos que dormían resucitaron.*» (*Mt.* 27, 51-52.)
> «*Jesús, dando una voz fuerte, expiró. / Y el velo del templo se partió en dos partes de arriba abajo.*» (*Mc.* 15, 37-38.)
> «*Era ya como la hora de sexta, y las tinieblas cubrieron toda la tierra hasta la hora de nona; / obscurecióse el sol y el velo del templo se rasgó por medio. / Jesús, dando una gran voz, dijo: Padre, en tus manos entrego mi espíritu; y, diciendo esto, expiró.*» (*Lc.* 23, 44-46.)

Habrá quien piense que un simple trozo de tela no tiene mayor trascendencia que la de su simple uso, que es cubrir las vergüenzas, sin embargo estamos viendo que el uso del perizoma refleja una significación teologal mayor de lo que a primera vista aparenta. No es gratuito otorgar importancia a este atavío ya que las prendas de ropa confieren identidad social, antropológica y religiosa a cada determinada cultura. Evidentemente si reducimos el vestido sólo a su función debemos aceptar que el cometido para el que está destinado dota de ciertas características especiales al individuo, o sea, que el vestido es el "atributo" que define al personaje. ¿O acaso no sabemos diferenciar un traje de novia de la toga de un magistrado o del uniforme de un soldado? Por el mismo motivo sabemos distinguir de quién se trata si vemos a un niño vestido sólo con un velo trasparente y en brazos de su madre: sabremos que es el niño Jesús. El velo genital es uno de los atributos que caracterizan a Cristo de forma igual de efectiva tanto si lo vemos en su cuna del pesebre como en la cruz. Así pues la vestimenta expresa tanto la condición social (si se es rico o pobre), el trabajo que se realiza (mecánico, camarero...), el acto social (una boda, un entierro...), incluso la identidad del personaje.

En muchas culturas el vestido ha llevado inscritos símbolos, emblemas y alegorías que aportan una información suplementaria para integrar al individuo dentro de un orden supraindividual[41]. La vestimenta se convierte en una forma de comunicación y no sólo atiende a factores climatológicos o necesidades naturales, sino también refleja su raigambre cultural. A modo de anécdota que ilustre la diversidad sobre sus usos existen tribus que consideran más erótica a una mujer vestida que desnuda, por lo que prohíben a sus mujeres vestirse para no excitar a sus vecinos. Esto es debido a la ambigüedad del vestido, el cual «juega un dudoso papel: por una parte, el andar siempre con ropa encima evita que el cuerpo se convierta en un espectáculo ambulante; pero por la otra excita la curiosidad. [...] El no poder ver equivale a un tormento»[42]. Aunque esto mismo ya lo dijo en su día Freud con otras palabras: «La ocultación del cuerpo, exigida por la civilización, mantiene despierta la curiosidad sexual, que tiende a contemplar el objeto por descubrimiento de las partes ocultas, pero que puede derivarse hacia el arte (sublimación) cuando es posible arrancar su interés de los genitales y dirigirlo a la forma física y total»[43]. Sobre el deseo que provoca el vestido hay mucha literatura erótica, e incluso el psicoanálisis se ocupó de ello, pues las vestiduras tienen una importancia decisiva a la hora de excitar la libido del mirón.

Existen por este motivo vestidos ideados para ejercer una atracción en el que mira, y entre estas prendas, un inmenso repertorio que muestran diferentes grados de exhibición del cuerpo: hay prendas más recatadas y otras más atrevidas que permiten activar en mayor o menor grado la excitación. Como dice Gilles Néret, «El hombre ha sabido encontrar un efecto regulador,

---

[41] Al respecto véase el cap. "Vestimenta y símbolo" de ELIADE, M. *El vuelo mágico*. Madrid; Siruela, 1995.
[42] NÉRET, Giles. En MUTHESIUS, Angelika y RIEMSCHNEIDER, Burkhard (eds.). *El erotismo en el arte del siglo XX*. Colonia; Taschen, 1994. p. 14 y 174.
[43] FREUD. *Op. cit.* p. 28.

un mecanismo de dosificación, en una sencilla pieza de ropa que le permite encender o apagar a voluntad su deseo, como si de una lámpara se tratara»[44]. Y así precisamente sucedió en el arte cristológico, donde prendas de toda índole se introdujeron en el ropero del Mesías. A este respecto cabe señalar la funcionalidad específica y concreta de las telas transparentes, cuyo cometido es precisamente dejar ver los genitales y activar el deseo inconsciente, y cuyos ejemplos son multitud en la pintura cristológica. Pero la función erotizante se nos muestra más evidente si cabe en los ejemplos donde la prenda se ajusta a la piel, ciñéndose a la anatomía corporal del crucificado, de modo similar a las representaciones griegas de Venus con vestidos ceñidos (efecto "paños mojados"); e incluso otros ejemplos existen en que vemos airearse y casi salir volando la tela que le cubre las vergüenzas en la cruz, como si un viento increíble que no se observa en ningún otro elemento ni lugar del cuadro excepto en Él, hiciera levitar mágicamente el velo que cubre su sexualidad. Según la hipótesis de Steinberg, ese "vuelo" de la tela evidencia un bulto subyacente, o sea, su sexualidad. Dicho de otro modo: la tela volante de Cristo crucificado es una metáfora cuyo significado nos remite a la dialéctica en torno a su sexualidad.

Indudablemente el acto de desnudar provoca una mayor excitabilidad que un cuerpo ya desnudo de antemano. Tampoco es más erótico un desnudo total que un desnudo parcial, de ahí tanta importancia en los complementos, pues potencian el efecto erótico; de hecho los desnudos totales son raros en la pintura. Los artistas de todos los tiempos se las idearon para provocar ese efecto erótico con muy variados elementos: joyas, sombreros, calzados, e incluso con pieles, alusivas al vello púbico, como en el ejemplo de Rubens (*Elena Fourment envuelta en pieles*). No es extraño tampoco la utilización de un velo que oculte sólo una parte de la zona erógena provocando la ansiedad sexual en el mirón, el cual, como buen deseador, gustaría de quitarlo con sus ojos. Ahí reside

---

[44] MUTHESIUS y RIEMSCHNEIDER. *Op. cit.* p. 14.

verdaderamente el deseo de mirar: en desvestir mentalmente al objeto del deseo.

Tanta importancia al vestido tiene su razón de ser en que precisamente es lo que cubre nuestra desnudez; aunque más importante aún son las consecuencias que vestirse y desvestirse comportan: poseerse y desposeerse, protegerse y abandonarse. El desnudamiento es pues la acción más erótica que se conoce, ya que manifiesta el tránsito del sosiego a la excitación: es el instante preciso, "el desvelamiento del falo", el comienzo de la enajenación mental, el paso de la racionalidad humana a la irracionalidad animal e instintiva; es el signo que con mayor virulencia activa nuestros deseos sexuales. Sin embargo Mario Perniola habla de la "erótica del despojamiento" (desvestirse) y la "erótica del revestimiento" (cubrirse) en igualdad de condiciones. Para Perniola la principal característica del erotismo no es sino la posibilidad de un "tránsito", tanto de vestido a desnudo como al revés, es decir, que no otorga una mayor importancia al desnudamiento que al vestirse[45]. El erotismo necesita para Perniola de una progresión del desnudo al vestido o viceversa, y toda obra -e incluso acción- que elimine la posibilidad de dicho tránsito, deja por definición de considerarse erótica, pues impide esa evolución, ese trance. Y en este punto disiento, pues no se ofrece ni expone en el mismo grado su intimidad el que se desviste que el que se cubre: creo que el desnudarse es desposeerse en mayor grado que vestirse. En clave psicoanalítica diríamos que sin evolución dirigida hacia el fin sexual el hombre se vuelve fetichista -e incluso neurótico-, que no es sino la recreación insana en las etapas preliminares de la finalidad sexual, sin pretender llegar transitoriamente al destino. Así pues, de una manera u otra, el erotismo en las artes pictóricas vendrá definido por la relación entre lo oculto y lo mostrado.

---

[45] Perniola, Mario. cap. *Entre vestido y desnudo*. En: VV.AA. *Fragmentos para una Historia del cuerpo humano*. Madrid; Altea, Taurus, Alfaguara, 1991. [tit. orig. *Fragments for a History of the Human Body*.1989.]

Todo lo dicho tiene su correlato en la pintura cristológica, donde al Niño se le viste tanto como se lo desviste. Venimos de un capítulo donde se cubrían los genitales del Niño con el perizoma, y ahora vamos a ver cómo se los descubren, aunque indudablemente sin relación alguna con la prohibición y la transgresión que se dan en el destape erótico. Nos explicamos: obviamente no comporta la misma transgresión ni nos sentimos igual de violentos quitándonos la ropa en la consulta del médico que en medio de la plaza; y no es lo mismo llevar bañador en la playa que ir en ropa interior por la calle. Ello es debido a la regularidad y la normalidad: la desnudez regulada y controlada no turba en tanta medida como la irregular; la normalidad ni escandaliza ni excita: sólo lo que se sale de la norma provoca turbaciones. Por eso mismo, acostumbrados a ver al Niño desnudo en la cuna, no nos asombramos cuando apercibimos su desnudez; aunque cabe decir que si los fieles supieran su sentido íntimo, su verdadera significación, más de uno se escandalizaría del atrevimiento de los artistas.

La carga erótica reside en la manera de acercarse a la desnudez, en sus tiempos, en su voluntariedad y en el acto de insinuar tal desnudez oculta bajo la ropa mediante su ofrecimiento visual y parcial. Desvelar la sexualidad se convierte así en cierto modo en un acto de desposesión de sí mismo: es un acto de entrega. Pero como hemos dicho, el desnudamiento del Niño no puede atender a esas alteraciones enajenantes propias del instinto sexual, no puede apuntar a tantos ritos eróticos que se dieron en la Antigüedad, sino que debe mostrarse atemperado, con una sexualidad "controlada". Aquí no hay cabida para el frenesí de la sexualidad desbordada y violenta, y aunque el trasfondo ideológico del desnudamiento sea el mismo, no lo son las formas y por lo tanto tampoco sus efectos conscientes. Es comprensible por lo tanto que el ofrecimiento visual del sexo de Cristo se nos muestre de la manera más aséptica y fría posible, sin ningún gesto que pueda remitir lo más mínimo a una intencionalidad erótica que pretenda excitar nuestra libido[46].

---

[46] No es posible ensayar ahora sobre el poder inconsciente de esas imágenes cristológicas aparentemente "asexuales", aunque es de suponer que por

Hasta ahora hemos visto cómo el Niño se ha acercado paulatinamente a su madre mientras ésta se dedicaba a cubrirle la sexualidad con un velo, el cual paradójicamente la remarca en lugar de ocultarla; y estamos viendo que según se van afianzando los logros humanistas y nos adentramos en el Renacimiento el afán por exhibir los genitales del Niño se acentúa. De esta manera, al ampliar los tipos iconográficos hacia pasajes más amables y afectuosos, los personajes adultos que antes le cubrían el sexo al Niño serán ahora los encargados de descubrirlo. Estos ejemplos son sólo una derivación natural de las posibilidades iconográficas que el velo permite, donde su verdadera función es precisamente posibilitar la observación de su genitalidad. La finalidad es similar tanto al cubrir como al descubrir al Niño, esto es, potenciar sus atributos sexuales. Sin embargo existe un matiz novedoso e importante: si antes lo vestían, ahora lo desnudarán, y ni que decir tiene que uno y otro acto son completamente diferentes en cuanto a las implicaciones eróticas, pues aunque ya se haya comentado que para Perniola ambas acciones son equiparables, ninguna duda me cabe de que el desnudamiento es el acto erótico por excelencia, pues implica más exposición y más entrega que el acto de vestirse, implica abrirse y no cerrarse, implica ofrecerse y quedar expuesto. Sea como fuere y para zanjar ya esta cuestión teórica, cabe decir que el juego del mostrar-ocultar es un recurso utilizado a lo largo de la historia de la representación erótica, donde la mirada deseante ansía lo que permanece velado. Este juego *voyeur* activa la pulsión escópica, el deseo de mirar, y penetra en el arte cristológico precisamente con el velo de pudor.

El gesto de desvelar la sexualidad de Jesucristo no es un hecho ni distintivo ni exclusivo de la cristología, pues existen precedentes iconográficos que muestran que la práctica de desvelar la sexualidad sagrada, concretamente un falo sagrado, no es en ningún modo nueva ni original. Gracias a estos precedentes pictóricos podremos cotejar similitudes y diferencias entre la

---

asociaciones mentales subliminales se activa en igual medida la libido; pero repetimos, ¡nunca de forma consciente!

iconografía pagana y la cristológica. Vamos a empezar por unas ceremonias que se daban en la antigua Pompeya.

En Pompeya se encuentra uno de los vestigios más importantes de la pintura antigua: la *Villa de los Misterios*. La fecha de estas pinturas es problemática; hay quien la clasifica en el siglo primero, aunque actualmente algunos autores proponen la fecha del 220 a.C. Los frescos muestran una escena que se desarrolla en torno a una cesta sagrada llamada *lĭknon* que se halla en el centro de una estancia y que está cubierta con un velo sagrado, bajo el cual y oculto se encuentra un falo, por supuesto también sagrado **(Fig. 11)**. Las vestales eran las doncellas romanas consagradas a la diosa Vesta, eran vírgenes, enterradas vivas si faltaban a su promesa de castidad y custodiaban este objeto talismánico que no debía verse: el *phallós*. Este falo sagrado cubierto por el velo debía estar al amparo de la vista, aunque al igual que en otras religiones el día señalado se exhibía para su veneración ritual. Exceptuando el día del rito el objeto sagrado no podía verse porque su visión provocaría la muerte, al igual que sucede en otras tantas religiones, como por ejemplo el judaísmo, cuando Yahvé le dice a Moisés que se esconda en la cueva para no ver la gloria de Dios, pues "no puede el hombre ver a Dios y quedar con vida", ya que la Gloria de Yahvé, *sin velo, aniquilaría al hombre*; por eso Yahvé vela su Gloria con fenómenos meteorológicos como una nube o incluso con una zarza ardiendo. Nos han llegado historias –por ejemplo de mano de Plutarco- que comentan que algunas *bretades* (troncos informes destinados al culto que albergaban a la divinidad) estaban cubiertas la mayor parte del año y sólo algunos días se descubrían, aunque no se podía mirar directamente a los ojos de dichas estatuas porque su mirada provocaba «terror y muerte y volvía estériles a los árboles»[47]; y de forma similar sucedía también con la mirada directa a la Gorgona Medusa: los que se atrevieron a mirar enloquecieron para siempre o quedaron petrificados. Así pues, lo sagrado se define porque debe permanecer oculto a la vista, y sólo

---

[47] Citado en FREEDBERG. *Op. cit.* p. 52.

en su celebración existe el amparo profiláctico necesario para poderlo desvelar sin peligro, ya que es el único momento propicio donde los poderes maléficos son conjurados mediante la técnica que permite el conocimiento y manipulación de lo sagrado: el rito. Esto indica pues que somos nosotros los que debemos protegernos de la desnudez de lo sagrado, pues sólo si éste queda velado no se desatan las violencias que emanarían ante su visión: el falo estaba cubierto en la *Villa de los Misterios* para protegernos a nosotros de su poder fascinante.

Los frescos representados en la *Villa de los Misterios* representan un precedente iconográfico sobre los usos del perizoma, pues vemos allí a una sacerdotisa que se dispone a retirar el velo que cubre el gran falo en presencia de una figura alada femenina, que se espanta ante la visión que le espera, que es la visión de lo sagrado. Esta figura espantada representa el temor religioso ante el misterio fascinante (derivado de fascinus). Se aterra porque como ya se ha dicho la visión de lo sagrado (en este caso el falo) es mortífera, como lo era la visión de Medusa, que representaba los poderes sagrados y destructivos de la sexualidad femenina. Este falo sagrado en la *Villa de los Misterios*, cubierto por un velo y que se disponen a desvelar, es la contrapartida masculina de Gorgona Medusa, y representa el poder sagrado y mortífero de la sexualidad masculina, del mismo modo que la Gloria de Yahvé. Al respecto es muy pertinente recordar las palabras de Quignard sobre los frescos pompeyanos:

> «La escena erótica más insistente en los frescos es la del momento en que se retira el velo. La escena que constituye el centro de los misterios es el desvelamiento del falo (el *anásyrma* del *fascinus*)». «El deseo fascina. El *fascinus* es la palabra romana para nombrar el *phallós*. [...] Todas esas cabezas horrorizadas de la villa de los misterios [...] convergen en el *fascinus*, disimulado bajo el velo de un cedazo.» «Para que exista fascinación, se requiere la presencia de un *fascinus*. El *fascinus* está en el centro, cubierto con un lienzo oscuro en su cesta sagrada

de junco. El sentimiento de espanto religioso o terrible une la sensación de ser desbordado con la de ser dominado. Esta unión petrifica al sujeto en un modo que los romanos definían unas veces como *tremendum* y otras como *maiestas*. Añadida a la fascinación, la sensación de dominio es exactamente la sensación que tiene la criatura ante su creador.»[48]

Estas pinturas de la *Villa de los Misterios* representan un "instante" anterior al rito de desvelamiento, un instante detenido, eternizado; es justo el momento previo a la exhibición del falo, a la exhibición de la magnificencia de su poder en la erección. O si lo preferimos metafóricamente: El falo sagrado es el símbolo origen de la vida, de su poder creador y regenerador; el momento retratado es justo el instante previo al nacimiento del nuevo ciclo, al retorno de la primavera, a la regeneración de la naturaleza; es justo el momento antes de la erección sagrada.

Este mismo gesto de desvelar el falo será recogido por la iconografía cristológica igual que en la Antigua Roma. El gesto se denomina *Alétheia*, que es el concepto filosófico cuyo significado literal es "el desvelamiento del ser verdadero", el desvelamiento de "la verdad", y en la pintura cristiana vendrá a significar el desvelamiento de la verdadera naturaleza de Cristo: la humana.

En consonancia, el arte cristiano adoptará este *tipo* iconográfico para mostrar el momento del desvelamiento del falo de Cristo al igual que en Pompeya, pues también "desvelará" el falo sagrado de su Dios encarnado, ¡el falo de Cristo!, exactamente igual que en la *villa de los Misterios*. Allí el falo estaba cubierto por un velo y dentro de una cesta sagrada de junco, y aquí el Niño está de forma análoga: «envuelto en pañales y reclinado en un pesebre». Vamos a ver a continuación el desvelamiento del falo de Cristo, igual a como lo hizo el arte de la Antigüedad e iconográficamente equiparable.

---

[48] QUIGNARD. *Op. cit.* p. 91, 51 y 213.

Hay un ejemplo de Lorenzo Lotto donde el sosiego y la amabilidad de la escena son justo el extremo opuesto de la virulencia característica de las celebraciones sexuales paganas **(Fig. 12)**. En esta pintura el Niño está adormilado y apenas se apercibe de lo que sucede y, con expresión perdida permanece ajeno a la acción. La primera intención del artista es la de dejar al descubierto el cuerpo desnudo del Niño: mostrar, exponer, exhibirlo. Cosa anecdótica es que sea San José el que le retira el velo y no la Virgen; mientras, la santa mira con sus ojos "el objeto del deseo". La exhibición clara y sin subterfugios de su cuerpo desnudo parece ser el objetivo único de este lienzo, su *raison d'être*. Cabe asimismo señalar que hay una obra de Murillo en la colegiata de Alquézar (Huesca) titulada *Sagrada Familia* y de características prácticamente idénticas a la de Lorenzo Lotto, con la salvedad de que es la Virgen y no San José quien desvela la sexualidad de un Niño también durmiendo (y con un pájaro en su mano). En ella el velo es prácticamente diáfano por lo que se observan perfectamente los genitales infantiles.

Como ya hemos comentado este recurso no es exclusivo de la iconografía cristiana, pues los antecedentes son muy numerosos y no sólo por los frescos pompeyanos, sino que existen un sinfín de pinturas romanas semejantes al ejemplo citado, con la salvedad de que lo desvelado no es un falo dentro de una cesta, sino su contrapartida femenina: la vulva. En esas pinturas vemos a una mujer dormida, igual que el Niño, con un velo trasparente que le está siendo retirado sin que ella lo aperciba (las escenas mitológicas recurren a menudo a ello). Dicen que Zeus se transformó en Sátiro para espiar a Antíope, y acto seguido los pintores imaginaron a Sátiro retirando el velo que la cubría para observarla desnuda[49]. Son por lo tanto bastante comunes las imágenes de sátiros desnudando a hermafroditas plácidamente

---

[49] Una pintura ilustrativa es la de *Júpiter y Antíope*, (1715) de Watteau. Aunque de fecha relativamente tardía, que no se corresponde con los tiempos que estamos tratando, es no obstante un buen ejemplo.

dormidos. En muchas de ellas tienen un brazo detrás de la cabeza en señal de abandono sensual, de despreocupación y tranquilidad por la apacible siesta y la supuesta intimidad de la que en realidad no gozan, ya que están siendo espiados y desnudados. Esas escenas muestran el momento justo en que se lleva a cabo el desvelamiento genital de un cuerpo dormido; presentan justo un instante después del momento representado en la *villa de los Misterios,* donde recordemos que todavía no se había desvelado el falo. Pero en estas otras imágenes de hermafroditas y sátiros la genitalidad ya aparece desvelada, mostrando un estadio más avanzado: el desvelamiento de lo que permanecía dormido, el fervor sexual. Existe un ejemplo análogo de de similares características realizado por Tintoretto (*Vulcano sorprende a Venus y Marte*; hacia 1551) en el cual vemos también cómo el zopo de la fragua retira el velo de Venus y muestra su vulva; también aquí se representa un estadio más avanzado que en la *Villa de los Misterios* y nos muestran los genitales, aunque esta vez femeninos. Otra curiosidad de este cuadro de Tintoreto es que más al fondo, curiosamente, aparece Marte (dios de la guerra) durmiendo con el brazo hacia atrás de la cabeza, reproduciendo el gesto de abandono sensual. (Es tiempo de hacer el amor y no la guerra, debió pensar el artista.)

Se pueden encontrar muchas pinturas de Venus desnuda y observada, pero existe una distinción importante cuando alguien es observado, y es si se posee consciencia o no de estar siendo espiado. Venus posee esa consciencia, sabe que está siendo espiada y no siente vergüenza de su desnudez, al igual que el Niño, pues Venus es la diosa del amor y se exhibe lujuriosa y complaciente, y el Niño no tiene culpa ni pecado (exento de pecado original) y además es omnisciente; es decir, que no puede desconocer que lo están mirando furtivamente: la función de ambos es por lo tanto la misma, o sea, mostrar su sexualidad y su complicidad: Venus para glorificar el instinto sexual y el Niño para demostrar su humanidad. Pero cuando uno duerme y es observado un halo de peligro se cierne sobre el durmiente al estar indefenso, expuesto[50]. Diríamos

---

[50] La diferencia entre un simple desnudo y "la mujer despojada de ropas y en

que en las imágenes del Niño durmiendo su intimidad parece ser violada sin su consentimiento y beneplácito; es similar al sátiro que acecha a la mujer inconsciente del peligro que corre; el paralelismo entre las *venus* observadas y desnudadas y el Niño es evidente, de no ser porque Cristo es omnisciente y omnipotente, lo que quiere decir que si está siendo desnudado es porque lo sabe y permite.

Pero no sólo la mitología recoge escenas *voyeurs*, sino también las Sagradas Escrituras en el Antiguo Testamento, como sucedió a Noé: cuando salieron del arca una vez finalizado el diluvio, Noé plantó una viña y se embriagó de su vino quedando traspuesto y desnudo; su hijo Cam lo vio y fue a decírselo a sus hermanos, los cuales le cubrieron las vergüenzas al padre caminando de espaldas para no ver su desnudez. Cuando Noé "despertó" de su embriaguez, maldijo al hijo de Cam[51]. Este pasaje representa la tensión entre el temor y la curiosidad que suscita el sexo, pues la visión de la sexualidad está prohibida y comporta el pertinente castigo al mirón. Para los hermanos de Cam, Sem y Jafet, que cubrieron la desnudez de Noé, no ocurre así, pues velaron el sexo paterno yendo de espaldas y con el rostro vuelto para no verlo. El mismo temor y curiosidad sexual se hayan implícitas igual que en los Misterios del falo, pues lo sagrado provoca temor a la vez que curiosidad, siendo esa curiosidad la que provoca la muerte por el sólo hecho de dirigir la mirada hacia lo sagrado sexual. Evidentemente la escena de Noé tiene consecuencias contrarias a las de la *Villa de los Misterios*, pues Cam es castigado por mirar el falo y sus hermanos premiados por cubrirlo; justo al revés de lo

---

peligro" ya la matizó CLARK, Kenneth en *"El desnudo: Un estudio de la forma ideal"*. Madrid; Alianza editorial (3ª reimpresión) 1993.

[51] *Gén.* 9, 18-28. En el texto no se menciona que cuando Cam vio a Noé desnudo éste estuviera dormido; sin embargo, sí se dice después *"despierto Noé de su embriaguez"* (*Gén.* 9, 24.) lo que evidencia que o bien vio a su padre dormido o bien se pretende para el estado ebrio unas similitudes semánticas con el estado dormido (ambas remiten a lo inconsciente; una por lo onírico y la otra por la ebriedad). El paralelismo donde desnudan a hermafroditas y a Venus es notable con el caso de Noé, al cual también se le espía su sexualidad mientras duerme. ¿La diferencia? Noé maldice y castiga al mirón y Venus lo recompensa ofreciéndole su vulva a la mirada.

que ocurre en los Misterios, donde el máximo honor recaía en el hierofante encargado de desvelar el falo; nadie puede hacerlo excepto el Sumo Sacerdote (o Sacerdotisa) al ser tarea sólo para elegidos. Existe una clara diferencia, pues en el pasaje de Noé se niega la sexualidad mientras que en los ritos de la Antigüedad se glorifica el instinto sexual; en el Antiguo Testamento el falo debe quedar siempre disimulado bajo símbolos y su desvelamiento y visión es sancionable; y más aún, ya no por desvelar el falo de Noé, quien yacía ya desnudo y ebrio, sino simplemente por haber lanzado una mirada furtiva a la sexualidad; pero ¿quién castiga a la Virgen y a San José por desvelar el falo de Cristo? ¿Acaso no es peor que lo que hizo Cam? Al fin y al cabo Cam no desnudó a su padre sino que se lo encontró así, pero los padres del Niño lo desnudan y le miran los genitales impunemente, de modo equiparable a cuando se desvela y se mira el falo sagrado en la *Villa de los Misterios*. ¿La diferencia? El pasaje de Noé es veterotestamentario y aparentemente Cam tuvo curiosidad profana, por el contrario el pasaje del Niño es neotestamentario, y su finalidad es mostrar precisamente la sexualidad de Jesucristo para demostrar su humanidad, todo bajo una curiosidad sagrada.

Existe un ejemplo al caso titulado "*Virgen del velo*", de Rafael Sanzio de Urbino (también llamada *"Virgen de Loreto o Madonna de Santa Popolo*" 1510- 1512) donde la Virgen es la encargada de desvelar el falo del Niño bajo la atenta mirada del *pater putatibus*, el cual dirige sus ojos hacia los genitales del pequeño. Éste está despierto y participa de la acción, por lo que no podemos hablar de una escena *voyeur* si quien es observado accede y es consciente. En esa pintura no le vemos los genitales porque su muslo derecho nos lo impide. Además, el Niño está alargando sus brazos hacia el velo como en ademán de reclamar aquello que debe cubrirlo en vez de desnudarlo[52]. Pero otra pintura de similares características y del

---

[52] Existe una copia de este mismo cuadro en el Museo Catedralicio de Ávila, pintado hacia 1520 pero cuyo título reza *Sagrada Familia con un ángel* (a la copia se le añadió un ángel en la esquina superior izquierda del cuadro) Curiosamente, no se hace referencia alguna al velo en el título de la copia

mismo autor sí que representa a la Virgen desvelando al Niño mientras está dormido. Acertadamente el título de la pintura original de Rafael vuelve a tener presente el término "velo" **(Fig. 13)**[53]. Esta vez los genitales se muestran de manera inequívoca y es la Virgen la que dirige su mirada hacia ellos; a su vez los pies del Niño se han representado un poco separados para que podamos ver mejor sus genitales. El Niño duerme y permanece ajeno a cuanto le rodea; el *voyeurismo* es patente, y la posición del Niño con un brazo hacia atrás de la cabeza y el otro acercándoselo a la ingle es especialmente evocadora, pues repite exactamente el mismo gesto de tantos hermafroditas dormidos, cuando se mostraban despreocupados y con señal de abandono sensual mientras el sátiro los desnudaba. El paralelismo iconográfico es incuestionable.

Algunos de estos precedentes en relieve son por ejemplo "*Sátiro destapando a un hermafrodita dormido*" (del período romano), en el que vemos lo mismo que en el cuadro de Rafael, con la única diferencia de que los personajes no son humanos sino mitológicos, pero en esencia, el gesto de abandono con el brazo detrás de la cabeza, el sueño de la "víctima", la escena *voyeur*, la retirada del velo que le cubre los genitales, etc., son los mismos, incluso la composición es análoga. Dormido está también otro "*Sátiro dormido montando a horcajadas por una figura femenina alada*" (período helenístico), donde esta vez es el propio sátiro el que está siendo violado mientras duerme, y sin embargo y curiosamente también con los brazos en la misma posición de abandono que tenía el Niño en el cuadro de Rafael. Estos ejemplos paganos están realizados ¡más de mil años antes que las pinturas cristológicas![54] Hoy en día no cabe duda de que estos precedentes tienen en común sus cualidades eróticas, pues en un caso se trata de mironismo y en el otro de la violación por parte de un súcubo. Por todo ello se

---

española, al contrario del título original de Rafael.
[53] También existe una copia de esta obra en la catedral de Toledo; y otra más que se atribuye a Giovanni Francesco Penni, alumno de Rafael.
[54] Las imágenes de estos relieves podemos verlas reproducidas en LUCIE-SMITH. *La sexualidad en el arte occidental. Cit.* p. 24 y 25.

puede aseverar que la disposición de los brazos hacia atrás es indicadora del arrobo erótico del durmiente, que aunque protagonista inconsciente del acto que se está llevando a cabo se abandona no obstante al placer. Si una cosa queda clara es que la dejadez del cuerpo del Niño no es casual, sino que repite el *tipo* estereotipado por la Tradición. Este gesto está tan repetido y difundido en tantas culturas diferentes que nos resistimos a ver en él un gesto fortuito reproducido de manera azarosa por los pintores cristianos. Más bien parece el gesto que manifiesta el momento donde el poder sexual latente, siempre del orden genésico, está siendo despertado, invocado por medio del rito.

Es importante recordar este pequeño matiz: el poder sexual conjurado siempre es de orden genésico, siempre; referido a la génesis del cosmos y por lo tanto a la creación del mundo y la vida. Todos los ritos similares han estado regidos por este concepto en cualquier sistema religioso; todos contemplan la desnudez del *princeps* como genésica, no como sexual, aunque por razones obvias la sexualidad haya sido el símbolo que concentra y expresa todos los significados pretendidos para la Creación. Sólo comprendiéndolo desde el punto de vista genésico es posible recrear el tiempo sagrado (mítico) y emular la Creación, que es lo que se glorifica en estos casos. El rito es el acto necesario que exonera para desvelar el sexo sagrado, para mostrar "el Ser verdadero" de la divinidad, el falo escondido bajo el velo. El velo es la prohibición religiosa que protege a lo sagrado de lo profano y que sólo se puede quebrantar en la fecha propicia de la fiesta, en el tiempo sagrado, o de lo contrario se perece. En el rito la prohibición debe ser transgredida retirándose el velo para liberar con ese simple gesto el caos generador de lo sagrado, es decir, la Creación, de donde nacerán las fuerzas benefactoras que purificarán a la sociedad; ese es el momento preciso en que se relega la cultura (se aparta el velo) y se muestra la naturaleza animal e irracional que ha permanecido oculta. Es la misma esencia que motiva las orgías religiosas.

En las imágenes que hemos visto el Niño dormido tarde o pronto despertará, de igual modo que el pene flácido se erguirá y se convertirá en falo exhibiendo su poder fecundador al mundo. Esa es la verdadera naturaleza de Dios que intentan mostrarnos estas imágenes: más que su naturaleza humana, el poder sagrado y genésico masculino, su capacidad creadora, esa es la Gloria de Yahvé. Sea como fuere, los cambios iconográficos progresivos que hemos visto en relación al velo de pudor (desde que el Niño nace sin comunicación con su madre hasta que le cubre su sexualidad con el velo y finalmente cuando se desvela esa misma sexualidad) indican que se trata de una construcción simbólica teologal, adoptada y adaptada de la iconografía del mundo pagano.

Parece claro pues que la pintura cristiana recoge la esencia de los Misterios antiguos, sin embargo, nunca representa el frenesí posterior, el de la orgía, evidentemente porque no la contempla. Sin embargo estamos viendo cómo sí refleja conceptos y simbologías paganas, ¡y no es un hecho casual! Quizás es expresión de una necesidad inconsciente que tiende a dotar a la divinidad de un poder erótico y genésico, o tal vez subsiste un residuo psíquico que necesita todavía de una sexualidad sagrada. De cualquier forma, con Cristo el erotismo deja de ser desbordante y visceral, ya no es violento, sino contenido y racionalizado a través de un Niño con una sexualidad inocente y no diabólica y perversa. Las escenas del desvelamiento nos muestran la puerta de la perversión, el lado oscuro, pero no penetran en él sino que lo conjuran. El rito cristiano no contempla ceremonias lujuriosas porque sus formas cultuales son más evolucionadas, más excelsas, aunque siempre persistirá el deseo de representar lo más sagrado de Dios como el símbolo de su fuerza y poder genésico: su falo.

Las pinturas cristianas del Renacimiento revelan esa tendencia heredada del paganismo donde es motivo de culto el falo de Dios, que repetimos simboliza su poder genésico y creador. Y no sólo eso, sino que su sexualidad concentra toda la atención y significación en la pintura cristológica, por eso mismo se puede decir sin temor a equivocarse que la sexualidad sagrada de Cristo es el fundamento principal de estas imágenes. El misterio de la vida se simboliza con la sexualidad, por ser lo más sagrado y lo que la posibilita; y el día de la Revelación, es decir, el día del arrebato, no hay más que dejar a un lado la cultura y penetrar en la esfera de la animalidad, porque no es la cultura lo que creó la vida sino la naturaleza biológica e irracional, el instinto, fuera del dominio de la consciencia, lo cual equivale a decir que hay que retirar el velo, hay que desvelar lo sagrado re-creando el frenesí caótico y animal para actuar conforme su esencia nos dicta. La sexualidad es el misterio sagrado de la vida, y para su Revelación sólo cabe desvelar el falo divino, dejar a un lado los convencionalismos culturales y arrojarse al arrebato del instinto. Eso es lo que pretendió y glorificó el mundo antiguo.

En el momento crucial, a la hora de la verdad y cuando la vida expira, siempre se nos revela el significado sagrado de la vida y la muerte, tal es el sentido de los sacrificios. Simbólicamente se expresa con el "velo del templo" rasgándose de arriba abajo, desvelando así a nuestras consciencias todo el misterio sobre el poder arcano y creador de la existencia. Dicho velo resguarda de la vista profana la estancia más sagrada, el *sancta sanctorum*, el lugar donde se encuentra el *arca de la alianza*, la cual, según cuentan las Escrituras, contenía la urna de oro con el maná, la vara de Aarón que retoñó y las tablas de la Alianza, pero según la leyenda atesora en su interior la piedra sagrada y fálica sobre la que se durmió Jacob cuando tuvo el sueño enviado por Dios (*somnia a Deo missa*).

Volvamos a recordar por última vez que el velo se utiliza tanto para velar el poder genésico masculino (falo) como el femenino (vulva); y recordemos que en determinados casos simboliza el himen femenino, la pureza y la virginidad incorrupta, aquello que no se debe penetrar sin un rito sagrado que nos exonere por su profanación. El velo cubre lo sagrado-sexual porque sólo mediante un acercamiento ritual podemos escrutar su misterio; todo uso profano de la sexualidad, todo desvelamiento no ritual, matará simbólicamente a quien pretenda su conocimiento profano, como le ocurrió a Cam, maldito desde entonces.

En los Evangelios se nos narra repetidas veces que, al morir Jesús en la cruz, el velo del templo se rasgó *de arriba abajo*. Hay teólogos que piensan que con la muerte de Cristo podemos acceder todos a Dios porque ya no hay velo, ya no hay separación. Dios estaba resguardado en la estancia sagrada del *sancta sanctorum*, separada por el velo, pero con la muerte de Cristo se rasgó y tenemos acceso libre a lo sagrado gracias a la muerte redentora del Mesías, pues a partir de su defunción ya no hay separación entre lo sagrado y lo profano, no hay velo y podemos llegar a Dios.

No creo que esta interpretación sea acertada, más bien opino que el hecho de que se rasgue el velo que separa lo profano de lo sagrado significa que lo más sagrado del ser humano ha sido violado; y no apunta hacia la Redención ni a que el camino hacia la divinidad queda inaugurado y es accesible a todos, sino justo lo contrario: su sentido es que se ha violado lo sagrado precisamente con el ajusticiamiento de un inocente, del Hijo del hombre; y se expresa a través de un símbolo erótico como es la rotura del velo porque lo más sagrado se simboliza con la sexualidad. Lo sagrado debe permanecer oculto por un velo, que es la garantía contra la profanación (al igual que en el fresco de Pompeya el falo estaba cubierto con un velo), y ahora se ha profanado, violado, roto el himen simbólico, rasgado el velo. Es una violación en toda regla con el asesinato de aquel que personificaba la pureza, la integridad y la virtud, todo ello sinónimos de virginidad. Lo que se representa es la muerte del paradigma de la bondad humana. La violación de lo más sagrado se representa pues con un simbolismo erótico, que es el velo rasgado.

> *«Jesús, dando una voz fuerte, expiró. / Y el velo del templo se partió en dos partes de arriba abajo.»* (Mc. 15, 37-38.)

III- LA NUTRICIÓN DEL CRISTO LACTANTE

«*El hijo de Dios tiene hambre, y el artista muestra a la Virgen dándole el pecho.*» (Emile Mâle)

Vamos a pasar ahora a comentar las dos grandes estrategias utilizadas con mayor asiduidad por los artistas para demostrar la *Humanización* de Dios, es decir, su *Encarnación*. Pero antes hemos de aclarar necesariamente este concepto capital de la *humanización*. Obviamente en teología la *humanización* significa que Dios se personificó y tomó cuerpo humano, que se hizo carne. Sin lugar a dudas este dogma religioso tiene sus correspondencias, pues toda idea religiosa refleja unos determinados patrones psicológicos, los cuales expresan las inquietudes y deseos del ser humano; todo concepto religioso expresa "siempre y sin lugar a dudas" anhelos y temores nuestros.

Según Erich Fromm el éxito del cristianismo estriba en la superación de la conflictividad edípica, que es un conflicto psíquico inconsciente que atañe a todo ser humano. Me explico: según este autor, el cristianismo refleja tal superación del complejo de Edipo en el hecho de que el padre autoritario (proyectado en la figura del Dios Padre), es igualado ahora por el hijo (que es Cristo), entronado ahora a su derecha y en igualdad de condiciones: la tiranía afectiva del padre es sustituida por el amor del hijo, en el cual proyectamos nuestros deseos afectivos insatisfechos; el hijo ha dejado de ser sumiso sin necesidad de matar al padre, tal y como se espera del mito edípico. Dicho de otro modo: la necesidad de Humanizar al Padre autoritario al cual se teme (tanto a Yahvé como al propio padre biológico) es un mecanismo psíquico que inconscientemente pretende acabar con su tiranía. Esto es la *Humanización* de Dios en clave psicoanalítica para Erich Fromm[55]; esto es lo que inconscientemente pretende el fiel humanizando a su dios: dotar de humanidad a un padre autoritario (idealizado a la fuerza por medio de la educación y la cultura) con el fin de superar el trauma de su despotismo.

Una vez aclarado esto pasemos, ahora sí, a explicar las dos estrategias básicas utilizadas en el arte cristiano para demostrar la *humanización* de Dios. Ya hemos avanzado algo sobre estas estrategias, concretamente en el apartado *Misterio y magia de la sexualidad primitiva*. Para ello proponemos dos capítulos: el presente está dedicado a la *Nutrición*, donde los artistas intentaban demostrar la naturaleza viva del dios encarnado representándolo tomando alimento, al igual que todo ser vivo, pues el hecho de que estuviera expuesto al hambre indicaba sin lugar a dudas su naturaleza biológica y viva.

El siguiente capítulo estará dedicado a las *alusiones sexuales* en la figura de Cristo, ya que se entendió que remitiendo a su sexualidad demostraban también su naturaleza humana. Así pues, las dos estrategias más utilizadas por los artistas para representar la *humanización* de Dios serán las escenas en las que vemos al Niño comer y las escenas en las que se alude a sus genitales. En este capítulo vamos pues a tratar la primera clasificación: la *Nutrición* del Niño.

¿Quién no se ha fijado alguna vez en un cuadro con la Virgen dando de pecho al niño Jesús? ¿Alguien no lo ha visto nunca mamar leche mariana? ¿No han observado jamás el pecho desnudo de la Virgen? Se podrá alegar que observar en un pecho lactante una significación erótica es sólo propio de mentes enfermas. Pero no es así. Vamos a ver qué se esconde tras este simple acto alimenticio que a primera vista no posee ningún fundamento erótico, pues

---

[55] FROMM, Erich. *El dogma de Cristo*. Barcelona; Paidós, 1994.

todos los mamíferos alimentan a sus crías por medio de las glándulas mamarias.

Normalmente los *tipos* donde el Niño está representado junto a su madre ya vienen definidos por una clasificación previa, pero evidentemente a nosotros sólo nos competen aquellos casos en que podamos advertir cualquier alusión hacia su sexualidad. Sin embargo estas clasificaciones son etiquetas muy amplias susceptibles de permutaciones y ejemplos híbridos. (El *Atlas Marianus* de Wilhelm von Gumppenberg de 1659 ofrece una clasificación con gran variedad de estas tipologías).

La escena que nos va a ocupar en este apartado es la siguiente: el Niño normalmente en el regazo de su madre y tomando su alimento de forma natural succionando directamente del pecho. Son muchos, verdaderamente muchos, los ejemplos donde se representa la lactancia de Jesús niño[56]. Uno de los primeros frescos de este *tipo* lo encontramos en la basílica de San Zeno, en Verona, con varios niveles de pintura superpuesta, si bien es cierto que existen ejemplos iconográficos anteriores en manuscritos miniados. Empecemos primeramente explicando qué significa antropológica y filosóficamente la nutrición.

La incapacidad del hombre de vivir su organismo de forma sagrada es lo normal hoy en día. Actualmente nuestro sistema

---

[56] Hemos encontrado tantos y tantos ejemplos de este *tipo* que nos pareció infecunda una compilación de ellos, ya sea por períodos, autores, ubicación, etc. Existen tantas variaciones del tipo *lactatio* (*Glykophilousa* y *Galaktrophousa*) que no nos detendremos en las pequeñas diferencias de estos *sub-tipos,* pues el concepto transmitido en todos el mismo, es decir, la *Humanización* de Dios (de momento). Su compilación no comporta mérito alguno para nuestros propósitos, que son esclarecer sus razones esenciales, por lo que nos limitaremos a citar sólo una ínfima parte de ejemplos, los necesarios para ilustrar los conceptos a que se refieren. Hemos optado asimismo por ordenar en este capítulo una secuencia de imágenes donde observaremos los cambios iconográficos acaecidos con el tiempo, lo que nos ayudará a observar sus variaciones y a tomar conciencia del enorme entramado discursivo que gravita en torno a la lactación.

orgánico no responde más que a meros impulsos fisiológicos a los que no les damos la mayor importancia a no ser que enfermemos, pero en tiempos primitivos el hombre dotó a las funciones corporales de un valor sagrado. La sexualidad y la nutrición han sido las dos funciones cardinales del ser humano, por eso se consideraron sagradas y fueron entendidas de forma similar a como hoy en día un fiel sentiría un sacramento, es decir, con toda la veneración posible. Es por este motivo por lo que los ritos de transgresión de la sexualidad y la nutrición -orgía y canibalismo- no evidencian sino su esencia sagrada, ya que antiguamente el ser humano sintió esa tendencia innata de transformar los actos fisiológicos en ritos sagrados: transformar lo profano en sagrado.

> «El psicoanálisis y el materialismo histórico han creído encontrar la más segura confirmación de sus tesis en el importante papel que la sexualidad y la nutrición desempeñan en los pueblos que no han pasado de la fase "etnográfica". [...] Esos actos elementales [sexualidad y nutrición] se convierten para el primitivo en un rito que ayuda al hombre a acercarse a la realidad, a insertarse en lo óntico, librándose de los automatismos (carentes de contenido y de sentido) del devenir, de lo "profano", de la nada».[57]

En tiempos prehistóricos recaía una prohibición sobre el acto de quitar la vida, incluso la de los animales, pues en un mundo mágico lleno de espíritus cazar un animal era una falta que necesitaba de un rito de exoneración: una ceremonia ritual para librarse de la maldición por haber sesgado una existencia. ¡Ahí empezó el ser humano a sacralizar el alimento que ingería, para venerar al animal muerto y para eximirse ante los poderes sagrados! A la par sintió también la necesidad de sacralizar su vida cotidiana y profana, pues nada en su existencia quedaba fuera de la concepción sagrada según la mentalidad primitiva. Se instauraron

---

[57] ELIADE. *Tratado de historia de las religiones. Cit.*, p. 102-103.

así ceremonias rituales para venerar los actos fisiológicos y se sacralizó tanto la cópula como la ingesta, que a fin de cuentas son los actos que sostienen y perpetúan la vida. El rito repite pues una acción que se dio en tiempo mítico, *in illo tempore,* en los orígenes de la cultura, ya que se supone que repite el gesto arquetípico de los albores de la humanidad, cuando se realizó por primera vez tal acción. El rito desplaza por este motivo al tiempo profano e instaura de nuevo el tiempo sagrado para conferir una finalidad a la existencia humana. El rito no puede estar equivocado ya que su prototipo es divino, de ahí su eficacia; es liturgia al fin y al cabo, y ya sabemos que su garantía se halla precisamente en su apego a la tradición y a la inmovilidad. "Cambiar es perecer" –dice Savater hablando del rito-, por eso se repiten sistemáticamente las acciones de los fundadores sagrados de la sociedad, es decir, de los dioses y los héroes.

Para nosotros no tiene mayor trascendencia la hora del desayuno, la de la comida o la cena; es sólo un tiempo intermedio donde nos recargarnos de la energía suficiente para sobrellevar el día. Aunque como es obvio el acto de comer no se entiende igual en todas las culturas: «En Oriente, [por ejemplo] el acto de alimentarse, por lo demás brutal y profano, se ha convertido en un ritual y ha adquirido un significado y un valor disociados de la función orgánica...»[58]. Algunas personas religiosas continúan bendiciendo la mesa en cada comida, pero en general, en el mundo occidental y moderno se tiende a profanar dicho acto de mil maneras. Se nos informa sobre los aportes energéticos necesarios para sobrellevar el día, mientras las cadenas de comida rápida optimizan el tiempo que debemos dedicar a comer, profanando aún más si cabe la importancia del tiempo que se debe dedicar a la ingesta. Y es que el tiempo empleado en comer, a no ser que sea tiempo de ocio o festivo, es tiempo perdido para la mente profana; pero no fue así para el hombre arcaico. En aquel entonces las acciones profanas no tenían interés porque no estaban extraídas a

---

[58] ELIADE. *El vuelo mágico. Cit.* p. 83.

partir de un modelo divino, y el ser humano arremetía sus actos cotidianos convencido de que repetían el modelo y el gesto sagrado de la divinidad; es más, cabe suponer que no sentían una vida profana sino que sacralizaban toda su existencia -como reiteradamente nos recuerda Mircea Eliade. Ellos revivían el tiempo mítico y sagrado en actos rituales que hoy en día no tienen sentido para nosotros, como lavarse, evacuar, comer, etc., es decir, todos los actos cotidianos eran realizados con consciencia sagrada.

Alimentarse ha sido a lo largo de la historia un acto sagrado, y no sólo por la lógica de tal acto (pues de no ser así moriríamos), sino porque es un acto emulado directamente de las divinidades, las cuales también se alimentan. De hecho, ya desde la Antigüedad, incluso antes del cristianismo, la inmortalidad se simbolizaba a través de la lactancia. Tal vez por eso existen tal cantidad de ejemplos de Cristo mamando, aunque en realidad no son tan importantes las diferencias iconográficas como el significado que pretenden transmitir. Si analizamos las obras iconográficamente vemos escenas aparentemente costumbristas: la Virgen le da de comer al Niño y este hecho no parece revestir la mayor importancia; muchas veces el Niño está mamando en ese justo momento y otras ha apartado su boca del pecho; a veces la Virgen muestra todo su seno y otras sólo se le ve el pezón por una pequeña abertura de la blusa respetando así el máximo decoro para la madre de Dios. Pero en definitiva todos estos *tipos* remiten a la misma significación, la cual vamos a tratar de desvelar aquí.

LA VIRGEN NUTRICIA

La teología cristiana, como no podía ser de otra forma, se empapa de toda esta guisa relativa a la lactación, pues a fin de cuentas sus símbolos son sagrados porque así lo siente el hombre, no porque lo elijan los sacerdotes sino porque es inherente a la psicología humana. Buena prueba de ello son los innumerables ejemplos donde el Niño toma su alimento: acción que a primera vista podría parecer un acto cotidiano y banal, no apto para representar la grandeza de todo un dios. En estos casos se nos dijo que el crío no mama con intención de dotar de sacralidad a la ingesta ni por venerar el acto alimenticio, sino para demostrarnos su *Humanización*.

Contrariamente a lo que pudiera parecer *a priori,* la lactación del Infante no representa una escena costumbrista amable; no se trata de plasmar la infancia del Niño en un momento tierno entre su madre y él; no se pretende remitir a un acto de ternura, ni al sentimiento de maternidad ni tampoco al del amor filial: estas imágenes constatan la humanidad de Cristo, o al menos eso es lo que nos han dicho los expertos y lo que creeremos de momento. Este tipo iconográfico de *Maria lactans*, tan popular a partir de la segunda mitad del siglo XIV, remite a la carnalidad del dios hecho hombre, a su humanidad, y por extensión a su sexualidad, pero sin tener que recurrir por ello al componente sexual de forma explícita, sin tener que representar directamente sus genitales, sino eludiéndolos en virtud del ascetismo y decoro cristianos.

Steinberg es la mente más lúcida que hemos encontrado para explicar el sentido de la lactación; para él la significación es obvia: el Niño, en su condición de humano y mortal, estaba expuesto y sometido al igual que nosotros al hambre, y como cualquier persona de esa edad toma el alimento de su madre. Pero su hipótesis no difiere en nada de la propuesta por Emil Mâle, historiador francés celebérrimo que, aunque con muy buenas intenciones, sus teorías no convencen en absoluto, pues fue quien dijo aquello de que «*el hijo de Dios tiene hambre, y el artista muestra a la Virgen dándole el pecho*».

Los pintores flamencos son los ejemplos más paradigmáticos y hermosos para ilustrar estos conceptos: Jan van Eyck, van der Weyden, Dierick Bouts... pero también algunos valencianos, por la influencia decisiva de los contactos culturales con Brujas, fueron los más destacados en tiempos góticos[59]. Pronto nos damos cuenta del gran número de variantes que existen en este *tipo*, muchas de ellas notablemente extrañas, aunque las primeras imágenes de la *lactatio* no representan actitudes rebuscadas sino que el hieratismo y la solemnidad rigen la composición, pues suelen mostrar al Niño en disposición de tomar el alimento y con la boca en contacto directo con el pecho; éste es el *tipo* más común. Aunque también se ha representado a veces a la Virgen dándole de comer a distancia, sin que los labios del Niño entren en contacto con el mamelón de su madre, como ocurrirá con las imágenes de san Bernardo tomando leche mariana a distancia. Para que ello fuera posible, para no tocar con la boca el pecho mariano, se representó un chorro de leche que iba desde el pecho de la Virgen hasta la boca del Niño. Abundantes son también los cuadros donde el Niño nos mira mientras está lactando en ese mismo momento, sobre todo en el *Trecento*, como por ejemplo los casos de Tomasso di Cristoforo Fini, con *La Virgen de la Humildad* (1415-1420. Galería de los Uffizi, Florencia.), o también el anónimo titulado *La Virgen de los Remedios* en la catedral de Sevilla. Hay muchos más ejemplos donde el Niño nos mira mientras se alimenta, como reclamando nuestra atención para hacernos partícipes de su acción y buscando nuestra complicidad para demostrarnos que efectivamente está tomando alimento, mirándonos para que lo miremos mamar.

Nosotros no vamos a detenernos en esos *tipos* tan difundidos, ni en la *lactatio* en sí ni en cuando el Niño nos mira, pues todos son

---

[59] Al respecto Joan Molina Figueras realizó un buen estudio sobre la notoriedad de la pintura valenciana como «cabeza de puente en la introducción del nuevo lenguaje.» En: *Ecos de la pintura flamenca en Valencia y Cataluña*. En CARBONELL y CASSANELLI. *Op cit*.

igual de pertinentes. No obstante es obligado comentar que los grandes aventajados en este *tipo*, los flamencos, empezaron poco a poco a plasmar una variante un tanto peculiar que consistía en dejar de representar al Niño mamando, pero no obstante con el pecho de la Virgen desnudo, como sucede en Dierick Bouts **(Fig. 14)**. Es decir, que el Niño no está tomando su alimento sino que se ha detenido, y ello favorece el que podamos ver con mayor claridad el pecho de María desnudo mientras ellas se lo palpa suavemente. Notamos un cambio importante, y es que antiguamente el pecho salía por una pequeña abertura de la blusa mientras que ahora toda la parte superior de la prenda queda abierta. El significado de la *lactatio* persiste pero la representación ha variado: la cabeza del Niño no oculta el seno como sucedía antaño y podemos verlo completo además de ver a la Virgen tocándoselo, generalmente con dos dedos, de forma aparentemente natural, al igual que cualquier madre cuando se lo presiona para hacer salir la leche. No obstante no debemos dudar de que este gesto pudiera despertar inconscientemente –y no tan inconsciente- otra clase de "apetitos" en los adultos. Sobre las diferentes disposiciones de los dedos de la Virgen también persiste la incógnita, pues no sabemos si es un gesto "natural" o si está insinuando algún sentido velado, ya que los modos distintos de colocar sus dedos podrían expresar distintos significados, como era habitual en esos tiempos. No obstante debemos reconocer que todavía se nos escapan muchos gestos de tiempos góticos.

Si algo hemos de entresacar de este breve capítulo es la gran cantidad de imágenes existentes donde el Niño se dispone a mamar o está haciéndolo en ese mismo instante, y resaltar que existen numerosos *tipos* iconográficos distintos para remitir a la lactación, aunque no siempre se nos muestra el momento preciso en que está tomando leche ni todo el pecho de la Virgen descubierto. De momento parece ser que todos los historiadores convergen en la idea de que con este *tipo* se intenta demostrar la naturaleza humana del dios encarnado, el cual está sometido al hambre al igual que todas las criaturas vivas. Eso es al menos lo que nos han contado, aunque poco a poco iremos viendo que esta hipótesis tiene sus lagunas y que no es esa la interpretación acertada para las escenas de la lactación.

EL NIÑO PIDIENDO COMIDA

Hemos visto a la Virgen amamantando al Niño, aunque pocas veces nos hemos fijado en qué es lo que hace Éste. Normalmente se da por supuesto que el Niño no hace nada, excepto bendecir; simplemente está en la cuna o en brazos de su madre y no le buscamos mayor trascendencia. Pero no siempre es así. Continuando con los gestos realizados para certificar la humanidad de Cristo encontramos unos ejemplos curiosos que, aunque no pertenecen al *tipo* de la *Virgen lactante*, muy bien podrían clasificarse conceptualmente dentro de este apartado, pues igualmente remiten a la lactación y por tal motivo los hemos incluido en este capítulo. Vamos a comentar pues unas pinturas que remiten a la ingesta del Niño sin representarla explícitamente.

Una de las cosas que hemos observado ha sido la ingente cantidad de imágenes donde el Niño, en el suelo, levantaba los brazos hacia la Virgen como queriendo decir algo. Éste, generalmente en el suelo si se trata del *Nacimiento* o en brazos de su madre si se trata de *Adoraciones*, se señala con un dedo la boca, pero nunca se lo mete dentro ni lo chupa, como sería de prever. Una de estas primeras imágenes se halla en la Biblioteca Nacional de Madrid (*Miniatura en el Misal rico de Cisneros*, primer decenio del '500) y en ella vemos al neonato en el suelo, con la capa de su madre debajo de Él y acercándose su mano derecha a la boca. Generalmente se la señala con un solo dedo, aunque no siempre con el índice, pues también alguna que otra rara ocasión lo hemos visto con el dedo corazón, lo cual da mucho que pensar. Este gesto aparentemente nimio no nos muestra un acto cotidiano ni naturalista, no se lleva el dedo a la boca para chuparlo, pues advertimos que este *tipo* se repite con constantes fijas, lo que indica que tiene una significación concreta. El Niño se señala su boca, lo hace así y esto no es discutible; tal vez sí el significado al que apunta o la interpretación que le demos, pero no la acción del señalamiento de la boca. Tampoco dudamos ni por un segundo que se trata de un gesto elocuente que intenta transmitirnos un sentido concreto.

En otras muchas imágenes el Niño alarga un brazo hacia la Virgen mientras que con el otro se señala la boca como pidiéndole algo. De hecho, en el lenguaje gestual de los niños éstos llaman la atención de su madre mientras señalan la cosa deseada: ¡se aprende a señalar el objeto del deseo antes que a hablar! En la imagen de Lorenzo di Credi el Niño reclama algo a la Virgen, y ese algo que quiere tiene que ver con la otra cosa señalada por su otra mano: su boca **(Fig.15)**. Con una mano reclama la atención de su madre y con la otra nos dice que lo desea para su boca, o en otras palabras: tiene hambre y desea saciar el apetito. También Botticelli (Alessandro di Mariano di Vanni Filipepi) realiza la *Natività mística* (en la National Gallery) donde el Niño desnudo requiere a la Virgen con su brazo derecho mientras que con el izquierdo se señala la boca. Hemos encontrado numerosos ejemplos donde el pequeño Cristo indistintamente se señala tanto con su mano derecha como con la izquierda, lo cual demuestra la versatilidad del gesto aunque el significado no por ello cambie, y alguna que otra vez hemos visto cómo con una mano se coge su otra mano a la altura de la muñeca, como por ejemplo en Filippo Lippi **(Fig.16)**. Este gesto es más común de lo que parece, y el hecho de que con una mano se señale la boca y con la otra se coja esa mano que va a la boca indica que se trata de una combinación de gestos elocuentes con un significado que hasta ahora no han contemplado los historiadores[60].

Y ahora las dudas: ¿Por qué se señala la boca mientras que se coge esa misma mano con la otra? ¿Es este gesto el utilizado para expresar la "legitimidad del gobernante", o es un gesto que denota la "incapacidad" del Niño? Nos explicamos: agarrar la mano

---

[60] No son excesivamente difíciles de encontrar pinturas de este *tipo*, como por ejemplo en Domenico Ghirlandaio (Domenico Bigordi Detto: *Natività*, Florencia, chiesa di Santa Trinità); Francesco Botticini (*L'Adoration de l'Enfant*, 1485; Galería Palatina, Palazzo Pitti. Florencia); y de forma un tanto ambigua en Maestro natividad del castillo (*La Virgen y el niño rodeada por cuatro ángeles;* Museo del Louvre), etc.

confiere legitimidad al gobernador terrenal; es un gesto ya analizado por Barasch:

> «El contacto físico es el medio de comunicar la fuerza vital. Parte de la potencia y vitalidad de una figura pasa a la persona que toma su mano. Probablemente esta es la razón por la que el apretón de manos pudo convertirse, en una fecha tan temprana como el siglo I antes de Cristo, en la manera de proclamar visiblemente la legitimidad del gobernante. El dios, al estrechar la mano del gobernante, trasfiere parte de su naturaleza divina a la persona del rey, quien se convierte así en "Ephiphanes", el hombre que encarna en su propia persona, haciéndolo así manifiesto, al dios invisible.» [61]

A la vista de lo aportado por Barasch, ¿cómo debemos interpretar el gesto pues?, ¿es un acto de auto-legitimación del Niño en tanto que Él mismo es el gobernador celestial? Iconográficamente en la Antigüedad se representaba a Dios estrechándole la mano al gobernante para transferirle parte de su naturaleza divina, demostrándolo así gestualmente, visiblemente. ¿Sucede lo mismo aquí? La mano que coge la otra mano a la altura de la muñeca, ¿es la mano del Padre que confiere legitimidad al poder terrenal de Jesús? O sea, ¿es la mano del poder celestial que dota de legitimidad al nuevo Mesías terrenal, aludido éste por la mano que se señala la boca porque es precisamente por ahí por donde se sustenta un ser vivo como Jesús? ¿Se legitima Cristo a sí mismo en nombre del Padre y del Espíritu como gobernador terrenal?

Hay no obstante otra interpretación que nos parece más acertada, y es la que remite al gesto de "incapacidad". Sabemos también por Moshe Barasch que "agarrar la mano izquierda con la derecha es símbolo de incapacidad", y aunque vemos que

---

[61] BARASCH. *Op. cit.* p. 136.

indistintamente el Niño se agarra tanto la derecha como la izquierda no parece que esa pequeña variable sea tan importante como para cambiar el significado del gesto; seguramente se trata con toda probabilidad del mismo. El gesto de "incapacidad" fue asimilado en la Edad Media, y su significado es evidente: expresa la imposibilidad de actuar para cambiar el destino de algo, similar a la expresión "tener las manos atadas"; es como estar "esposado" por su propia mano a modo de grillete. Atendiendo pues al significado original de este gesto se desprenden las interpretaciones de que "no existe alternativa posible"; de que el Niño debe comer como cualquiera si no quiere perecer de hambre; está, literalmente "atado de manos" a las funciones de un organismo vivo. Pero a la postre, el sentido de "incapacidad" debemos de interpretarlo también como la que tiene un bebé para alimentarse por sí mismo, el cual precisa necesariamente de la ayuda de su madre, pues los humanos tenemos las mismas necesidades básicas que el resto de los mamíferos, pero a diferencia de éstos, que se cogen sin ayuda a la mama de su madre, el ser humano necesita de una mano que le acerque el seno.

Jesús, para sobrevivir, necesita de una mano que le ofrezca el pecho, pues está "incapacitado" para comer sólo: el gesto de una mano cogiendo a la otra ratifica la incapacidad, y el gesto del señalamiento de la boca indica que se trata del acto alimenticio. Todo parece indicar que siguiendo el afán de la época en demostrar la *Humanización* de Cristo, una variante conceptual de la *lactatio* sería esta que representa al Niño pidiendo su comida. Breves momentos después, el Niño estará a buen seguro mamando leche mariana.

No se puede ratificar definitivamente ninguna hipótesis, bien porque no podemos tener pruebas irrefutables en esta materia o bien porque entran en juego factores subjetivos e incontrolados como la creatividad, la imaginación del artista o la versatilidad de los símbolos y los gestos. Aún así, la única duda razonable sería que tal señalamiento a la boca pudiera querer expresar en algunos casos concretos el *"Verbo"*, pues al igual que en algunos Nacimientos el Niño señala el oído de la Virgen para mostrarnos por donde entró el *Verbo* en el momento de la Anunciación, ahora podría señalarse la boca designando al mismísimo *Verbo,* es decir, el Niño podría señalarse la boca remitiendo al Padre como *Verbo;* Él es el *Verbo.* No obstante me parece más acertada la hipótesis de que tal gesto es alusivo a la incapacidad del Niño para alimentarse sin ayuda materna.

Para Steinberg todas las pinturas cristológicas remiten siempre a la *Humanización* (o *Encarnación,* como a él gusta nombrar). Coincidiendo con él encontraríamos sin lugar a dudas más coherente y razonable la hipótesis de que estos gestos refiérense a la nutrición y son una derivación del tipo iconográfico *lactatio,* donde lo pretendido es demostrar la alimentación del Mesías como cualquier otro humano, o sea, la *Humanización.* No hemos encontrado este gesto en Jesús adulto, lo que nos demuestra taxativamente que el gesto de señalarse la boca remite únicamente a la etapa infantil; de no ser así debiéramos haberlo hallado también en el adulto. Por otro lado, si al realizar el gesto hubiera remitido al *Verbo* seguramente lo hubiéramos encontrado igualmente en Cristo adulto, y sin embargo no se da el caso; si remitiera a la legitimación del poder divino hacia el poder terrenal de igual manera nos lo encontraríamos en Cristo con edad avanzada y nunca lo hace, no se señala la boca de adulto nunca, lo cual ratifica que es un gesto específico para la niñez, concretamente para la etapa de la lactancia.

Pero este preciso gesto nos transmite algo más en el caso de que aluda a la incapacidad de alimentarse por sí mismo. A saber: el Niño, al igual que los bebés humanos, o sea, dependientes de los adultos, se ve imposibilitado para alimentarse sin ayuda, y el único auxilio que recibe le viene dado por la única capacitada para hacerlo, la única legitimada para ello y elegida directamente por Dios, o sea, María: ella es ni más ni menos que la madre de Dios (*Theotókos*), la madre de Cristo (*Christotókos*) y la única siempre

Virgen, *ante-*, *in-*, y *post partum*; la que hizo posible que el milagro se llevara a cabo en su propio cuerpo. ¿Hay mejor enaltecimiento para un personaje que en los inicios del cristianismo no gozó en absoluto de gloria alguna? La figura de la Virgen queda así reafirmada como "imprescindible" para el cristianismo, por ser la que posibilita tanto el Nacimiento como la nutrición y posterior desarrollo del Salvador; es la figura sin la cual la cristología sencillamente no hubiera sido posible. Ninguna exhibición del Niño demuestra con mayor claridad el fervor mariano que se vivió en los tiempos góticos, ninguna propaganda, ninguna defensa más efectiva de su rol necesario en la alimentación del Salvador. Cristo es criado por un adulto "indispensable" para la cristología. Eso y mucho más es la *lactatio*: el enaltecimiento de la Virgen María, entre otras cosas.

Y efectivamente el lector podrá objetar: ninguno de estos ejemplos pertenecen a la lactación del Niño. En efecto, estos últimos casos muestran Nacimientos y Adoraciones, pero también es cierto que se trata de un estado previo a la lactación, por eso avanzábamos al inicio que muy bien podría clasificarse conceptualmente dentro del *tipo* de *lactatio,* como la secuencia inmediatamente anterior a la toma de alimento. Es la forma ideal para expresar con una sola imagen diferentes episodios, pues se representa un Nacimiento o una Adoración y no obstante el gesto del Niño nos remite a la lactación. Se trata de un recurso para aludir a la ingesta de alimentos, a la humanidad del Dios nacido de vientre humano sin tener por ello que recurrir a los *tipos* compositivos típicos; es como un gesto híbrido que une secuencias distintas. Así, en un Nacimiento o una Adoración se puede expresar también la *lactatio* cumpliendo una función doble: se constata el nacimiento de Dios y el hecho de su lactación sin tener que representar el pecho de la Virgen.

(A día de hoy desconocemos la catalogación y estudios sobre este gesto en que el Niño demanda comida.)

DESNUDANDO A LA VIRGEN

Anticipábamos que en las *meditaciones* de San Buenaventura se nos cuenta que la Virgen cubrió dos veces a Jesús con sus vestiduras: la primera nada más nacer y la segunda y última estando crucificado. Se convino así en que el juego del Niño con el ceñidor, el broche o la orla velo de la Virgen era una premonición de la futura pasión, pues se pensaba que Jesús estaba jugando con la misma prenda que en un futuro le cubriría las vergüenzas en la cruz. Pero poco a poco iremos viendo que no son acertadas estas interpretaciones. Se nos ha dicho tantas veces que el Niño está niñeando con el pasador del *velamen capitis* que dejamos de darle importancia a ese gesto porque era evidente con la simple observación que sí lo estaba haciendo: estaba tocando con sus pequeñas manos el pasador del velo de su madre. No obstante teníamos serias dudas de que ese fuera un gesto premonitorio, pues a decir verdad, son estas unas explicaciones muy recurridas que no suelen ceñirse al verdadero sentido de las imágenes, sino que justifican la incapacidad del investigador y confunden al lector.

De la mano del gran Botticelli nos introduciremos en el misterio de este tipo de imágenes. En una obra suya titulada *Virgen con Niño y ángel* (1465-1467; Galería de los Inocentes, Florencia.) vemos que el Niño dirige sus manos hacia el pasador de la capa de la Virgen, por donde se desabrocha la prenda para quitarla, y no hacia el *velamen capitis,* lo cual no deja de contradecir la hipótesis premonitoria. Vamos a mostrar a continuación una secuencia que no deja lugar a dudas sobre cuál es la intención del Niño, y Botticelli nos será de ayuda para ejemplificar los primeros pasos de esta serie. La siguiente pintura titulada La *Virgen y el Niño con ángeles cantores* nos aclara un poco más las cosas **(Fig. 17)**. El pequeño Cristo ya no juega con el pasador, ni siquiera con el velo, y por supuesto no se trata del velo de la cabeza de la Virgen sino de su vestido. Nos mira directamente al igual que nos miraban los

Niños del *Trecento* precisamente mientras lactaban; la diferencia es que antes lactaba y ahora no. Pero aunque no esté mamando podemos decir que esa es exactamente su intención: el Niño intenta abrir la blusa de su madre para mamar en un futuro inmediato; en poco tiempo le desnudará el pecho. Otro ejemplo igual de pertinente, prácticamente similar y del mismo autor es *La Virgen y el Niño con San Juan y un Ángel* **(Fig. 18)**, también en formato circular, donde vemos al Niño abriendo la blusa de su madre de modo prácticamente idéntico para sacarle el pecho.

Unos años después Botticelli vuelve a la constante de su obra, que no es otra que la de representar la terrenalidad y la humanidad del Cristo mediante recursos varios, como señalamientos genitales, tocamientos en la zona púbica, escenas de lactancia, etc.; por todo ello no deja de ser un artista muy pertinente en el que podemos ver frecuentemente elementos que nos remiten a la sexualidad de Cristo. La constatación definitiva de nuestra hipótesis se encuentra en el *Retablo de Bardi*, el cual posiblemente pueda aportarnos la clave definitiva que confirme nuestras sospechas **(Fig. 19)**. Vemos aquí cómo el Niño requiere con las manos a la Virgen pidiéndole el pecho. Las imágenes que hemos visto hasta ahora representaban justo un instante anterior a esta, pero aquí ya nos damos cuenta de cuál es la intención del artista, pues la Virgen está intentando abrir su vestido al igual que todas las madres cuando van a dar de comer a sus hijos. El Niño mediante gestos reclama lo que está oculto y quiere que sea desvelado y, evidentemente, no se trata de ningún gesto premonitorio como algunos pretenden, ya que no está jugando sino pidiendo pecho. El seno de la Virgen no está descubierto porque indudablemente se trata del "instante previo" a su desnudez; dentro de un momento su pecho se desvelará: es el *obiectus pectorum (ekbolè mastõn)*, es decir, el desvelamiento de los senos. Antes parecía un simple juego del Niño con una orla, y no nos atrevíamos a pronunciarnos sobre el verdadero objetivo del cuadro, ahora ya parece que la cosa se va clarificando.

Lo que empezaron siendo unas insinuaciones muy sutiles del Niño acercando la mano al escote de su madre han derivado en el Niño abriendo la blusa a la Virgen, para después ser ella misma la que se desnude un seno. El concepto de *humanidad* en la figura del Cristo mediante la lactación se alude ahora también representando los instantes previos. La sensualidad es mayor que antaño, pues ahora se nos muestra el desnudamiento en sí: el acto erótico por excelencia. Se unen de esta forma en la imagen el sensualismo y el concepto dogmático, coexistiendo ambos, lo cual avanza la tónica que dirigirá al futuro de la pintura, es decir, la sensualidad en los cuerpos, lo que será para algunos el logro más frívolo del Renacimiento[62].

Pero la cosa continúa: el Niño persevera con su afán de pecho y vamos a ver cómo termina todo esto.

---

[62] La demostración visual de la *Encarnación* de Dios es un hecho que comportará un sinfín de estrategias retóricas que con el paso del tiempo se volverán más frívolas y enfocadas a la estética en detrimento de la gravedad teologal, que es la verdadera razón de las representaciones cristológicas. La frivolidad y la banalidad que se alcanzará en las etapas finales del Renacimiento serán duramente reprendidas en el Barroco. Para muchos autores el Renacimiento franqueó la línea que separa lo religioso de lo trivial, manifestado por el goce estético más que por el espiritual; sólo hay que observar algunas obras como las de Rafael para darnos cuenta de que la sensualidad gana terreno a la solemnidad dogmática. Para otros autores sin embargo esta dualidad entre la representación del dogma y la mera experiencia artística no tiene porqué ser contradictoria ni contraproducente, pues ambas premisas (la religiosa y la estética) cohabitan por un mismo fin simbiótico, o sea, que tanto la experiencia estética como la experiencia religiosa interactúan inseparables. Al respecto opina Román de la Calle que «La experiencia estética receptiva, que acompaña a la representación de la visión de lo sagrado, [...] ejercita [...] códigos y estrategias de interpretación que pueden ser funcionalmente comunes con la misma acción representada. De ahí que la experiencia estética y la experiencia religiosa, [...] puedan interactuar,[...] sin por ello tener que anularse ni reducirse mutuamente». (CALLE (de la). *Op. cit.* p. 41.) En la misma línea también opina Louis Gernet: «La experiencia artística, no se añade, como algo más o menos contingente, al pensamiento religioso: forma cuerpo con él». (Gernet, Louis. *Le Génie grec dans la religion*, París, La Renaissance du livre, 1932, p. 234. Recogido en DEBRAY. *Vida y muerte de la imagen.* Barcelona; Paidós, 2002. p. 145.) Personalmente coincido con Román de la Calle en que en última instancia la experiencia artística participa en mayor grado, pues la tendencia hace que el arte desplace sus intereses del *producto* al *proceso,* a la par que el artista, en tanto que chamán, indaga y busca precisamente en aras de su quehacer artístico, lo cual dirige irremediablemente sus exigencias hacia la estética. Al respecto véase CALLE, Román (de la). *Op. cit.* p. 41. nota 14.

Antonello da Messina realiza una tabla más clarificadora **(Fig. 20)** donde vemos al pequeño Cristo que, mientras nos mira, intenta meter la mano por dentro del escote de la Virgen hacia el pecho, sin subterfugios ni medias tintas. Asimismo dos *Madonnas* de Rafael también nos ilustran en el proceso del desnudamiento de la Virgen. Tanto en la *Madonna del candelabro* (1514; Galería de Arte Walters de Baltimore, Maryland) como en la *Colonna Madonna* (1508; Gemäldegalerie, Berlín.) observamos en ambos casos que el deseo del Niño es obviamente introducir su mano dentro de la blusa de su madre. La intencionalidad en estas imágenes no puede ser más evidente; no hace falta teologizar ni enredarse en disquisiciones intelectualizadas para darse cuenta de cuál es el verdadero propósito del Niño.

Pero los casos más extraordinarios de donde podemos extraer la confirmación de nuestras sospechas las realizará Andrea d'Agnolo. En su cuadro titulado *La Virgen y el niño Jesús* **(Fig. 21)** nos encontramos con una lectura fácil de colegir después de haber analizado los ejemplos anteriores: la Virgen señala con su mano izquierda a modo de pinza el sexo del Niño, mientras Éste se señala la boca con una mano y con la otra retira el vestido que cubre los senos de la Virgen. Que el Niño señale con una mano la boca y con la otra el pecho demuestra sin lugar a dudas la relación existente entre el pecho y la boca: el Niño quiere comer. Si recordamos las pinturas góticas anteriormente comentadas y las cotejamos con estas obtendremos el mismo resultado: el Niño siempre ha insistido en lo mismo, en el pecho, como bien se demuestra aquí; y todas las hipótesis que resuelven que se trata de un simple juego inocente de niños o un gesto premonitorio no se plantean con rigor el significado del gesto en toda su amplitud teologal ni saben discernir la intencionalidad del artista. El Niño se expresa como en mímica ¿o es que no se gestualiza así cuando pretendemos pedir algo? Nada más simple y nada más elocuente. Ni pretende jugar con la orla del velo ni es un gesto premonitorio como nos contaron. Más bien da la sensación -añadiendo a estas imágenes la teoría antropológica y religiosa de Mircea Eliade- que con el arte cristológico sucedió lo mismo que con los hombres prehistóricos, para los cuales ninguna acción cotidiana y profana tenía sentido, sino únicamente las acciones sagradas (comer, copular, etc.) en tanto que gestos revelados por la divinidad, como prototipos de una acción divina. De hecho, aquí estamos tratando la iconografía de un dios y como tal es lógico que sus razones sean similares: razones teológicas que sacralizan las acciones del dios. En el arte cristológico, al menos en las fechas que estamos tratando, ¡ninguna banalidad mundana se inmiscuye! El Niño nunca ha jugado. La lactación no es una acción profana y trivial, es un gesto fundacional, arquetípico, primordial y sagrado.

Pero, ¿por qué se señala la boca? Hemos comentado antes que es justamente porque es el lugar por donde toma el alimento un individuo, y al respecto hemos concluido que el Niño se la señala pidiendo alimento, aunque en realidad es una explicación tan sencilla y obvia que da qué pensar. ¿Expresa en realidad un significado tan lógico y racional?; o por el contrario ¿existe algún antecedente que nos pueda aportar nuevas pistas, que nos dé otra perspectiva diferente? ¿Algún dato etnográfico, religioso, antropológico? Vamos a comentar sucintamente los precedentes para ver que tal vez no es tan sencillo como creemos.

Las primeras esculturas de las divinidades paganas no tenían ni ojos ni boca, y a veces sólo tenían en vez de boca una piedra sagrada engastada en su lugar. La etapa final en la elaboración de la imagen de un dios en Egipto, Babilonia, Sumeria y Asiria era el lavado de la imagen y la realización de su boca; en algunos de estos ritos el acto final consistía en lo que se denominaba "la Apertura de la Boca" del dios[63]. Y en estos casos la susodicha apertura de su

---

[63] En algunos otros ritos similares también los ojos eran realizados al final con las mismas "precauciones" con las que realizaban la boca. La consagración de darle vida a la imagen se realizaba entonces en la última fase del pintado de los ojos; algunas veces, el pintor debía acabar su labor de espaldas por medio de un espejo, pues la mirada frontal con la imagen le hubiera ocasionado alguna desgracia. Aquí nos topamos otra vez con el poder maléfico de la

boca era seguida del ofrecimiento de alimento para la imagen, es decir, se pretendía que comiera para que empezara a vivir; esta era la etapa final porque es lo que constituía la nueva realidad ontológica de la imagen, pues a partir de ese momento tiene factores que le confieren vida y el dios ya está incorporado en el símbolo. La consagración es el acto por el cual se sacraliza la imagen y se «invita a la divinidad a residir en ella»: es la inauguración de la nueva condición de la imagen, ahora sagrada y con vida. De esta forma observamos que a través de la realización, la abertura y la ulterior introducción de comida en la boca se posibilita que la imagen adquiera sacralidad y cobre vida. Para empezar a vivir hay que comer, tanto el humano como el dios... e incluso los simulacros inanimados de los dioses.

Igualmente debemos recordar otro precedente en que se otorgue importancia al señalamiento de la boca para ver si nos puede servir de ayuda, y al respecto debemos traer a colación las figuras del Románico obsceno[64]. En algunas de estas figuras románicas tan particulares se pueden observar ciertas figuras que parecen introducirse un dedo o señalarse la boca mientras se tocan los pies (símbolo fálico); existen también figuras onanistas que se señalan la boca con una mano y con la otra se cogen los genitales; e incluso figuras que se señalan la boca y tienen el pene erecto, un pene descomunal. ¿Había entonces una relación entre el señalamiento de la boca y la excitación sexual? Todo parece indicar en principio que sí, pues muchas de esas figuras se encontraban en estado itifálico mientras se señalaban la boca, pero entonces,

---

mirada, la misma que la de la Gorgona Medusa. El poder de la mirada también está relacionado con la vitalidad de las imágenes. Freedberg recoge de forma resumida algunos de estos ritos sobre la importancia de la boca en la finalización de la imagen. En FREEDBERG. *Op. cit.* p. 107 y ss.; sobre la mirada en p. 110 y 111.

[64] Por cuestión de economía nos hemos visto obligados a suprimir un capítulo introductorio dedicado al Románico obsceno, para no hacer fatigosa la introducción y para no perder el hilo argumental principal del trabajo. No obstante pueden encontrar ese capítulo en el libro titulado *El intríngulis erótico del arte cristiano*.

¿existe realmente alguna diferencia entre aquellas figuras de inspiración pagana (aunque cristianas) y estas imágenes del Niño? Nuestra hipótesis inicial se basaba en que el Niño estaba pidiendo comida, pues tal y como nos dijeron los grandes historiadores estaba sometido al hambre al igual que otro niño cualquiera; pero si traemos a colación los primeros ejemplos de la fabricación de imágenes sagradas así como los ejemplos del Románico obsceno parece que tal hipótesis no alcanza a explicar este hecho en toda su amplitud. Probablemente, al igual que las primeras esculturas de las divinidades y al igual que todo humano, el cuerpo del Niño tenga que hacer uso de su boca para comer y que el símbolo cobre vida, iniciando así una existencia humana y una nueva realidad ontológica, por lo que en el acto alimenticio se inaugura y consagra esa nueva realidad. También es evidente la relación entre las esculturas onanistas románicas y estas del Cristo niño. De hecho, el onanista Románico no hace sino repetir lo mismo que en la creación de las primeras estatuas -se señala la boca otorgándole significación- pero con un añadido más: se encuentra en erección o se agarra el falo. En otras palabras: hace exactamente lo mismo que venimos anunciando desde el inicio de este trabajo, es decir, subraya las dos acciones más necesarias e importantes para todo ser vivo, incluido dioses, que son el sexo y la comida: la sexualidad posibilita la vida y la alimentación la conserva viva.

En el ejemplo comentado de Andrea d'Agnolo (Fig. 21) el Niño se señala la boca, pero no se toca el pene, aunque sí se lo señala la Virgen con sus dedos a modo de pinza, lo cual viene a ser lo mismo. Bien pudiera ser que repitiera el mismo gesto del Románico obsceno sólo que de una forma más atemperada, más eufemística, menos evidente. Al fin y al cabo en esta imagen, al igual que en las del Románico obsceno, quedan equiparadas y remarcadas tanto la boca como la sexualidad. La imagen de Andrea d'Agnolo es la continuación lógica del onanista románico que se señala la boca mientras se toca el sexo. Da la sensación de que el cuerpo de Cristo se está convirtiendo poco a poco en la figura donde se verterán los vestigios paganos alusivos a la sexualidad sagrada.

Por si la cosa no queda suficientemente clara el mismo artista tiene otra pintura que nos despejará algunas dudas **(Fig. 22)**. En esta imagen la Virgen le toca un pie al Niño, cuyo significado ya conocemos; Éste se coge los genitales de manera muy evidente, sin ambigüedades y sin otra interpretación posible; mientras, con la otra mano señala el pecho de la Virgen. Tampoco aquí parece que existan muchas dudas sobre la correcta interpretación de las acciones que se están realizando. Se enlaza de esta manera el concepto sexual con el alimentario, con la necesidad humana de la lactancia. Sexo y alimentación son el sustento de la especie, y en Andrea d'Agnolo se refleja esa relación entre la sexualidad y la alimentación, entre los genitales del Niño y los pechos marianos. Vemos aquí de forma clara la relación entre la nutrición y la sexualidad a través de los señalamientos de los genitales del Niño, de su boca y de los pechos de la Virgen: se están relacionando los dos actos sagrados que posibilitan y perpetúan la vida.

Vemos que tanto en el nacimiento de las religiones, en la Edad Oscura del cristianismo, como ya en la Era Moderna y en el creciente humanismo, el gesto de señalarse la boca apunta al mismo significado, el cual está íntimamente emparentado con la sexualidad: vimos lo mismo en el Románico obsceno y ahora en la figura de Cristo. Hemos comprobado con todo este desarrollo que un simple gesto como señalarse la boca no remite únicamente a una demanda de alimento, no era tan simple como nos contaron los historiadores, sino que apunta a una significación mayor relativa al origen de la vida, la cual se inaugura mediante la ingesta, y un sentido que relaciona esa vida humana con los órganos generadores que la perpetúan. El significado de señalarse la boca apunta a un sentido filosófico, religioso, metafísico o teológico, pero nunca costumbrista ni naturalista, nunca es un acto cotidiano como el que realiza cualquier otro niño precisamente porque se trata de Dios encarnado.

Recapitulando: Hemos visto a Steinberg decir que Cristo necesitaba comer como cualquier ser humano; a Mâle opinar que *"El hijo de Dios tiene hambre, y el artista muestra a la Virgen dándole el pecho"*, es decir, que insistían en remarcar una y otra vez que la nutrición contiene todo su valor en el simple y único hecho de que equipara la naturaleza humana de Cristo con la nuestra. Sin embargo no debemos estar del todo de acuerdo con estas hipótesis. De hecho no debemos limitarnos a decir lo que otros ya han dicho ni pretender equivocarnos donde otros ya lo han hecho. A saber: si se representa al Niño comiendo, ¿qué lo diferencia del resto del vulgo? Nada. Si se le representa desnudándole el pecho a su madre, ¿en qué se distingue de los otros niños comunes? En nada.

Advertíamos antes de que una imagen de Cristo "nunca" es una imagen cualquiera porque es el elemento central de la religión cristiana, su Mesías, su Salvador... su verdadero y único Dios; y por eso ¡nunca! se frivolizó con su figura. Por eso dudamos de que su intención sea equiparar la naturaleza del Niño respecto de los otros niños vulgares. Más bien seguimos pensando que toda imagen cristológica -al menos las grandes obras que trascienden las épocas- tienen una lectura más profunda que la superficial, pues como ya hemos advertido continuamente es fácil confundirse con la literalidad, la cual oculta el verdadero e íntimo sentido; y hemos anticipado también que el naturalismo de la pintura cristológica no responde a un deseo de "realismo naturalista", sino a un "realismo de orden teológico". Dios se hizo hombre, pero nunca, nunca un hombre cualquiera. Él es la punta de lanza de la que emanan los sentidos y significaciones, es el *logos*, y puesto que así es, es lícito pensar que su dialéctica apunte hacia un sentido elevado, no a unos meros actos fisiológicos. Cosa tan común no es digna de un Dios, de hecho todo cuerpo humano defeca y micciona, y a Cristo no se lo representó nunca así (aunque otras religiones sí que han contemplado estos actos con un sentido sagrado), sino que el arte cristiano ha tendido a ocuparse de los temas elevados, sublimados. Creo firmemente que estas imágenes intentan transmitir un sentido más trascendente, sagrado, y por lo tanto emparentado con el erotismo; un sentido que refleje los interrogantes ancestrales del hombre y la sexualidad, que escape a la comprensión racional humana para insertarse en la asimilación intuitiva de lo sagrado. Creo que integran un significado ancestral y primigenio en íntima conexión con los principios ontológicos del hombre. Vamos a intentar clarificarlo mejor a continuación.

LA PRIMERA SATISFACCIÓN SEXUAL DE CRISTO

Platón recuerda en las *Leyes* que existen tres grandes apetitos fundamentales: la comida, la bebida y la generación. Estos tres apetitos cabe suponer que son el origen de los deseos humanos, pues gracias a ellos pervivimos; tal es la sabiduría de la naturaleza, que quiere que lo necesario adopte la forma del deseo y que tenga como recompensa un placer asociado para asegurarse así la supervivencia de las especies. Estos tres deseos fundamentales (comida, bebida y generación) provocan placeres que tienden, como todo placer pero aquí mucho más si cabe, al exceso. Los autores clásicos se encargaron de recordárselo a sus coetáneos y, hace menos tiempo, Foucault recogió aquellas palabras para transmitírnoslas a nosotros[65]. Sea como fuere en la Antigüedad se asociaron los placeres de la mesa y los de la cama como ontológicamente emparentados, y pueden rastrearse estas simetrías y correspondencias entre la moral de la mesa y la moral sexual para ver hasta qué punto nuestros antepasados vieron en estas dos necesidades formas de satisfacción análogas. De hecho, y como anécdota, a Diógenes el cínico se le reprochó hacer en público sus cosas privadas, como hacer el amor y comer, ante lo cual se justificaba argumentando que «si no es malo comer, tampoco lo es comer en público»[66]. En otras palabras: el gesto de Diógenes insinúa que la sexualidad no puede ser motivo de vergüenza porque es un gesto natural que tiene como finalidad satisfacer una necesidad básica para toda forma viva. Lo único que lamentaba el padre del cinismo es que el hambre y la sed no puedan satisfacerse tan fácilmente como el ardor sexual, al cual acallaba a golpe de manubrio aliviándose en medio del ágora. El gesto de masturbarse en público y asociar ese acto a algo tan natural como la alimentación es lo que nos interesa aquí: la

---

[65] FOUCAULT. *Historia de la sexualidad*. Madrid; Siglo XXI, 2005. vol. II. p. 52 y ss.
[66] Diógenes Laercio. *Vida de los filósofos*, VI, 2, 69. Recogido en *Ibid.* p. 58.

analogía y las múltiples correspondencias entre la alimentación y la sexualidad.

Hasta ahora hemos explicado la lactación por su mera función fisiológica; un acto natural que demuestra la *Humanización* de Dios. Pero ¿qué conexión real existe entre la nutrición de un bebé y la sexualidad? Es decir, la nutrición no sólo entendida como el proceso alimenticio de todo ser biológico sino en su relación erótica y sagrada. En otras palabras: ¿existe un sentido erótico en la ingesta de alimentos que pueda ser aludido, tal y como hemos visto en la figura del Niño, mediante el señalamiento de la boca y los genitales? El sentido erótico de la nutrición se halla obviamente en la interpretación y no en la imagen, pues ésta sólo reproduce un mero acto alimenticio, aunque volvemos a repetir: lo representado sólo es la superficie, el sentido literal. Debemos profundizar más allá y refutar la postura oficial, pues no conduce a nada sino a la misma interpretación de siempre, a la inmovilidad. Hasta ahora les hemos ofrecido el análisis iconográfico de las imágenes, pero hay algo más que no se ve. Ya lo avanzábamos: la creación exige caos, así es que vamos a ensayar uno pequeño.

Hemos comentado el por qué el Niño se señala la boca y el sexo: la boca por el alimento y los genitales por la procreación, y parece ser que existe una relación entre ellos. Pero hay un dato importante a tener en cuenta, y es que la ingesta de alimentos, esta necesidad de supervivencia que es comer, cuando se sacia nos provoca placer; vemos cómo coinciden en la naturaleza la necesidad de sobrevivir y el placer, demostración que la supervivencia se relaciona con el placer. En lenguaje psicoanalítico las etapas pregenitales muestran los diferentes componentes de nuestro instinto sexual, y una de esas etapas tan importantes que definen la libido es la denominada "oral". Al respecto no existe duda: muchos autores después de Freud han matizado, confirmado o desmentido algunas de sus formulaciones, pero a fecha de hoy, las etapas pregenitales que configuran nuestro instinto sexual siguen gozando de una suficiente credibilidad en el ámbito científico[67].

Hemos entendido que el Niño tiene hambre y quiere comer: es lo que aparentan a simple vista los ejemplos comentados. Sin embargo Freud opina -corroborado por la investigación psicoanalítica posterior- que el "chupeteo" del bebé al ser amamantado se puede considerar como una manifestación sexual infantil, y de hecho lo confirman algunos pacientes tratados, que sentían en el "chupeteo" una satisfacción análoga a la satisfacción sexual. La primera sensación placentera de todo ser humano la sentimos pues al saciar por primera vez el hambre, succionando rítmicamente la leche del pecho materno, por lo que labios y boca son considerados como la principal zona erógena en esos primeros momentos del bebé durante su etapa oral (y de hecho siendo adultos continúan siendo zonas erógenas).

El deseo de leche comporta la primera excitación y su ingesta nos aporta la primera satisfacción, por lo que no es extraño que la mente asocie la satisfacción nutricional con la satisfacción sexual. Un dato curioso pero que conviene tener en cuenta es que la saciedad del hambre es comparable también con la saciedad sexual adulta: mofletes sonrosados, relax tras la excitación, somnolencia en los varones, etc., por lo que se tiende a creer que el niño, «ya en la absorción de alimentos goza accesoriamente de una satisfacción sexual»; y lo mismo sucede si invertimos los términos: la satisfacción que se alcanza a través del acto sexual es una «satisfacción análoga a la saciedad en el hambre»[68]. La satisfacción

---

[67] Existen diferentes estadios en la etapa pregenital. Freud pensaba que el instinto sexual estaba compuesto por siete pulsiones parciales: la oral, la anal-sádica, la fálica, el impulso de control, el impulso de crueldad, el impulso escoptofílico y el impulso de conocimiento (o epistemofílico). Nuestra sexualidad queda definida pues de acorde al desarrollo de estas pulsiones parciales, y es precisamente en la etapa de lactación cuando el niño asocia el placer de la succión con el del instinto sexual. No obstante cabe decir que estas conjeturas freudianas han sido cuestionadas por nuevos aportes que desdeñan una importancia "exclusiva" de los impulsos inconscientes libidinales.

sexual es por lo tanto inherente a la primera necesidad vital de la lactancia: ambas aparecen juntas en esos primeros momentos del bebé. Quedan de esta manera manifiestos tres caracteres esenciales de la sexualidad infantil: que está apoyada *a priori* en una función fisiológica (lactación), que es autoerótica (sin necesidad de objeto sexual), y que su finalidad sexual se halla bajo el dominio de los labios y la boca como zonas erógenas. De todo lo comentado se desprende que a través del ritmo de succión, el bebé intenta reproducir el placer ya experimentado, lo cual evidencia una finalidad sexual y define asimismo el primer objeto sexual al que tenderá el bebé: el pecho de su madre.

> «Cuando la primitiva satisfacción sexual estaba aún ligada con la absorción de alimentos, el instinto sexual tenía en el pecho materno un objeto sexual exterior al cuerpo del niño [...] No sin gran fundamento ha llegado a ser la succión del niño del pecho de la madre modelo de toda relación erótica. El hallazgo de objeto no es realmente más que un retorno al pasado.»[69]

Y por si no queda claro en boca del padre del psicoanálisis, vamos a citar palabras de Quignard:

> «La vehemencia con que el recién nacido succiona el pecho "continúa" el espasmo de la concepción. El aflujo de leche en la madre "continúa" la emisión de esperma que se produjo nueve meses antes. Hay un gran Fascino cuya erección dura eternamente...»[70]

Hemos repetido hasta la saciedad lo que otros autores nos han enseñado: que el Niño mama para demostrar su *Humanización*, pero visto lo visto empezamos a dudar seriamente de esta

---

[68] FREUD. *Op. cit.* p. 102 y 21.
[69] *Íbid.* p. 93.
[70] QUIGNARD. *Op. cit.* p. 226.

afirmación interrogándonos más allá de lo obvio de algunas tesis. A la vista de lo comentado, ¿qué nos impide interpretar el cuadro de Andrea d'Agnolo adaptándolo a los aportes de Freud? Es decir, ¿acaso no podría expresar que a través de la lactación con los labios como zona erógena se activa el deseo erótico localizado en la zona genital? ¿Acaso en esas pinturas no se señalaba a la vez la boca, el pecho de la madre y el sexo infantil? El Niño destapa el pecho de su madre, busca el objeto de su deseo, manifiesta el deseo sexual cogiéndose los genitales... y aunque el órgano erógeno de la etapa oral es, como ya hemos dicho, la boca y los labios, no obstante estas imágenes parecen indicar que la metáfora genital (señalarse o agarrarse el sexo) es el medio más pertinente para remitir a la activación de la libido, a la excitación sexual, en consonancia con la concepción adulta y la tradición iconográfica. En otras palabras: el objeto del deseo, que son los pechos, activan la libido del Niño.

Steinberg nos dijo que la lactación demuestra la *Humanización* de Cristo, porque al igual que cualquier humano también está sometido al hambre; Mâle comentaba que Jesús tenía hambre y el artista lo pintaba comiendo; nosotros sin embargo debemos dudar de estas conjeturas y creer que estas imágenes dicen más de lo que aparentan, pues cualquiera de las anteriores hipótesis se queda corta a la hora de interpretar los inabarcables significados que contemplan los símbolos que designan a la divinidad, tal y como Mircea Eliade nos enseñó. Hay que buscar por lo tanto una explicación más general que pueda abarcar más significados del símbolo, más realidades aplicables al ser humano; una explicación que no reduzca todas las implicaciones de los símbolos sólo a una interpretación dirigida hacia la *Encarnación*, ya que los símbolos no se pueden circunscribir a ninguna religión en concreto; necesitamos una explicación que repare en las particularidades del arquetipo religioso colectivo, en el rito primigenio que sentó las bases de la civilización, en el acto inaugural de la especie humana, que a buen seguro contempla motivaciones eróticas en sus razones ontológicas... tal es el sentido del rito y del dogma.

LA NUTRICIÓN DEL CRISTO LACTANTE

Una opinión que contemple todos estos aspectos – que olvidaron en el tintero otros exégetas- abogaría por la interpretación de que estas imágenes cristológicas remiten a la representación de la primera pulsión erótica, primigenia y original, que se da en todo ser humano a partir de la lactación. Al fin y al cabo esta pulsión es consecuencia del instinto sexual, y vino con nosotros durante el largo trayecto en que nos alejábamos de la animalidad y empezamos a ser humanos, en que comenzamos a derivar la sexualidad hacia el erotismo; ya desde aquel primer individuo que podríamos llamar humano se tuvo esta primera pulsión; y al igual que él, todo ser humano la tiene en su primer momento de vida.

Lo extraño es: ¿cómo pudo el hombre olvidar todo esto?; ¿cómo pudo el lenguaje religioso ignorarlo? Hizo falta que llegara Freud para darnos cuenta del olvido en el que habíamos caído y de nuestra ignorancia sobre el tema, debido en parte a un sistema pedagógico represivo de la sexualidad fruto del cristianismo. Con él empezamos a redescubrir que la lactación ocultaba un sentimiento erótico (podemos decir perverso –e incluso perverso polimórfico-, tal y como se define la sexualidad infantil) del que se ha tenido conocimiento desde los tiempos prehistóricos de forma intuitiva; hizo falta que se inventara el psicoanálisis y que se profundizara en los mitos (sobre todo en Edipo) para apercibirnos de que la libido infantil se proyecta sobre la madre, y que los pechos femeninos siguen gustando al adulto por algún motivo cuya explicación reside en esos primeros momentos de nuestras vidas.

Hasta ahora ningún autor había lanzado hipótesis alguna que no versara exclusivamente sobre el hambre que tenía el Niño, y de esas hipótesis se extrajo toda la teoría posterior de que ese hambre equiparaba al Niño en igualdad de condiciones a un individuo normal, es decir, sometido a las necesidades fisiológicas de cualquier humano: eso demostraba la *Humanización*, la *Encarnación*. Pero entonces el Niño deja de ser un Dios para rebajarse al anonimato y vulgaridad de un mortal sin más, y eso es impensable en cristología. A estas alturas creo firmemente que lo pretendido en las imágenes mostradas es representar la primera pulsión sexual del ser humano, relacionada con la lactación, pues es en la lactación cuando se inaugura esa primera pulsión sexual; o sea, que la finalidad es mostrar la relación entre la lactación y el despertar del instinto sexual humano.

Es en la lactación cuando se nos graba en la psique inconsciente nuestra naturaleza erótica específicamente humana, cuando empiezan los complejos, tanto el de Edipo como el de Electra, que son los que nos dotan de esa especificidad única. Este acto aparentemente tan baladí como es la mera toma de alimento de un bebé, es sagrado precisamente porque inicia el despertar erótico del Niño, lo introduce en el mundo de las pasiones y los aprisionamientos psíquicos, que son en resumidas cuentas el intríngulis del modelo humano; este gesto lactante reproduce un modelo primigenio y único en el mundo, tanto de dioses como por extensión de hombres: la acción prototipo, revelado por Dios, el gesto fundacional de la especie humana, el primer deseo del ser humano: ¡el origen del deseo![71]

---

[71] Siendo estrictos el origen del deseo no radica en la primera lactación sino en el mismo momento del nacimiento, al separarnos de nuestra madre, lo cual nos hace anhelar la totalidad perdida, debiendo asumir dicha "separación y diferencia" para gozar de una psique sana y adulta. Sin embargo también es cierto que en la lactación confluyen tanto el deseo como la necesidad vital, y no cabe duda de que es la primera expresión "física" y "visible" de nuestro deseo, al menos en el mundo iconográfico, contrario en esencia a las necesidades psicológicas, que todavía no podemos aseverarlas a ciencia cierta en cuestión de neonatos. Respecto del "deseo" véase el genial estudio de DOMÍNGUEZ, Carlos. *Los registros del deseo*. Bilbao; Desclée de Brouwer, 2001. (2ª. Ed.)

LA EXHIBICIÓN DEL OBJETO DEL DESEO

Hemos visto ejemplos en los que la acción representada mostraba justo un instante antes del desvelamiento de los pechos. En esto se asemeja a los instantes detenidos en la pintura romana: el instante justo, el clímax de la acción, el momento culmen. En la *villa de los Misterios* también se detuvo la acción antes de desvelar el falo sagrado, tanto como en las imágenes vistas aquí, las cuales nos presentan el momento donde el deseo se acrecienta ante la inminencia del desvelamiento del objeto sagrado y sexual: el pecho nutricio. En Pompeya se desvelaba el objeto creador de vida, el falo; ahora se desvela el que alimenta esa vida, el pecho. Ambos inextricablemente unidos en el mismo ámbito, sagrado y erótico. El falo se yergue en la *villa de los Misterios* y despierta el frenesí y el furor sexual de los asistentes; ahora es el pecho desnudo el que provoca la excitación sexual y que la flacidez se yerga, que el pene se convierta en falo.

La succión del pecho produce en el bebé una satisfacción análoga a la sexual, por lo que es comprensible que el Niño pretenda el pecho de su madre para colmar su deseo. Antes pensábamos que estaba asociado a la necesidad alimenticia, y no excluimos esa interpretación, solo que ahora tenemos otra que nos parece más veraz porque es más totalizadora y contempla conceptos no simplemente fisiológicos; ahora pensamos que la explicación más adecuada es la que tiende a ver en la lactación la representación del primer deseo sexual satisfecho en el bebé.

Por otra parte, ¿qué pensar si el Niño destapa el pecho de su madre pero no con la intención de mamar? Evidentemente si desnuda el pecho a la Virgen y no es para comer ello demostraría que la intencionalidad es puramente exhibicionista, y por lo tanto erótica; demuestra que es por el placer y la recreación de la mirada erótica; significa que corrobora nuestra hipótesis según la cual el desnudamiento del pecho no se realiza para saciar el hambre, sino para saciar el apetito sexual, o al menos para subrayar la primera aparición del instinto sexual coligado a la lactación; e indica que la lactación está relacionada con el erotismo y por lo tanto con la sacralidad.

En el Manierismo podemos encontrar muchos cuadros donde la exhibición del pecho con una finalidad sensual es la nota dominante. La banalización de algunas escenas muestra unos cuerpos extremadamente deleitosos que nos hacen dudar de que se trate realmente de un tema relacionado con la lactación. ¿Por qué? Porque lo que empezó con ánimo de representar a un Niño deseoso por el pecho que iba a darle de comer se vuelve ahora una mera exhibición de unos senos femeninos, que desnuda el Niño para mostrarlos, para desvelar su primer objeto del deseo, como encumbrándolo, como si el pecho nutricio se hubiera convertido en un símbolo erótico, tal vez el último reducto donde glorificar el poder de Venus. ¿Contiene entonces la Virgen un culto paralelo y cristianizado a Venus? ¿Es un vestigio pagano? Muchos opinan que sí.

Para el que todavía tenga sus reservas con lo dicho podrá observar muchos cuadros manieristas donde sin lugar a dudas la sensualidad copa la temática del cuadro. Un ejemplo al caso es el de un copista Anónimo de Joos van Cleve titulado *Sagrada Familia* (S. XVI; Colección Lasala, Valencia) en donde claramente el erotismo le está ganando terreno al sentimiento piadoso; y lo mismo sucede en la obra de Bernaert van Orley **(Fig. 23)**[72], donde la Virgen señala levemente los genitales del Niño mientras Éste exhibe el pecho de su madre a la vista de otros personajes. El Niño ha estado durante muchos años y muchos cuadros intentando descubrir el pecho materno, y aquí, por fin lo ha conseguido. Y ha sido Él y no otro el que ha desnudado a la Virgen, de eso no cabe duda. Si vimos a la Virgen desvelar el sexo del Niño, ahora vemos justo lo contrario: el Niño desnudando a su madre.

---

[72] Este autor tiene otro cuadro de similares características -el Niño desnudando y mostrando el pecho de su madre- en el Museo del Prado.

¿Realmente alguien piensa que el Niño se dispone a mamar? Obviamente no es esa su intención, sino exhibir su primer objeto del deseo. Es, la representación de la primera pulsión sexual de todo humano, la cual reproduce un acto sagrado porque fue instaurado por los dioses, de hecho, tal y como dijimos, en la Antigüedad se recurría a la lactación para simbolizar la inmortalidad, y nosotros, en tanto que humanos, reproducimos el modelo fundacional porque sólo somos sus emuladores de lo divino mediante gestos arquetípicos. La *lactatio* se relaciona pues con el primer deseo sexual en el infante, y las imágenes que les hemos mostrado sobre la nutrición demuestran que la lactación, al igual que la exhibición del pecho –el primer objeto del deseo–, activan el deseo erótico, el despertar del instinto sexual, y configuran la realidad del ser a un nivel no sólo biológico, sino que apunta a nuestra génesis ontológica, a una realidad trascendental que nos define como humanos.

Hemos empezado este capítulo sobre la lactación narrando cómo el Niño tomaba pecho y viendo a la Virgen tocándose un seno con sus dos dedos, lo cual indudablemente activa la excitación sexual; después vimos al pequeño Cristo pedir comida agitando los brazos y señalándose la boca; lo hemos visto meter su mano dentro del escote de su madre para extraerle el pecho, y a ella misma también intentando sacárselo; hemos visto igualmente la relación entre la nutrición y la sexualidad en los señalamientos, tanto hacia los genitales del Niño como hacia su boca y a los pechos marianos; hemos visto cómo estos gestos relacionaban los dos actos sagrados que posibilitan y perpetúan la vida: la nutrición y la sexualidad. Al final hemos podido apreciar el pecho de la Virgen desnudo con afán exhibicionista, no para mamar sino porque el Niño pretendía mostrar su tan preciado objeto del deseo, ya que el objeto sexual de todo bebé es el pecho materno.

Existen tantos ejemplos de este *tipo* que sólo pueden demostrar la gran demanda que hubo, sin duda, probablemente reflejo de los deseos lúbricos de quienes encargaban los cuadros, pues por mucho que sus significados apunten a razones religiosas elevadas también es cierto que ver un pecho desnudo es indudablemente objeto de provocación sexual, por muy asexuada que se pretenda la mirada del fiel.

Los grandes historiadores nos explicaron lo que a simple vista se ve: que el Niño quería comer y pedía pecho; que estaba expuesto al hambre como cualquier humano, lo que indicaba su humanidad y remitía por ende a la *Encarnación*. Obviamente dijeron esto influenciados por su conocimiento sobre el Dogma, pero por ello precisamente sólo se fijaron en sus necesidades fisiológicas y no penetraron en su capacidad de trascendencia, que es lo que nos hace distintos. Es decir, no aciertan en sus hipótesis si no diferencian entre un animal, también sometido al hambre, y un humano, único ser hecho a imagen y semejanza de Dios, máxime aquí, que se trata de Cristo.

Las imágenes de la lactación nunca, repito, nunca, representan un acto cotidiano o natural. Quien piense que se trata de un acto costumbrista no tiene en cuenta el hecho de que se enfrenta a la representación del mismo Dios, y que nunca es tratado al igual que otros personajes comunes, por mucho que se nos diga que el Niño dios tiene hambre y que su madre le da de comer al igual que al resto de los humanos. Dios, y su hijo Cristo, que también es Dios, sólo son representados para expresar y remitir a conceptos trascendentales que son los que dotan de excepcionalidad a la raza humana; Dios realiza los actos inaugurales y primordiales que después los hombres emularán en el rito, y no representa *nunca* un acto cotidiano, sino sagrado: aquello que nos diferencia de los animales. En este punto debemos recordar los ejemplos del Románico obsceno, cuando un personaje itifálico se señalaba la boca, y no era para comunicar que tenía hambre; por eso dedujimos que había una relación entre el erotismo y la boca. Del mismo modo sucede aquí: el Niño no se señala la boca ni mama pecho de su madre porque tenga hambre, sino para expresar la estrecha relación existente entre la ingesta y el erotismo, para señalar que la lactación es un acto análogo a una satisfacción sexual y que los senos maternos son el primer objeto del deseo; para remitir con ello al origen de la sexualidad y al erotismo, que es lo que nos hace humanos y no bestias.

Ya citamos al inicio de este capítulo que según Fromm el éxito del cristianismo radica en la superación de la conflictividad edípica, lo cual atañe a los seres humanos y no a las bestias. El cristianismo supera tal complejo de Edipo porque Dios Padre, que es autoritario, es igualado e incluso superado por el hijo, a su derecha y en igualdad de condiciones. Es decir, que su tiranía afectiva es reemplazada por el amor filial en el cual proyectamos nuestros deseos afectivos insatisfechos, por lo tanto la necesidad de Humanizar al Padre es un mecanismo que pretende acabar con su tiranía. Dicho de otro modo: la religión cristiana trata exclusivamente sobre los aspectos humanos y no se basa nunca en ninguna comparativa con el reino animal; nunca incide en el hambre como necesidad biológica ni en la sexualidad como instinto animal, sino que versa sobre la especificidad del ser humano.

Para descubrir el verdadero sentido de estas imágenes debemos acceder pues a disciplinas ajenas al arte, no fijarnos exclusivamente con lo que nos muestra la escena porque entonces caeremos en el error de interpretarlo literalmente; para descubrir el significado de estas imágenes hemos de lanzar hipótesis que atiendan a nuestra exclusividad, y no con lo que tenemos en común con otras especies, pues si una cosa queda clara en teología es que estamos hechos "a imagen y semejanza" de Dios, por lo tanto hay que rechazar todas las interpretaciones que equiparen nuestra naturaleza con la animal; y debemos remitirnos obligatoriamente a la etapa infantil, que es lo que se nos muestra aquí.

Al respecto y, recordando lo que hemos dicho, cabe comentar que para el mamón, según Freud, la lactación es análoga a una satisfacción sexual ordinaria. O en palabras de Pascal Quignard: «El aflujo de leche en la madre "continúa" la emisión de esperma que se produjo nueve meses antes. Hay un gran Fascino cuya erección dura eternamente...» Por eso, la visión de una escena de la lactación provoca en un adulto, según Erich Fromm, una «regresión a una actitud pasiva e infantil»; un significado inconsciente referente a la «fantasía del niño amparado en el útero [...] el abandono de una actitud hostil hacia el padre [...] y finalmente a aquella del infante amado por su madre. [...] Si este desarrollo hubiera tenido lugar en un individuo aislado, indicaría una enfermedad psíquica. Tiene empero lugar a través de siglos, y afecta no a la entera estructura psíquica de los individuos sino sólo a un segmento común a todos [...] El catolicismo significó el retorno embozado a la religión de la Gran Madre que había sido derrotada por Jahvé»[73]. Es decir, estas pinturas alteran ciertos mecanismos psíquicos inconscientes que nos remiten a nuestras etapas infantiles pregenitales y activan sus pertinentes componentes libidinales. Tales imágenes retrotraen al espectador al mundo simbólico del tiempo paradisíaco infantil.

Esto es exactamente lo que nos muestras estas imágenes, el Paraíso, una regresión a una etapa previa a la supremacía del Dios paternal, el retorno a la madre que amamanta al Niño y lo protege; como en la Antigüedad, nos remiten a la gran madre de Dios de tiempos arcaicos, a la primera divinidad y el primer lugar paradisíaco, a la seguridad del vientre materno, el útero: es un vestigio psíquico latente.

Podemos concluir este capítulo diciendo que la lactación es más que el despertar del instinto sexual animal: es el despertar del erotismo humano, pues es una acción intelectualizada ya desde la más tierna infancia y guardada en el inconsciente. Estoy convencido que estas imágenes representan la primera pulsión erótica, primigenia e incestuosa. Más aún, representan el origen del conflicto edípico: el origen del mito al modo cristiano.

A mi modo de ver no es correcto continuar explicando la lactación como ha venido haciendo hasta ahora la Historia del Arte y los exegetas cristianos. Se hace necesaria una revisión.

---

[73] FROMM, Erich. *Op. cit.* pp. 83, 84, 104 y 105.

IV- ALUSIONES SEXUALES EN JESUCRISTO

EXHIBICIONISMO GENITAL.

«¿*Qué es el Fascino? Es la divinidad de los dioses desvestida.*» (Pascal Quignard.)

El capítulo anterior ha estado dedicado a la *nutrición* como estrategia iconográfica para demostrar la humanización de Dios. Y ya entonces avanzamos que la otra estrategia para demostrar su naturaleza humana era remitir a su sexualidad, pues entendieron que remitiendo a ella se demostraba también la naturaleza humana de Dios. El siguiente capítulo estará dedicado a las *alusiones sexuales* en la figura de Cristo.

En la Antigüedad, la transgresión sexual del *princeps* (el mandatario divinizado) era característica en algunas sociedades, pues expresaba -a la vez que reflejaba- la naturaleza erótica y violenta de la divinidad. Los gobernantes sacralizados se convirtieron entonces en el talismán viviente que protegía a su sociedad contra la infertilidad. Al respecto nos ilustra Pascal Quignard:

> «Podemos entender la trasgresión ritual que asume el *princeps:* pasividad homosexual, bestialidad, felación. Nerón privilegió los matrimonios homosexuales. Tiberio eligió el *cunnilingus.* [...] La libido trasgresora (o las leyendas libidinosas) de los emperadores pasó a ser una función sexual inherente al rango de príncipe. [...] A él (único en el mundo que no está sometido a las leyes) le corresponde todo lo que está prohibido en el mundo. Suya es toda la cólera, suyo todo el capricho, suya toda la feminidad, suyo el incesto, suya la bestia, etcétera. Esos cuentos milesios sobre los príncipes... cumplían una función apotropaica. Bajo este aspecto, el emperador no es más que un gran *tintinnabulum* que ahuyenta la impotencia.»[74]

Este valor de talismán que asume el *princeps* es el mismo que ha estado asociado al culto al falo, es decir, su valor apotropaico (talismán protector), y por eso los amuletos preferidos de tantas civilizaciones han sido formas fálicas, pues este objeto posee una función mágica que protege contra la esterilidad favoreciendo la fertilidad. Los romanos estuvieron obsesionados con la *invidia* (maleficios de infertilidad) y con el mal de ojo, por lo que bien se dice que el *fascinus* fue el amuleto de Roma; de hecho Plinio llamó al *fascinus* el "médico de la envidia" y dijo que era el amuleto de Roma. Las fiestas y los cortejos dedicados a él no fueron otra cosa que la puesta en marcha (simbólica y real) de un gran falo sacado en procesión para activar su función protectora contra la *invidia*. La impotencia es la obsesión de Roma, y los terrores supersticiosos que la rodean son numerosos e irracionales. Recordemos de momento esta función tradicional asociada al falo en tanto que objeto talismán: es el atributo característico de la divinidad para proteger contra la esterilidad y favorecer la fecundidad.

Hubiese sido lógico que desde bien al principio del cristianismo el falo se hubiera representado asociado a Cristo en tanto que

---

[74] QUIGNARD. *Op. cit.* p. 27-28.

princeps, pero todo indica que no se sabía muy bien qué rumbo tomar respecto a su sexualidad. A la postre, el giro antisexual y célibe de los primeros Padres de la Iglesia dificultaría y aplazaría el debate sobre la pertinencia o no de dotar a su Mesías de atributos generadores. No olvidemos que el cristianismo combatió desde sus orígenes los ritos sexuales y el uso libre de la sexualidad por considerarlos denigrantes y pecaminosos para el espíritu, por eso durante la Edad Media las estatuas paganas estuvieron mal consideradas por su lubricidad, existiendo la creencia de que albergaban demonios en su interior; la impudicia de la imagen ya era suficiente garantía de que hospedaba un diablo lujurioso: es una contaminación donde la moral sexual empaña la concepción demonológica.

En la iconografía cristiana se plantearon muchas dudas respecto de la desnudez de Jesús, y de ahí que las primeras imágenes del *bautismo de Cristo* evidencien esta falta de normativa en su representación. Ante tal laguna teológica, y ante la falta de criterio sobre la pertinencia o no de sus atributos, se llegó en los primeros siglos del cristianismo a una solución magistral: representarlo asexuado. Aunque bien mirado, esta opción fue sólo una manera de posponer provisionalmente esas cuestiones incómodas, no una solución definitiva.

El tema del *bautismo de Cristo* es pues un caso excepcional que ejemplifica perfectamente lo comentado: a Cristo lo bautizó San Juan evangelista en el Jordán, sin embargo, las Escrituras no dicen nada de que se desnudara para tal rito, ¡nada en absoluto! No obstante existen ejemplos hasta el siglo VI donde se representa a Jesús desnudo y sin vestiduras. Pero aún a pesar de su estado de desnudez la falta de criterios establecidos sobre su sexualidad propició la paradoja de que se representara desnudo pero asexuado, sin mostrar sus genitales. En verdad, y aunque la zona púbica esté bajo el agua, la transparencia de ésta debiera posibilitar su visión genital, al igual que sucedió con el velo transparente, y sin embargo no es así: en la zona púbica no hay nada; los genitales no han sido pintados; Cristo está asexuado y el recurso de sumergirlo en el agua parece más una solución de representación real que un intento para evitar pintar sus genitales. En tiempos de la Edad Media podemos encontrar una ingente cantidad de estos ejemplos del *bautismo de Cristo* dentro del río, inmerso hasta la cintura, desnudo y asexuado. La explicación del recurso de la desnudez es obvia, pues desnudo se remite a la pureza necesaria para el rito de la muerte-resurrección simbólica que implica el bautismo: desnudos nacemos y desnudos renacemos a una nueva vida, sin ropas ni añadidos humanos, sino tal y como Dios nos trajo al mundo. A Cristo se lo representa desnudo en el bautizo porque así se expresa simbólicamente el estado de pureza espiritual necesario para dicho renacimiento. Y volvemos a repetir: aunque nada en las Escrituras revela ni siquiera por alusión indirecta que Jesús estuviera desnudo en el río, no obstante los pintores así lo representaron para transmitir de manera más eficiente el sentido de pureza inherente al simbolismo bautismal **(Fig. 24 y 25)**.

Como es de suponer este estado de indecisión respecto a su sexo no duraría eternamente, pues a finales del Gótico y sobre todo durante el Renacimiento hubo una gran proliferación iconográfica de elementos eróticos crísticos que intentaban ir a la par de las revisiones teológicas. La pretendida fidelidad a las fuentes escritas obligó a la iconografía cristiana a plantearse el problema del desnudo desde una posición lo más neutra posible, sin herir sensibilidades, pues de modo contrario no tardaría en ser reprobada por las autoridades.

El *bel corpo ignudo* de los dioses y héroes paganos se descubrió en el Renacimiento gracias a la nueva actitud científica obstinada en conocer y representar correctamente la Historia, así es que algunos artistas, amparándose en la «cobertura legítima de su fidelidad a la historia y al dogma», representaron prolíficamente cuerpos desnudos con marcado carácter sensual[75]. Steinberg sin embargo no opina del mismo modo, y afirma que el proceso de desnudamiento del Niño empezó a partir de 1260, antes de la

---

[75] GUBERN, Román. *Op. cit.* p. 159.

intromisión de los modelos clásicos humanistas, o sea, que según él no fue por imitación de estos modelos por lo que se empezó a exhibir la desnudez del Niño. Este dato implica que la tipología exhibicionista de Cristo no se realizó por imitación clásica sino por una demanda devocional autónoma, obstinada en contemplar su desnudez[76]. Sea como fuere y metafóricamente hablando, Dios ya no se encontraba en el centro de la mandorla rodeado por los cuatro evangelistas; en lugar de eso descendió para habitar entre nosotros: «envió Dios a su Hijo, nacido de mujer» (*Gal.* 4, 4.), como un hombre más y en forma de Niño, pues al fin y al cabo era un tiempo en donde el hombre empezaba a ser el nuevo ideal y modelo divino. El temor a Dios se convirtió en amor a la naturaleza humana, en amor a un Niño y a su madre; y los juicios implacables de Dios dejaron paso a la ternura de la inocencia infantil y a las palabras de un adulto que hablaba de amor. El nuevo antropocentrismo mostró su cara más humana: la de un Niño. Humanizada la divinidad sólo quedaba mostrarla "tal y como Dios lo trajo al mundo", como cualquier hijo de vecino, "*completo en todos sus miembros*". Es a partir de 1310 cuando empiezan a desarrollarse todos los conceptos referidos a la sexualidad de Cristo y a insertarlos en las imágenes. El avance hacia la desnudez de su cuerpo es paulatino pero imparable. Así pues, Cristo empezará a mostrar sin pudor aquello que nuestros primeros Padres se cubrieron con vergüenza, pues al redimirnos del pecado original es lícito que los artistas expresaran esta verdad teológica utilizando para ello los elementos simbólicos y metafóricos pertinentes: el miembro generador, el que contiene toda la carga discursiva del pecado original.

En el arte cristológico existe un *tipo* iconográfico que clasificamos bajo la denominación de "ostentación genital". La *ostentatio genitalium* designa a las pinturas que manifiesta y pretendidamente exhiben los genitales de Cristo, normalmente de niño. La desnudez potenciada en la figura de Jesús y el porqué de esta *ostentatio genitalium* no pueden concebirse sin el cambio de

---

[76] STEINBERG. *Op. cit.* p. 167-168.

mentalidad de la época y sin su correlato en las Escrituras, revisadas por necesidad del nuevo rumbo histórico. Para remitir a la *Encarnación* hemos visto diferentes recursos: representar al Niño lactando aludiendo a su naturaleza humana, señalar su pie remitiendo a su miembro generador, retirarle el velo que cubría su sexualidad... y ahora, de forma directa se nos expondrá su genitalidad delante de nuestros propios ojos, sin eufemismos ni subterfugios. La ostentación genital se alza como la forma más explícita y afirmativa para remitir a unos conceptos donde su sexualidad es utilizada para componer una teología genésica. Ahora se nos muestra directamente el sexo y su evidencia visual demuestra una deliberación y una intencionalidad irrefutable.

El Gótico Flamenco es especialmente interesante para estudiar estos cambios, pues sus artistas advirtieron pronto la necesidad de que el nuevo modelo iconográfico mostrara explícitamente los genitales de Jesús. Maestros como Hans Memling, Dierick Bouts, Robert Campin, etc., supieron plasmar en sus cuadros el nuevo sentimiento religioso proyectado sobre la Sagrada Familia, y en especial sobre el Hijo de Dios. También los italianos asimilaron pronto dicha tipología, al igual que los pintores de la corona de Aragón. Con el tiempo, toda Europa se unificó iconográficamente en la representación del *Hijo del Hombre* completamente desnudo y mostrándonos orgulloso sus genitales. Son muchos los ejemplos pertinentes, realmente abundantes.

En el siglo XIII el obispo Guillermo Durando escribía alabando las figuras griegas que estaban pintadas «solo de ombligo para arriba y no su parte inferior, a fin de eliminar cualquier ocasión de pensamientos vanos»[77]. Estas afirmaciones eran obviamente una reacción ante la gran cantidad de imágenes de Cristo que los artistas de la segunda mitad del siglo XIII empezaban a representar desnudo. Pero una cosa es desnudarlo -como ya hemos visto cuando se le retiraba el velo de pudor- y otra mostrarlo enteramente desnudo de antemano. En Andrea Mantegna es evidente que su intención no deja lugar a dudas, pues realizó varios

---

[77] Recogido en *Ibid.* p.40.

cuadros repitiendo casi de forma sistemática esta exhibición genital en el Niño, como sucede en *Sagrada Familia* (1500; Musée du Petit Palais, París.) Otro cuadro similar del mismo autor es *Sagrada Familia con Santos* (1495-1505; Gemäldegalerie de Dresde, Alemania). En estos dos ejemplos el Niño se encuentra frontalmente mirando al espectador, ocupando la totalidad del espacio, desnudo completamente y con su genitalidad en el centro de la imagen y muy bien iluminada.

La ostentación genital será una constante frecuentemente repetida, aunque obviamente con ligeros matices dependiendo del contexto histórico y geográfico. Así por ejemplo, en el Gótico, la exhibición frontal y directa del sexo prácticamente no contiene alusiones de ningún tipo exceptuando la propia sexualidad, no remite a nada más ni pretende nada que no sea remarcar los genitales de Cristo; la mayoría de las veces dentro de fondos arquitectónicos que legitiman la escena como si del interior de un templo se tratara; sin representar un pasaje o escena determinada, como si el único motivo fuese la representación del sexo, sin paisajes pastoriles, sin las escenas de cariño y dulzura típicas de épocas posteriores... Sin embargo en el Renacimiento la situación representada sí pasará a ser pretendidamente más sensual e incluso frívola, y su sensualidad sólo será superada por el Manierismo. En el caso que nos ocupa de ostentaciones genitales conviene resaltar esta particularidad: en el Gótico la nota general es el hieratismo de las figuras y el protagonismo exclusivo recae en los atributos sexuales del Niño; en el Renacimiento dichas partes pudendas están insertas en un contexto más amplio, con escenas afectuosas entre los personajes, como si la atención exclusiva del Gótico a la sexualidad quedara eclipsada por la escena que se desarrolla en torno a ella y que desvía nuestra atención. En otras palabras: la ostentación genital en el Renacimiento se disimula por la narración de la escena, como si se intentara excusar la desnudez del Niño, como si necesitaran de una razón que justificara su desnudez. Son, tal vez, más artificiosos a la hora de representar el símbolo del dogma de fe de la *Encarnación* de Dios. No obstante, unos genitales desnudos siempre son unos genitales desnudos, es decir, siempre resaltan a la vista y en nuestra mente. Obviar los desnudos religiosos sólo pueden atender a una imperiosidad moral para con Cristo y a una inercia cultural donde se nos enseñó a mirar las imágenes religiosas de forma asexuada, sin preguntarnos nunca por qué tantos y tantos desnudos, y a buen seguro que el lector amante del arte podrá ratificar que nunca en su etapa de estudiante se cuestionó el por qué de esos desnudos ni sus profesores reseñaron esta particularidad, y es que la educación tradicional católica asexuó nuestra mirada cuando de Cristo se trataba. De hecho podríamos ensayar sobre la relación entre la represión sexual del cristianismo y la "asexualización" inconsciente de nuestra mirada en las imágenes religiosas. Al respecto cabría tener en consideración a David Freedberg, quien plantea que muchas de nuestras respuestas hacia las imágenes están condicionadas e "intelectualizadas" de antemano, lo que impide que la interpretación sea correcta y libre de prejuicios; él considera que la opinión de los iletrados es más correcta que la de los expertos, pues estos últimos desvirtúan el sentido original por atender a disquisiciones infecundas[78]. Es lo que advertíamos antes: un pene es siempre un pene, y hay a quien le cuesta reconocerlo en su labrado intelecto, o simple y llanamente lo niega por no traicionar su tradición cultural.

En Rafael encontramos variados ejemplos de estos que estamos tratando, como su famosísima pintura *Madonna del Prado* o *Madonna del Belvedere* **(Fig. 26)**. Evidentemente la escena es más amable y sensual que en épocas anteriores, tal y como hemos advertido, pues precisamente este artista es un paradigma en la representación de escenas altamente sugerentes. En esta imagen el sensualismo y el placer estético parece que van unidos a través de la excusa de una escena idílica que nos remite a la beatitud emotiva del Paraíso, donde todo es dulzura y candor. Aquí, aunque la exhibición de los genitales es patente, parece que queda justificada por la inocencia infantil, eclipsada dentro del acontecimiento bucólico. El Gótico no necesita excusas ni eufemismos: su rigor

---

[78] FREEDBERG, David. *Op. cit.*

dogmático sólo puede darse cuando la austeridad y la honestidad dominan la narración, cuando las creencias no necesitan travestirse, cuando la representación de la humanidad de Dios es motivo suficiente para representar su sexualidad, expresando su verdad de Credo de forma clara, sin maquillaje; por eso mismo en el Gótico las escenas se recrean menos en el goce carnal que en el Renacimiento, porque no se engalanan como jovencitas para seducir, sino que "exhiben para demostrar" una verdad teológica sin artificios.

El ejemplo de Rafael es uno de tantos donde una escena idílica que pretende transmitir inocencia acapara la atención para desviarnos de lo que es verdaderamente importante: la sexualidad de Cristo. Ambos personajes infantiles están en igualdad de condiciones: con los genitales al descubierto y acariciando una larga y sospechosa cruz, cuyo simbolismo es más que obvio. Así pues, en el Renacimiento y en el Manierismo la movilidad del Niño y su adecuación "natural" a las escenas costumbristas traerán consigo un sensualismo alejado del característico rigor dogmático gótico: velarán con subterfugios lo que antaño se mostró directamente y sin pudor.

Andrea d'Agnolo siempre es un buen ejemplo para ejemplificar los conceptos que estamos tratando, pues en sus pinturas confluyen el sensualismo y la fidelidad dogmática, como sucede tanto en *La Virgen y el Niño* (1520; National Gallery of Canada) así como en la imagen mostrada **(Fig. 27)**. La implicación de este autor con los conceptos relativos a la sexualidad de Cristo son notables porque no deja de ser un artista que despliega una gran suerte de tramas compositivas para sostener dicha concepción sexual, como las comentadas en el capítulo anterior en torno a la lactación y el deseo (Fig. 21 y 22). En este ejemplo que ahora nos ocupa es muy probable que el pene del Niño se halle erecto, aunque de ello trataremos más adelante. Lo importante es resaltar que la similitud entre los cuerpos de los dos niños (hasta el punto que para un neófito resultaría difícil diferenciar quién es el Niño y quién es San Juan) responde a un afán por equiparar ambos cuerpos y por ende su sexualidad, es decir, el de un humano y el de un dios encarnado.

En el período de finales del Renacimiento, que algunos estudiosos clasifican como Manierismo (hay quien niega este periodo diferenciado del Renacimiento), el Greco realiza un Jesús adulto enteramente desnudo, y lo que es más, no aparece asexuado sino que se observan perfectamente sus genitales, algo verdaderamente inusual: ¡Cristo adulto desnudo y con una sexualidad claramente evidente! **(Fig. 28)**. No es nada normal, pues el Jesús desarrollado está reservado para alusiones sexuales indirectas, como es el caso de la sangre que baja hasta su pubis, las miradas de otros personajes a su sexo adulto cubierto por el velo, los señalamientos hacia sus genitales, etc., pero no para exhibir una ostentación genital explícita. Generalmente las ostentaciones genitales se reservan al Niño por la supuesta inocencia infantil, porque su genitalidad no tiene capacidad de uso sexual ni corre peligro ante un deseo carnal. Por contra, Cristo adulto tiene ya su genitalidad desarrollada y su representación ataca más directamente la moral que una inofensiva y subdesarrollada sexualidad infantil.

Pero volvamos a lo que nos ocupa. La sensualidad característica del Renacimiento y Manierismo provoca escenas que pueden considerarse eróticas. Hay quien piensa que esta sensualidad fue contraproducente para los intereses del arte cristiano, para su gravedad en la difusión de sus dogmas, pues el erotismo de las imágenes desplaza al sentimiento religioso. Es por eso que lo que empezó siendo una demostración pictórica del dogma ha llegado hasta nosotros en forma de "Niño exhibicionista"; aunque su significación íntima -el porqué de esos desnudos- no ha trascendido lo que debiera probablemente debido a trabas morales y pactos de silencio antepuestos a la verdad teológica. Debido a esto muchos autores han lanzado sus lamentos, críticas y preocupaciones ante unas verdades ocultadas durante largos siglos, como Steinberg, quien dijo que «Ante todo habremos de admitir un hecho, y es que existe una realidad que ha sido suprimida desde hace tiempo.» Así de contundente denuncia lo que considera un olvido premeditado del verdadero sentido de estas imágenes exhibicionistas, pues piensa que la principal razón de ser

ALUSIONES SEXUALES

de estos cuadros es la representación del cuerpo de Cristo desnudo exhibiendo su sexualidad. Sin embargo las explicaciones que nos dieron tanto los críticos como la Iglesia eran pueriles y superficiales, cuyo cometido era desviar la atención del fiel. La pregunta ahora es: ¿cómo ha sido posible tantos siglos de silencio en un tema tan obvio y evidente, ya que "salta a la vista" su desnudez sin necesidad de explicaciones enrevesadas? ¿Cómo fue posible no ver lo que teníamos delante de los ojos? Mucho nos tememos que la explicación radique en lo que anticipábamos hace poco: la educación asexuada de nuestra mirada religiosa. Pero a nosotros no nos compete tratar ese asunto sino esclarecer los motivos iconográficos.

Como es lógico suponer estas representaciones de desnudos tuvieron sus detractores, y no porque se representaran unos genitales, pues ejemplos de personajes religiosos desnudos los hay, sino porque eran precisamente los genitales de Jesucristo. Renée Girard –hablando sobre los ritos sacrificiales- acierta al especificar sobre esta particularidad: «Lo que convierte al ciclo mimético de Jesús en único no es la violencia, sino la identidad de la víctima, el hecho de ser Hijo de Dios»[79]. Nosotros también debemos remarcar que lo extraordinario de estas pinturas no es que se vean unos genitales infantiles, sino que son ¡los genitales de Dios! Este dato aparentemente insignificante copa en realidad toda la trascendencia y significación de estas imágenes. Volvemos a repetir: lo importante no es que se pinte un pene, sino que es ¡el pene de Cristo! Las hipótesis naturalistas son en este punto del todo inadmisibles, ya que fue precisamente por ser el pene de Cristo por lo que hubieron tantas disquisiciones al respecto. Evidentemente no todos eran reacios a que se pudiera representar la genitalidad de Cristo, pues la proliferación de sus desnudos refleja tanto su demanda como cierta permisividad de la autoridad competente. No obstante, aún a pesar de tolerarse en cierta

---

[79] GIRARD. *Veo a Satán caer como el relámpago*. Barcelona; Anagrama, 2002. p. 66.

medida, los detractores siempre han censurado la exhibición genital en la figura de su Salvador.

Hemos comentado cómo el obispo Guillermo Durando se percató del camino hacia la desnudez del Niño en la segunda mitad del siglo XIII, censurando esta práctica que con el tiempo se tornó irreversible. Durando insistía en que el Niño debía representarse sólo de ombligo hacia arriba[80]. Otros muchos siguieron la estela de este obispo, como Ambrosio Catarino, que se alarmó en 1552 ante la «indecencia burda en iglesias y capillas, pinturas en las que uno puede contemplar todas aquellas vergüenzas del cuerpo...»[81]; o como Molanus, que como portavoz de la Contrarreforma denunciaba en 1579 las imágenes donde el Niño aparecía desnudo:

> «Ciertamente si consultaran las pinturas antiguas, verían en ellas al Niño Jesús decorosa y honestamente pintado [decenter et honeste depictum], y comprobarían hasta qué punto han degenerado en comparación con la inocencia de sus antecesores.»[82]

Y así, uno tras otro y a lo largo de los siglos, continúan quedando estupefactos ante la desnudez del cuerpo de Cristo; desnudez que transgrede las barreras de la decencia en un dios pretendidamente asexuado por los jerarcas. Evidentemente estas opiniones no tenían en cuenta que tales representaciones eran demostraciones teológicas del dogma en forma simbólica, demostraciones de su poder genésico y de su *Humanización*, demostraciones realizadas según la tradición iconográfica a través del símbolo creador por antonomasia: el falo. En estas imágenes lo que se pretende es remarcar los genitales crísticos para remitir a su carnalidad, a su naturaleza humana y su capacidad creadora, no para seducir al espectador ni despertar en él deseos lujuriosos, como los que pretenden reprimir los moralistas.

---

[80] FREEDBERG. *Op. cit* p. 414.
[81] Freedberg se hace eco de desavenencias y enfados de algunos clérigos ante la impudicia de las pinturas del Niño desnudo. En *Ibid.* p. 414.
[82] Citado en STEINBERG. *Op. cit.* p. 40 y 43.

Sobre los detractores de la representación de Cristo desnudo podríamos argüir -en clave psicoanalítica- que la marginación del desnudo se debe a una defensa psicológica creada ante el temor del deseo propio, lo que posibilita junto con el miedo al pecado -que no es otra cosa que el deseo realizado o simplemente imaginado y recreado- el rechazo a la lubricidad. Se trasluce de esta manera un constante miedo al deseo, tanto al propio como al de los feligreses iletrados, ya que siempre hay quien se reserva el derecho de velar por la integridad moral de los demás; personas con complejo mesiánico. Sea como fuere, la detracción denota miedo al deseo y a que todo el sistema de valores morales se tambalee y caiga. No obstante, y aunque persistan estas opiniones (de hecho no cesarán) nunca se dejará de representar el sexo de Cristo. Pero sin embargo alguna que otra victoria parcial han cosechado los pudorosos, como la devenida con las normas tridentinas, las cuales prohibirán la representación de Cristo desnudo; pero eso será en tiempos barrocos, y mientras tanto la representación del Niño desnudo saturará la producción del arte cristológico en el Renacimiento.

Y ya que estamos en clave psicoanalítica debemos comentar ciertas aportaciones del padre del psicoanálisis sobre uno de nuestros instintos parciales. Freud ya trató en su día sobre los pares antitéticos de algunas pulsiones, las cuales, aunque a primera vista parezcan contrarias tienen una base común y van unidas en su origen, como por ejemplo el masoquismo y el sadismo; y en el caso que nos ocupa el exhibicionismo y la escopofilia (o voyerismo). Las imágenes que ahora les hemos mostrado reflejan obviamente el instinto exhibicionista, cuyo par antitético, el voyerismo o escopofilia, será tratado en el próximo capítulo dedicado a las miradas a los genitales. Para los casos referentes a la exhibición genital del Niño podemos encontrar una explicación en las palabras del propio Freud, quien dijo así: «El niño carece en absoluto de pudor y encuentra en determinados años de su vida un inequívoco placer en desnudar su cuerpo, haciendo resaltar especialmente sus órganos genitales»[83]. Y eso es exactamente lo que parecen mostrar las imágenes de la ostentación genital: un Niño exhibicionista, una pulsión innata por la cual tiende a mostrar sin ningún pudor sus genitales. De cualquier forma y para no perdernos ahora en disquisiciones psicoanalíticas, volveremos a ello en el próximo capítulo. Ahora retomemos el camino que llevábamos.

En estos tiempos al que pertenecen las pinturas mostradas, el avance hacia la desnudez en el cuerpo de Cristo fue imparable. No había vuelta atrás en su progresiva *Humanización*, que a su vez provocaba un afán por profundizar en la parte humana de Dios. Y aunque parezca extraño, las autoridades eclesiásticas no opusieron al principio excesiva resistencia para suprimir esta tendencia porque no quisieron acabar radicalmente con las costumbres supersticiosas asociadas a los cultos de fertilidad de las clases bajas, con más raigambre que en las élites intelectualizadas. Es lo que ya hemos anunciado desde el inicio de este trabajo: el proselitismo necesita de un tránsito suave en el cambio de credo y ritos para no acusar trauma en las costumbres de la sociedad. Al fin y al cabo las creencias y supersticiones acerca de la fertilidad fueron numerosas en la Edad Media incluso en territorios cristianos. Por eso no debe sonar extraño si decimos que el falo de Cristo fue el amuleto protector de los cristianos de la Edad Media, el estandarte de la nueva vida en Cristo, aunque obviamente no de forma consciente ni reconocida oficialmente. De cualquier modo debemos resaltar una cosa: que si bien el cambio a la mentalidad humanista fue un factor decisivo en la representación sexual de Cristo, también lo fue el intento de adaptación del dogma al arte, y del mismo modo no debemos olvidarnos de la operación de sincretismo que se dio en el cristianismo, el cual absorbió en buena manera la superchería sexual pagana. No obstante Steinberg opina lo siguiente:

---

[83] FREUD. *Op. cit.* p. 62.

«La desnudez se aplicó en principio a la imagen de Cristo no "sobre bases naturalistas" o en virtud de la influencia pagana, sino que surgió de la entraña misma del tema devocional, fomentada por una determinación de contemplar a Cristo desnudo.»[84]

Y aquí no puedo cuanto menos que discrepar con él. Tal vez la "influencia pagana" no sea evidente a través de la iconografía de una forma notoria, ya que indudablemente no se trata de una imitación estricta de sus elementos, además sabemos que el cristianismo profesó formas más atemperadas y menos extremas que en los ritos paganos, pero estoy firmemente convencido, y así lo demuestra la Historia, de que el sentimiento supersticioso asociado a la fertilidad y al poder apotropaico del falo es en esencia de origen pagano, sin lugar a dudas; y que ese sentimiento de protección mágica que confiere el símbolo del "falo-talismán" se encuentra también en el arte cristológico en el falo de Cristo, y su origen es indudablemente pagano, no cristiano. Las correspondencias y analogías ideológicas y religiosas son obvias, si bien queda claro que en el plano iconográfico cristiano se necesitaba de unos elementos simbólicos exclusivos e identificativos para diferenciarse del mundo pagano (por ejemplo Jesús en vez de Príapo, la Virgen en vez de una sacerdotisa vestal, la cruz como emblema del cristianismo, etc.) Pero repetimos: las pinturas cristológicas reflejan una continuidad en lo relativo al culto al falo, tanto conceptual como iconográficamente, sin duda alguna por influencia pagana, pues dicho culto tiene un origen pagano. Las similitudes entre la pintura cristiana y la pagana, por ejemplo en la comparativa entre los frescos de *La Villa de los Misterios* y las imágenes en que se desvelaba el sexo crístico, son evidencias en sí mismas.

La desnudez, aparte de lo comentado de que representa simbólicamente el estado de pureza, tiene otros motivos. Muchos

---

[84] STEINBERG. *Op. cit.* p. 168.

autores, entre ellos Lucie-Smith, Román Gubern, etc., proponen la idea de que el desnudo nunca es neutro, pues está hecho "siempre" con intención de que agrade:

> «El artista aborda generalmente la representación del desnudo con la intención de que guste, es decir, de que resulte seductor para quien lo contempla, lo que implica que no puede ser eróticamente neutro [...] El desnudo artístico debe ser, salvo que se pretenda expresamente lo contrario, atractivo y seductor, por mucho que los moralistas hayan proclamado hipócritamente un estatuto etéreo y asexuado para tales representaciones.»[85]

Naturalmente los desnudos de los infiernos tienen el cometido contrario: desagradar y atemorizar; pero todos los otros desnudos están hechos con intención de lucir las dotes técnicas del pintor y provocar una sensación agradable en el espectador por medio de unos cuerpos bellos. La pintura y la escultura de la Antigüedad contemplaban esta intencionalidad estética en los desnudos y por eso intentaban mostrar los cuerpos más hermosos posibles, los más perfectos, de ahí el famoso canon de belleza griego. De hecho el cristianismo bebió de la misma necesidad de representar a su Mesías con el cuerpo masculino más perfecto posible, o, ¿alguien ha visto un Cristo gordo y feo? Pero no sólo un cuerpo bello era garantía de eficacia a la hora de representar a un personaje: había que dotarlo del *êthos* que lo caracterizaba, del carácter que lo definía. En la Edad Media los personajes debían de caracterizarse de alguna forma para reconocerlos, hacía falta un "atributo" característico para que los espectadores pudieran identificarlo y supieran de quién se trataba. El "atributo" es ese elemento necesario que define y distingue al retratado. Alcunio escribió: «Una mujer con un niño en el regazo no basta para que yo sepa el nombre de la figura»[86]. Naturalmente se refería a la Virgen y al

---

[85] GUBERN. *Op. cit.* p. 182.
[86] Recogido en QUIGNARD. *Op. cit.* p.41.

Niño, los cuales, sin sus característicos atributos (halo en la cabeza, lactación, crucifijos, ostentación genital, etc.) son sólo unos personajes sin más. Por ello es normal encontrarnos a las figuras religiosas con tales atributos, y en el caso del Niño el que mejor lo define es su sexualidad desnuda o envuelta con el perizoma, pues el atributo que representa la capacidad fecundante de la naturaleza y de los dioses ha sido simbolizado con el falo.

A Cristo le ha sucedido de forma similar: su pene es exhibido y enarbolado al igual que el estandarte fálico de la Antigüedad, aunque ahora bajo la bandera de un sentimiento cristiano, atemperado y comedido, limpio de las violencias de antaño. Lo visto en estas pinturas parece reflejar unos vestigios ideológicos y supersticiosos relacionados con la fecundidad, extremadamente difíciles de erradicar en las costumbres rurales. Todo indica que la ostentación genital de Cristo no se diferencia del culto al falo de la Antigüedad, sino que es su derivación lógica y atemperada, adaptada perfectamente a una religión que rechaza las violencias implícitas del erotismo así como su celebración desinhibida. Cristo ocupará el mismo rol de talismán al igual que lo fue el falo pagano, y por eso el *fascinus* de Cristo se exhibirá como signo triunfante, en este caso de la *Encarnación* de Dios en hombre. Por eso mismo, cuando Steinber opina que la desnudez de Cristo no se debe a influencias paganas, no puedo cuanto menos que estar en desacuerdo: el culto al falo, que es lo que nos muestran las imágenes de ostentación genital de Cristo, tiene un origen pagano.

Quignard acertó de pleno al decir: «¿Qué es el Fascino? Es la divinidad de los dioses desvestida». Ante tal aserto sólo podemos constatar afirmativamente el paralelismo entre los frescos pompeyanos y estas imágenes cristológicas: en la *Villa de los Misterios* de Pompeya se representaba el momento anterior al desvelamiento del falo, cuando este todavía permanecía velado; nosotros encontramos su correlato en las imágenes donde el sexo del Niño estaba cubierto por el velo transparente. La acción inmediatamente posterior de los frescos pompeyanos fue desvelar el falo sagrado; y vimos en el arte cristiano a los padres del Niño haciendo lo propio con su hijo, al igual que tantos sátiros desvelando el sexo a hermafroditas dormidos o tantos personajes laicos haciendo lo mismo con la vulva de Venus. El instante último de la escena de los Misterios era indudablemente el falo desnudo en toda su Gloria, sin velo, en una ostensible exhibición de su poder genésico; e igualmente la ostentación genital de Cristo es también el paso posterior al desvelamiento de su sexo, cuando luce con todo su esplendor y majestuosidad en ese instante culmen en que la vida regenerada se yergue triunfante ante la muerte, cuando exhibe al mundo el verdadero Misterio de la vida, la regeneración, exactamente igual que en la *Villa de los Misterios*. El objeto creador por antonomasia se exhibe en Cristo del mismo modo que se ha hecho siempre, pues al fin y al cabo el símbolo ha sido el mismo desde que el hombre es hombre. El falo de la Antigüedad es sin lugar a dudas el mismo falo de Cristo, solo que en Éste un poco degradado, pues toda forma religiosa se adultera con el tiempo, pero invariablemente su esencia permanece siendo la misma, pase lo que pase[87].

El culto al falo de Cristo implica una búsqueda veraz, real, instintiva y a la vez simbólica en el modo de comprender a la divinidad cristiana. La ostentación genital no tiene mayor explicación que la que se ve: lo pretendido es exhibir los genitales crísticos, mostrar el falo sagrado, símbolo de su naturaleza humana, pero más importante que eso es mostrar el símbolo del poder creador de Dios, el poder creador de signo masculino de la naturaleza.

---

[87] Mircea Eliade no se cansa de repetirnos que el símbolo siempre remite a las mismas asociaciones y que en esencia su significado no varía aún a pesar del paso del tiempo o de pertenecer a diferentes sistemas religiosos.

VOYERISMO CRISTOLÓGICO

«*Vio Cam, el padre de Canán, la desnudez de su padre, y fue a decírselo a sus hermanos, que estaban fuera; / y tomando Sem y Jafet el manto, se lo pusieron sobre sus hombros, y yendo de espaldas, vuelto el rostro, cubrieron, sin verla, la desnudez de su padre.*» (*Gén.* 9, 22-23.)

A lo largo de la Historia diversos autores clásicos quisieron dejar constancia del poder cautivador, embelesador y fascinante del falo; no es gratuito que la raíz de "fascinar" y "fascinación" provenga de *fascinus* (falo en erección). Muchos convergen en la idea de que el falo sagrado, el objeto adorado, posee unas cualidades que le confieren un poder casi hipnótico, pues el *fascinus* (*phallós* en griego) atrapa la mirada, y ésta ya no podrá apartarse de él. Al quedar como hipnotizado y no poder apartar la vista evita que el fascinador nos eche un "mal de ojo", lo cual obsesionaba a griegos y romanos, por eso Plutarco decía que «el amuleto itifálico atrae la mirada del fascinador para impedir que la fije en su víctima», y así es fácil entender tanta proliferación de amuletos fálicos.

El *fascinus* atrapa la mirada y provoca la *fascinatio*, y esa visión perturbadora causa espanto paralizante, algo así como la inmovilidad ante el terror, igual que la figura alada en la *Villa de los Misterios* que quedó paralizada de miedo. Esa mirada deseante hacia el falo activa el poder protector de éste frente a la impotencia y la infertilidad. Tertuliano, el primer gran escritor cristiano, pensaba de la misma manera cuando dijo que «lo más santo que tienen estos misterios, lo que se oculta con tanto celo, lo que no están autorizados a saber hasta muy tarde, lo que los ministros del culto, llamados epoptes, hacen desear tan ardientemente, es la imagen del miembro viril»[88]. La fascinación de la mirada a lo fascinante es un tema muy recurrido en la mitología griega, en la que muchas veces se obtienen consecuencias funestas, como cuando se convierte en ciervo al mirón que espía a Diana bañándose; pero también es un tema tratado en las Sagradas Escrituras, por ejemplo cuando se convierte en estatua de sal a quien por un instante añora los excesos lúbricos y vuelve la mirada atrás imaginando la fascinación que sintió en el pasado. La mirada al poder sagrado y sexual es causa, si no de muerte, al menos de muerte simbólica y ritual, de transformación.

En la mitología griega Medusa representa los aspectos terroríficos de la sexualidad femenina, y mataba con su mirada, o sea, petrificaba al visionario en la erección; pero Perseo poseía un talismán: un espejo que devolvió a Medusa su propia mirada. A Narciso también lo mató la mirada, la suya propia reflejada en el agua del río que lo dejó fascinado, pues la mirada frontal ante lo fascinante lo penetró y cayó muerto en su propio reflejo: pereció a causa de sus propios ojos (*per oculos perit ipse suos*). Los antiguos no dudaban de que lo que mató a Narciso fue su mirada[89], y es que hay miradas prohibidas por un simple motivo: porque hay miradas que matan.

Y una de las razones por las que pueden matar es por el momento en que se inserta dicha mirada, es decir, si nos encontramos en tiempo profano o sagrado; de lo cual se coliga que sólo conjurándolo desde el rito sagrado podremos sobrevivir a la visión de lo fascinante, pues es la visión profana hacia lo sagrado lo que nos hace perecer. Narciso no sabía, como lo supo Perseo que evitó la mirada profana, que la visión cara a cara provoca *fascinatio* y mata; no supo que existen objetos religiosos apotropaicos, protectores, como el escudo de Perseo, que no es sino un espejo que devuelve la mirada asesina: un conjuro sagrado.

---

[88] Tertuliano. *Tertuliani opera: Adversus Valentinianos*. En DULAURE. *Op. cit.* p. 74.

[89] «Según los antiguos, lo que mata a Narciso no es el amor que siente por su propia apariencia en el agua: es la mirada de la *fascinatio*.» QUIGNARD. *Op. cit.* p. 190.

Resumiendo: existe un gran intrincado mitológico que remite al poder de la mirada al *fascinus*, al objeto sagrado que fecunda y da la vida, pero que también, si no es bajo los auspicios de lo sagrado, si no es durante el rito sagrado, mata.

El Antiguo Testamento da cuenta de que algunas miradas matan, y de que el hombre no puede ver "la gloria de Dios" directamente, pues equivale a morir. El mismo Yahvé advierte sobre ello a sus elegidos, por eso ordena a Moisés esconderse dentro de "*la hendidura de la roca*" cuando Yahvé pase toda su gloria delante de él, pues la gloria de Dios y su faz *"no puede el hombre verla y vivir"* (*Éx.* 33, 20-23.). Al pasar, Yahvé colocará su mano sobre donde se encuentra Moisés para que éste no pueda ver, y tras retirar su mano sólo podrá verle las espaldas, no su faz.

El simbolismo pétreo donde se esconde Moisés es claro, es decir, *la hendidura de la roca,* la cual parece ser atiende a un simbolismo vaginal, pues sabemos de casos en la Historia donde se han utilizado piedras horadadas cuyo paso a través de ellas equivalía a un renacimiento, como una especie de parto a través de una vagina de piedra, un rito iniciático.

Pero lo que aquí nos interesa no es el simbolismo vaginal sino señalar que la visión frontal con la divinidad no es posible si pretendemos seguir viviendo, y que para sortear esa visión mortal debe el hombre poseer un amuleto protector, el cual se nos antoja está relacionado con "la roca" y la "hendidura de la roca", o sea, el falo y la vagina.

Yahvé cubre con su mano (que no es sino un velo como el perizoma) la "hendidura de la roca" (la vagina de *Magna Mater*) para que Moisés no pueda verlo, ocultando así su gloria sagrada y mostrando sólo una vaga forma indefinida bajo su manto: su espalda (el pene velado o flácido) y no su faz (el falo erecto en toda su gloria y desvelado, es decir, lo sagrado en estado puro). En este punto es de resaltar la analogía de este pasaje con uno anterior del *Génesis,* donde los hijos de Noé también cubren yendo de espaldas la desnudez de su padre con un manto para no verla; es decir, para no ver lo sagrado paterno. Evidentemente estamos hablando de símbolos, por eso es necesario un pequeño esfuerzo mental para entenderlo en su justa medida, o sea, simbólica y no literalmente. Una vez apuntados estos recursos simbólicos básicos continuemos.

En la Biblia se asocia muchas veces la vista con el pecado, pues también se peca por observar aquello que debe preservarse a la vista del mortal por su cualidad de sagrado, que no es sino lo íntimo e insondable de Dios: su Misterio. Nadie puede saber cómo ni qué es Dios realmente, y pretender saberlo equivale a enloquecer y morir irremediablemente, tal y como nos advierte el clásico: *Loco y dolorido debe vivir y perecer aquel que descubra lo divino*, se dice en los *Fragmentos* de Empédocles. El poder de Dios está oculto porque sólo durante el rito, en tiempo sagrado, es posible recrear su Misterio sin morir. Aún así, el rito sólo repite un simulacro del hecho primigenio, lo recrea, lo simula, pero no es en verdad el primer instante original y mítico. Lo sagrado debe permanecer oculto excepto el día de su glorificación, aunque debemos matizar que lo venerado en los ritos no es en realidad la sustancia oculta de Dios, sino el símbolo que lo representa. De cualquier forma, la visión de la "verdad desvelada", la mirada a la divinidad desnuda, en este caso al símbolo, comporta un peligro dependiendo del buen o mal uso que se haga de dicha mirada. La importancia de ésta y del órgano del que se sirve –los ojos- no puede ser subestimada, de hecho, quedan ya registradas sus implicaciones simbólicas desde el primer libro de la Biblia, cuando la serpiente dice a Eva que se nos abrirán los ojos y seremos capaces de ver el conocimiento reservado a Dios y convertirnos en dioses:

> La serpiente tentando a Eva: «Es que sabe Dios que el día que de él comáis *se os abrirán los ojos y seréis como Dios*, conocedores del bien y del mal. / *Vio, pues, la mujer* que el árbol era bueno para comerse, *hermoso a la vista y deseable* para alcanzar por él sabiduría, y tomó de su fruto [...] / *Abriéronse los ojos de ambos* [Adán y Eva], y *viendo*

que estaban desnudos, cosieron una hojas de higuera y se hicieron unos ceñidores» (*Gén.* 3, 5-7.)

No vamos a comentar por extenso todo lo que pueden dar de sí estos breves versículos, sólo apuntar que los términos utilizados relacionados con la mirada esconden un sentido que se relaciona con el "descubrimiento de lo sagrado". Se recurre a términos como «se os abrirán los ojos [...] hermoso a la vista y deseable [...] abriéronse los ojos de ambos y viendo que estaban desnudos...»; y de ello se desprenden varias cosas: primera, que por la visión se accede al conocimiento prohibido; segunda, que ese conocimiento es subsidiario de la belleza y el deseo; y tercero, que ello comporta una desnudez conceptual, en el plano ideológico, algo así como un entendimiento pleno. De todo ello extraemos la siguiente conclusión, y es que el que abre los ojos y observa lo sagrado directamente ve varias cosas: 1- el conocimiento prohibido; 2- el origen del deseo; 3- la comprensión desnuda de las cosas. O si preferimos podemos glosarlo en una frase: La visión de lo sagrado conlleva la asimilación y comprensión ontológica del conocimiento prohibido sobre la belleza del deseo natural. Es decir, sin ningún aditivo racional de orden humano, sino el deseo en estado puro, desvelado, instintivo y violento, divino y mortal: el mismo conocimiento que posee Dios.

Pero Eva dijo inmediatamente después: «La serpiente me engañó y comí.» (*Gén.* 3, 13.) lo cual ya introduce las nociones del Bien y el Mal, por lo que en adelante será considerado "malo" todo lo asociado a esa mirada deseante de conocimiento prohibido, de intelección humana sobre la sexualidad, es decir, el afán de comprensión del erotismo. Al fin y al cabo la mirada busca desvelar la verdad objetiva, como dijo Debray[90]; pero esa mirada que pretende el conocimiento erótico fue considerada maligna porque

---

[90] «El ojo, órgano de lo universal, libera de lo empírico. Gracias a él, el sujeto accede a la objetividad. El deseo de ver es deseo de verdad, la evidencia es el reordenamiento óptico de las apariencias, *theoria*. En cuanto va de la sombra a la cosa, la mirada des-vela y hace que se manifieste la *a-letheia*, la verdad» DEBRAY. *Op. cit.* p. 151.

su sabiduría está reservada sólo a Yahvé, el dios que censura el conocimiento, el dios celoso que castiga nuestras iniquidades y que quería evitar a toda costa "lo que se hace en tierra de Egipto". Es hasta cierto punto comprensible y lógico que una divinidad que pretendía acabar con los ritos eróticos de la Antigüedad prohíba el conocimiento de tales Misterios que, por lo demás, constituían la base sobre el conocimiento divino en el paganismo, un conocimiento reservado sólo a unos pocos iniciados afortunados.

No sólo en Moisés y en el mito adámico se nos narran los peligros de la mirada. En otros pasajes bíblicos observamos que el pecado de mirar lo prohibido es punible y, de hecho, los mirones furtivos pagan un alto precio por su osadía, como el ya citado pasaje sucedido a Edith, la mujer de Lot, tras huir de Sodoma y mirar atrás para ver el "fuego" de Dios, o el también ya citado Cam, hijo de Noé que vio la desnudez paterna y quedó maldito por ello.

Para el tema que nos ocupa, en esta particular búsqueda por encontrar en el arte cristológico paralelismos de todo este embrollo, hemos observado muchos ejemplos donde diversos personajes parecen mirar atentamente la sexualidad de Cristo. No debe parecernos extraño que se observen los genitales de los dioses, habida cuenta que tanto la mitología como la Biblia recogen pasajes *voyeurs*. Iconográficamente existen muchos ejemplos renacentistas donde vemos a Venus representada desnuda mientras es observada por otra persona, e igualmente sucede en el imaginario cristiano, por ejemplo en el pasaje de Susana espiada por los viejos, en Betsabé observada por el rey David, etc. Hablando de *venus* observadas cabría recordar que Tiziano pintó *Venus con un organista* (h. 1548. Madrid, Museo del Prado) precisamente con el músico dirigiendo su mirada hacia la "cualidad" más sagrada de la diosa mientras está distraída con Amor (Cupido), y no hay duda de que el interés del músico se centra en el objeto del deseo, en su vulva sagrada. Esta forma de mirar atentamente en una dirección dada es pues un gesto para señalar mediante la mirada, en este caso hacia los genitales: se señala con los ojos aquello que se mira. Este mismo recurso de señalar con los ojos lo encontramos también en numerosas pinturas cristológicas, como el ejemplo de Louis Alincbrot titulado *Lamentación ante Cristo muerto* (2º tercio Siglo XV; Colección particular, Milán), donde vemos un Jesús adulto (con perizoma transparente para evitar la visión directa a sus genitales) cuya sexualidad está siendo escrutada a escasa distancia por una santa, sin otra explicación que la que se entrevé: la santa está mirando directamente la genitalidad crística y subrayándola de este modo, pues el visionado directo de su sexo tiene como función subrayar sus genitales con la mirada y atribuir una dialéctica en torno a ellos.

El ejemplo de Venus puede tener su explicación porque es un tema pagano que aborda directamente la cuestión erótica, de hecho es la diosa del amor, pero, ¿qué sentido tiene todo esto en la religión cristiana? A buen seguro que se podrá alegar que son dos sistemas religiosos totalmente diferentes y que no debemos cotejarlos, pues no son equivalentes porque en un tema pagano tiene cabida el desnudo erótico pero no en uno cristiano, a la vista de lo cual debemos preguntarnos: ¿es que realmente tenemos que hacer lecturas distintas de una imagen pagana y una cristiana cuando la acción que se desarrolla es la misma?; ¿es distinto un desnudo pagano que uno cristiano?; ¿era diferente el desvelamiento del falo en la *Villa de los Misterios* que en Cristo?; ¿no habla el paganismo de religión y de miradas al sexo de la divinidad del mismo modo que en la iconografía cristiana? Al respecto debemos tener siempre presente algo muy importante: una estatua con pene "siempre" se presta a la mirada del espectador, y una mirada directa a los genitales evidencia "siempre y sin lugar a dudas" un interés sexual. Y un dato más: un pene es un pene en Príapo, en Cristo y en un esquimal; y una mirada a la sexualidad es lo mismo aquí que en las antípodas, es una mirada que refleja un interés genital. Si una cosa hemos aprendido es que a los dioses se les mira el sexo, y muchas pinturas tanto paganas como cristianas así lo demuestran. La mirada queda fascinada ante el *fascinus,* lo más sagrado de Dios, y ello cura y protege a las personas, lo llevan diciendo los antiguos desde hace siglos: «lo más santo que tienen estos misterios [...] lo que hacen desear tan ardientemente, es la imagen del miembro viril». Por eso muchos artistas se valieron frecuentemente de este recurso para señalar y potenciar los atributos sexuales de Cristo por medio de un personaje que los mira fijamente y embelesado, otorgándole a sus genitales una significación velada. Mirar la sexualidad del Niño es lo mismo que señalarla con el dedo; es una forma más de remitir a su sexualidad, al falo sagrado[91].

Generalmente las miradas al sexo en el arte cristológico van dirigidas hacia el Niño, pues ya hemos comentado que por cuestiones de pudor los genitales del adulto están reservados no para ser exhibidos explícitamente sino aludidos indirectamente (el ejemplo del Greco es una rara excepción). Por eso, si queremos ver ejemplos donde se mire directamente su sexualidad y ésta se halle representada explícitamente tendremos que recurrir obviamente a las escenas infantiles. La visita de los Reyes Magos es la escena que mejor se presta a este recurso y la que ejemplifica idóneamente todo lo que estamos diciendo. En el pasaje de la Epifanía, que conmemora la revelación de Jesucristo como el Salvador a los gentiles (representado por la llegada de los hombres sabios: *Mt.* 2, 1-12.) vemos muchas veces que estos personajes Magos se acercan y le besan los pies al Niño, como sucede con el ejemplo de Gentile da Fabriano **(Fig. 29)**. Y en este punto debemos recordar algo que ya hemos comentado: que el besamiento de los pies (*bacio di pede*) se puede relacionar con el visionado de los genitales, y que Freud consideraba que los pies son para el fetichista el objeto sustituto de la sexualidad, ya que fueron la última cosa que vieron antes del trauma de la visión genital femenina espiada furtivamente por debajo de la falda. Quiere la casualidad que curiosamente en estos ejemplos los Magos le besen los pies al Niño mientras le miran

---

[91] No lo vamos a comentar por extendido, sólo advertir que las miradas servían al igual que el dedo índice para señalar el objeto de interés. De la lectura de Moshe Barasch se extrae que posee motivos comparables a la fuerza expresiva de los gestos, y que no es extraño que también se señale con la mirada, pues el recurso de señalar no es uso exclusivo del dedo índice. BARASCH. *Op. cit.* p. 136.

directamente los genitales, y numerosas pinturas nos muestran tal acción: a los Magos besando y mirando su sexo, corroborando con siglos de antelación el aserto de Freud sobre el intríngulis del fetichismo y dándonos realmente mucho que pensar sobre las intuiciones de algunos artistas, confirmadas siglos después por el psicoanálisis.

En otros casos el Rey Mago se acerca para mirar los genitales infantiles sin besar los pies, como sucede con Antonio da Monza (pseudo S. XVI) en *Adoración de los Magos* (Londres, British Museum); Ghirlandaio (1487, *La Adoración de los Magos,* en la Galería Uffizi); o en Andrea Mantegna (*La Adoración de los Magos,* 1460?, Galería de los Uffizi, Florencia.) **(Fig. 30)**, donde incluso podemos ver la sexualidad diminuta del Niño.

Citábamos antes a Debray cuando decía que el ojo es el órgano a través del cual se accede a la objetividad, que «el deseo de ver es deseo de verdad» y que «la mirada des-vela y hace que se manifieste la verdad». Pues bien, ese es exactamente el cometido que deben realizar los Reyes Magos: deben acceder a conocer la verdad desvelada y certificar visualmente la sexualidad del Niño para corroborar con sus propios ojos la humanidad del Dios hecho hombre; para ello deben dirigir su mirada y sus ojos, que son los órganos que autentifican la Verdad, hacia el órgano del Mesías que demuestra su naturaleza humana, su humanidad y la *Humanización* de Dios, y es el que ratifica que está hecho de carne, la *Encarnación*, a la vez que el símbolo de su poder genésico, generador de vida y de la *Creación,* y para ello deben observar sus genitales, que son los órganos que simbolizan todos estos conceptos.

En cierto modo estos tres sabios son como unos notarios, que dan fe y atestiguan la autenticidad del falo viéndolo con sus propios ojos, en tanto que órganos certificadores de la verdad objetiva. Por supuesto en las Sagradas Escrituras no se nos dice que los tres Magos le miraran el sexo a Cristo, sino que es la imaginería popular a través de la iconografía la que recoge tal acontecimiento, suponemos que por el afán humanizador y como respuesta lógica a tantos recursos retóricos en torno al tema del falo divino[92].

En ciertas ocasiones podemos advertir que de alguna manera u otra se le presta una ayuda al Mago, es decir, que se le facilita el acceso de su mirada al sexo infantil precisamente separándole los pies al Niño, para que así nada impida ver el objeto fascinante. El objetivo queda claro: se retira lo que se interpone entre la mirada y los genitales. Pero ciertas veces el Niño está con las piernas ligeramente abiertas, más de lo normal, sin que nadie le obligue a flexionarlas, separadas adrede por su propia voluntad y facilitando la visión del mirón. Ejemplos al caso hay muchos, como el de la cartuja de Burgos, donde encontramos una pintura de la Epifanía en la que un Mago se arrodilla ante el Niño, con las piernas de tal modo abiertas que incluso son visibles sus pequeños genitales. Pero en ocasiones no es el propio Niño el que separa las piernas, sino que otros personajes son los que se las separan, tal y como sucede con Gaudenzio Ferrari (1475-1546) en su pintura titulada *Adoración de los pastores* (Iglesia de San Cristoforo, Vercelli), donde dos pequeños ángeles le cogen y le abren cautelosamente las piernas. (No obstante lo más frecuente es que sea la Virgen María la encargada de hacerlo.)

En el ejemplo de Guido di Pietro da Mugello **(Fig. 31)** vemos que se le separan los pies por otro motivo que no es el de visionar sus genitales, sino para circuncidarlo, pues es obvio que tienen que

---

[92] En la Adoración de los Magos es Melchor el que dirige su mirada hacia la sexualidad del Niño, y suponemos que en algún que otro ejemplo podemos encontrar también a Gaspar, pero ¿y Baltasar? En realidad debemos apuntar que no siempre se ha representado a Baltasar como una persona de raza negra, pues hay ejemplos donde los tres reyes son claramente blancos, inclusive Baltasar, como por ejemplo en Jacques Daret (*The Adoration of the Magi*. Gótico Flamenco Segundo Tercio siglo XV. Gemäldegalerie. Berlín); Pietro Vannucci Detto (Perugino, *L'Epifania*, Perugia, Falleria Nazionale dell'Umbria); el comentado de Gentile da Fabriano (*Adorazione dei Magi*, Florencia, Galeria de los Uffizi), etc. Sea como fuere conviene resaltar que nunca en el arte occidental se ha representado a un Mago negro mirándole directamente los genitales a Cristo.

abrirle las piernas para permitir al sabio Simeone el fácil acceso a la sexualidad con el fin de cercenar parte de ella. Y una curiosidad podemos resaltar de esta pintura: no es gratuita la forma de tijeras que forman los dedos de la mano izquierda de la Virgen, remitiendo así a lo que acontecerá en la escena de mutilación genital; de hecho, el dedo índice junto con el medio (o corazón) forman gestualmente una tijera, y el D.R.A.E. contempla por su analogía formal la acepción de "tijera" para remitir a este gesto dígito.

En otros casos se nos muestra una forma más leve de separarle los pies, tan tenue que es fácil que nos pase desapercibida, como en la archiconocida obra de Lluís Dalmau *La Virgen de los consellers* (1443; Museo Nacional de Arte de Cataluña, Barcelona). Lo mismo ocurre en una tabla gótica del siglo XV titulada *Santa Ana, la Virgen y el Niño,* sita en Gumiel de Izan, Burgos, donde la santa y su madre le retiran ambas piernas, una por el pie y la otra por la rodilla. Pero es Jan Sanders van Hemesen quien lo expone de manera más nítida **(Fig. 32)**. Indudablemente aquí no se lo va a circuncidar, por lo que la finalidad de esta pintura queda clara, y es la de separarle los pies para mostrarnos sus genitales.

Freedberg también se percata de este gesto en el que diferentes personajes intentan abrir las piernas del Niño, cada uno a su manera, aunque todos buscando el mismo fin: acceder a la sexualidad infantil[93]. No obstante no todos responden al mismo motivo: unos para exhibirlo (su familia), otro para cercenarlo (Simeone), y unos terceros para certificarlo (los Magos). Esta acción de separarle las piernas al Niño se convierte así pues en una forma subsidiaria de otras intenciones principales, que son las de los personajes adultos; sin embargo obedece a la imperiosidad de acceder de una manera u otra el sexo de Cristo, tanto visualmente (los Magos, los pastores...) como de manera táctil (circuncisión, tocamientos de la Virgen, etc.). Así pues la significación de este

---

[93] «Hay cuadros en los que sus piernas parecen deliberadamente abiertas para mostrarlos; en otros, su Madre (en algunos casos Santa Ana) los toca, y en otros más, los Magos que acuden a adorarlo concentran la mirada en su ingle». FREEDBERG. *Op. cit.* p. 31.

gesto responde y es subsidiario de una acción principal que intenta por algún que otro recurso tener acceso visual o táctil a la sexualidad crística.

Pero un interrogante nos asalta: si se le tocan los genitales, si se mira directamente el sexo a Cristo, ¿dónde queda el castigo correspondiente a tal acto? ¿Por qué Dios ha castigado a tantos mirones y no sin embargo a estos tres sabios? Los Magos miraron directamente a la sexualidad del Niño y no fueron castigados, y tampoco se castigó ni a la Virgen ni a los otros mientras espiaban sus genitales; es más, incluso lo desnudaron para mirarlos mientras dormía. Los Magos al menos sí tienen el beneplácito de Cristo porque Éste está despierto (se le presupone entonces su consentimiento), es decir, al menos no transgreden la licitud moral del mismo modo que el que lo miró mientras dormía. Sin embargo ninguno recibe su castigo. Adán y Eva por el contrario fueron castigados por su mirada deseante de conocimiento divino; y Cam, hijo de Noé, también lo fue, aun cuando miró accidentalmente y sin querer el sexo de su padre. Por contra la transgresión de la mirada furtiva de la Virgen nos parece más punible que lo hecho por Cam, y sin embargo ni ella ni ningún otro mirón, ni Mago ni pastor, son castigados. ¿Por qué no? ¿Cuál es la diferencia entonces?

Se nos dice que las miradas prohibidas son castigadas y por eso se condenó a Cam, pero para nosotros, los occidentales modernos, la mirada de Cam no se diferencia en mucho de la dirigida a Cristo, exceptuando claro está la diferencia de edad entre Moisés y el Niño. Evidentemente este dato aporta una certeza indiscutible: si todas las miradas no han sido castigadas es porque teológicamente no son comparables, y por lo tanto no son igual de punibles; la única conclusión posible es que no debemos equipararlas. La explicación radica en que la misión de los Magos al igual que la de los demás personajes evangélicos es exactamente esa: mirar directamente su sexo, constatar y certificar visualmente la humanidad de Cristo, su carnalidad a través de su sexualidad. Ese es exactamente su cometido: certificar por nosotros, que no fuimos contemporáneos de Cristo ni estuvimos allí, que ese Niño es realmente humano en todos sus miembros, por eso ninguno recibe castigo por su mirada, pues en todos estos casos se pretende certificar su humanidad mediante el visionado de sus genitales. Aparte de esto debemos tener también presente que los castigos por las miradas furtivas se inscriben en el Antiguo Testamento, mientras que los pasajes crísticos obviamente en el Nuevo y, además, no están escriturados, o sea, estas miradas al sexo de Cristo no quedan recogidas en las Escrituras; y esta es una distinción que conviene tener en cuenta. A la postre no debemos olvidarnos de lo más importante: la *Encarnación* de Dios se llevó a cabo con la finalidad exclusiva de mostrarse físicamente, de exhibirse, de ser vista con "la mirada". Dicho de otro modo: en tiempos veterotestamentarios Yahvé era invisible y sólo se manifestaba simbólicamente a través de los elementos (*Deus absconditus*), pero en tiempos neotestamentarios, con la *Encarnación*, Cristo pasó a revelarse (*Deus revelatus*); el dios espiritual dio paso al dios carnal, a un ser humano. Así pues, esta es una diferencia muy importante que nos impide equiparar las miradas veterotestamentarias con las neotestamentarias: la mirada al Dios escondido Yahvé mataba, pero Cristo es un dios revelado para ser mostrado a la mirada y demostrar su naturaleza carnal.

Otros motivos por el cual se miran los genitales a Cristo y no se obtiene castigo es por la diferencia existente entre las miradas, pues todas las miradas no son iguales. La mirada teologal que intenta escrutar el misterio de la génesis de la humanidad a través de Dios no puede ser reprobada, es decir, que la mirada espiritual no es punible; pero sí la mirada del deseo erótico, la sensual, la que no se preocupa de la gloria de Dios sino de los apetitos humanos. El rito del visionado genital no es reprobado porque está inserto en el tiempo sagrado y se dedica a Dios, pretende conocer su ciencia, pero la misma acción en tiempo profano sí sería censurable porque sería en beneficio del hombre; además, el sentido de mirada "espiritual" y mirada "sensual" se puede equiparar en cierto modo a "sagrado" y "profano". No obstante, el acto de mirar no se ha librado nunca de un temor intrínseco, aunque sea un visionado espiritual a lo sagrado, pues siempre ha estado rodeado de sospechas por la posible transgresión que pudiera comportar, máxime a sabiendas de los castigos divinos.

Hay miradas de todo tipo, y no debiéramos preocuparnos por las miradas espirituales que no comportan sanción, a diferencia de lo que ocurre con las miradas sensuales, y es que mirar con ojos deseantes de carne es punible pero mirar con ojos deseantes de la verdad genésica no, pues las primeras miradas aman lo humano y las segundas lo sagrado; la primera es una mirada sensual, la segunda espiritual. Si la diferenciación entre ambas fuese rígida y no hubiera trasvase posible de una mirada a otra no habría mayores problemas para disfrutar de la mirada permitida, pero sin embargo no es tan sencillo, pues el paso de una a otra mirada se realiza como si de un automatismo se tratara, sin incluso apercibirlo nosotros mismos; decía David Freedberg que «la mirada sensual se inicia como mirada espiritual». Por todo esto debiéramos tener en cuenta que el inevitable paso de una mirada lícita a otra ilícita ocurre sin nuestro consentimiento, involuntariamente, como un tránsito inevitable. Tal y como dijo Freud «la impresión visual es el camino por el que más frecuentemente es despertada la excitación libidinosa»[94]. La intencionalidad puede ser sinceramente espiritual *a priori*, pero a la mirada le sucede lo mismo que acaece con la mística: lo que empieza con una mera e inocente contemplación (*contemplatio*) y como vía de acceso a lo numinoso, se topa pronto de bruces con un estado embriagado de sensualidad en cualesquiera de sus manifestaciones, ya sea estética, anímica, etc. Eso es precisamente lo que le sucede al místico: primero sus intenciones son puramente espirituales, pero atraviesa ineludiblemente por una etapa donde el erotismo de los cuerpos es manifiesto; en sus imágenes mentales el místico choca frontalmente con ese paso de lo espiritual a lo sensual, no se puede evitar, y sólo posteriormente accede a un estadio supremo: el éxtasis de la unión mística.

---

[94] FREUD. *Op. cit.* p. 28.

Si es a partir de la lanzada a Cristo en la cruz cuando se certifica definitivamente su muerte, ahora, a partir del momento de la mirada a su sexo por los tres sabios que actúan a modo de notarios, ya no cabe duda de su naturaleza humana: hecho de carne y huesos y "completo en todos sus miembros". La visión del ojo constata la realidad humana de Cristo, es la verificación visual de su fisiología genital en vistas a corroborar la teología, la ratificación física de la divina ciencia.Y es que la teología es abstracta, la pintura concreta, por eso esta última enseña mejor a los iletrados y demuestra por medio de símbolos y gestos la verdadera naturaleza de Dios, su "verdadero Ser desvelado", desnudo. Eso es exactamente lo que nos han contado los exegetas de arte cristiano, que las miradas al sexo de Cristo sirven para certificar su naturaleza humana y su carnalidad, la *Humanización* y la *Encarnación*. Pero, ¿y si hubiera algo más?, ¿y si estas pinturas insinuaran otra verdad no menos cierta, una realidad psicológica del ser humano?

No sabemos hasta qué punto son aquí pertinentes los aportes del psicoanálisis, pues en caso de analizar según la moral contemporánea esta acción de mirar el sexo del Niño corremos el riesgo de malinterpretarlo anacrónicamente o como la perversión de un pedófilo, ante lo cual el mínimo comentario sería susceptible de aportar más confusión que claridad. Las implicaciones en la patología clínica del mirón son de sobra conocidas, y al menos hoy en día en nuestra cultura entendemos que un mirón de infantes es una especie de enfermo mental. Pero claro, también podríamos considerar enfermo mental al obsesionado en contemplar las escenas de la lactación, y sin embargo sabemos que fueron un filón temático en la pintura cristológica. No obstante es mi obligación ponerles en antecedentes acerca de las implicaciones consideradas perversas a las que apuntan estas pinturas.

Es cierto que el visionado genital demuestra la naturaleza humana de Cristo, pero recordemos que en las escenas de la lactación los historiadores nos dijeron que tal *tipo* iconográfico expresaba que el Niño estaba sometido al hambre, al igual que cualquiera de nosotros, y no tuvieron en consideración que también apuntaba a otras significaciones de las que el psicoanálisis sí se hizo eco. En el capítulo sobre la lactación sacamos a relucir el paralelismo entre dichas pinturas "nutricias" con la activación el deseo sexual del niño hacia su primer objeto del deseo –el pecho–, siendo de este modo análogas la lactación infantil con la satisfacción sexual de un adulto; o sea, la lactación como primera forma de satisfacción sexual.

En el capítulo que ahora nos ocupa sobre las "miradas", para ciertos casos los paralelismos son débiles y no nos atrevemos a afirmar por ejemplo la conexión entre un beso a los pies y una ulterior mirada genital, lo que para Freud era el origen del fetichismo al creer que la mirada a los pies era la última cosa vista antes de la mirada traumática a la sexualidad femenina. Sin embargo sí podemos relacionar el visionado genital que aquí se nos muestra con el instinto de mirar la genitalidad, pues parece ser que existe un instinto asociado al acto de mirar el sexo.

El ojo y con él la mirada han servido a la humanidad desde tiempos inmemoriales para discernir los peligros que acechaban: el ojo es el órgano que certifica la realidad para analizarla y sopesar si existe peligro para la supervivencia o no. Muchas especies de la fauna animal se basan en este órgano para huir o bien para elegir a sus presas, e incluso se camuflan para engañar a la vista. Sin embargo, aquí estamos hablando de una cosa muy diferente que es la mirada deseante, la cual ha estado con nosotros desde que somos humanos, desde que el deseo se emancipó de la animalidad y la razón empezó a alejarse de los instintos animales. Aprendimos a desear lo que mirábamos: tenemos un impulso que nos hace desear aquello que estamos mirando y para el cual se recurre al término *escopofila* (amar con deseo lo que se ve).

La escopofilia se puede definir como el instinto compulsivo hacia una contemplación placentera; es como la pulsión sexual que existe en el placer de la contemplación, el placer de mirar algo con un rol pasivo, y se recurre mucho a este término en el mundo del cine. La curiosidad sexual, el interés genital, es obviamente su motor. En el Diccionario de Psicología de Umberto Galimberti, se dice lo siguiente de la escopofilia: «Placer sexual que se obtiene viendo las actividades y los órganos sexuales de otra persona (escopofilia activa), o los propios (autoescopofilia). La escopofila denominada también *voyerismo,* es concomitante del exhibicionismo.» Y en el diccionario médico online de *medciclopedia.com* se nos dice así: «**1.** placer sexual obtenido al mirar escenas sexualmente estimulantes o los genitales de otra persona; voyeurismo. **2.** deseo mórbido de ser visto; exhibicionismo.» No vamos a profundizar plenamente ni en el término ni en las fases por las que se atraviesa, pues la pulsión escópica, si bien aparece inicialmente en el autoerotismo pregenital, más adelante el placer de mirar es transferido a otros por analogía, con lo cual convertimos a la otra persona en objeto del deseo. La pulsión escópica varía pues desde la época narcisista infantil en que uno observa sus genitales hasta la adulta, cuando se contemplan los ajenos. Sea como fuere todas las fases evolutivas de la pulsión continúan existiendo conjuntamente en la vida adulta. Sin embargo lo que a nosotros nos interesa es constatar que dichas pulsiones aparecen en pares antitéticos, aparentemente contradictorios pero complementarios, como ocurre con el sadismo y el masoquismo. Del mismo modo, también aparecen unidos el exhibicionismo y el voyerismo, de hecho los diccionarios médicos definen la escopofilia tanto como el placer por mirar como el deseo mórbido por ser visto, es decir, tanto ser mirón (o voyeur) como ser exhibicionista.

Venimos de un capítulo donde hemos tratado la ostentación genital del Niño, esto es, su exhibicionismo, y ahora estamos abordando precisamente su complementario: las miradas hacia sus genitales, el voyerismo. Ya Freud en su día advirtió sobre los pares antitéticos de algunas pulsiones, entre ellas las que ahora nos ocupan, el exhibicionismo y la escopofilia. En el capítulo precedente citamos sus palabras: «El niño carece en absoluto de pudor y encuentra en determinados años de su vida un inequívoco placer en desnudar su cuerpo, haciendo resaltar especialmente sus órganos genitales» y acto seguido continúa diciendo: «La contrapartida de esta tendencia, considerada perversa, es la curiosidad por ver los genitales de otras personas, y aparece en años infantiles algo posteriores, cuando el obstáculo que supone el pudor ha alcanzado ya un determinado desarrollo»[95].

En el arte cristológico, que es lo que a nosotros nos ocupa, parece ser que los artistas recogieron de modo intuitivo las pulsiones parciales y antitéticas que el psicoanálisis demostró ulteriormente emparentadas siglos después, y en razón de ello vemos representados tanto el instinto exhibicionista como la escopofilia, tanto al Niño ostentar y exhibir sus genitales (*ostentatio genitalium*) como a los adultos mirárselos (voyerismo). Dicho de otro modo: el capítulo anterior tratamos la ostentación genital, que es el instinto o pulsión parcial antitética de lo que estamos viendo en este capítulo, precisamente su par contrario, el instinto de mirar, la escopofilia o voyerismo.

Ya nos advirtió Tertuliano que lo que provocan esos Misterios es precisamente "desear ardientemente la imagen del miembro viril". Tal vez las pinturas que hemos visto en este capítulo insinúen la relación entre la mirada espiritual y la mirada sensual; tal vez nos estén hablando de que toda mirada, incluso la teologal, cuya finalidad es la de escrutar el Misterio divino sobre la génesis y aunque tenga base religiosa, no podrá nunca limitarse al ámbito espiritual y se trasvasará ineludiblemente hacia una mirada sensual, hacia un interés libidinoso. Habida cuenta de que la mirada teologal se trasvasa inevitablemente hacia una mirada sensual, al igual que le sucede al místico, podríamos decir que la mirada que los Magos dedican al infante se inicia como mirada espiritual, como mirada ansiosa de sabiduría divina, pero acaba como toda mirada deseante hacia un interés exclusivamente genital, ajeno a cualquier preocupación religiosa. La mirada a la genitalidad del Niño refleja un interés genital, una pulsión escópica donde lo pretendido es escudriñar su sexualidad, un instinto que busca producirse placer y autoestimularse gracias al visionado

---

[95] *Íbid.* p. 62.

genital ajeno, el voyerismo, paradójicamente el par antitético del exhibicionismo que de tan buena gana hace gala el Niño.

A la vista de lo comentado tal vez debiéramos replantearnos lo dicho por algunos teóricos del arte cristiano, cuando afirmaban que lo pretendido con las miradas al sexo del Niño era certificar visualmente su naturaleza humana, su carnalidad y por ende su humanidad. A estas alturas creo que estamos en disposición de dar un paso más allá que estos exegetas y lanzar la hipótesis de que lo pretendido en estas pinturas es plasmar el instinto de visualizar los genitales ajenos debido al interés genital que suscitan. Tal vez, de modo intuitivo, hace cinco siglos representaron las pulsiones sexuales utilizando para ello la figura de Jesucristo, en tanto que paradigma del ser humano. Todo indica, y a la vista está, que la teoría psicoanalítica tiene su correlato con las pinturas cristológicas, realizadas algunas con más de cinco siglos de antelación. Allí vimos la lactación del Infante y la comparamos con las aportaciones de la psicología; y escudriñamos en las razones de la ostentación genital (exhibicionismo) y en su par contradictorio, las miradas al sexo (mironismo), para cotejarlas igualmente con los aportes de la psicología moderna.

Todo da a entender que el espíritu, o tal vez el intelecto humano, dota a sus divinidades de los atributos que son exclusivamente humanos, y caracteriza a estos mismos dioses con las exclusividades psíquicas que nos hacen únicos; y que de modo intuitivo este espíritu común a todos pero especialmente acentuado en los artistas se ha valido de ellos para discernir precisamente aquellas particularidades que nos distinguen de los animales y plasmarlas como atributos definitorios de las divinidades. Cristo, al igual que anteriormente otros dioses, refleja perfectamente dichos rasgos característicos, y su sexualidad sirve como símbolo donde se condensan todas las concepciones relativas a la exclusividad del ser humano; una exclusividad que se centra principalmente en nuestros aspectos eróticos, que es lo que por antonomasia nos distingue de la fauna animal.

La pintura cristológica no se centra en nuestras necesidades biológicas o similitudes animales, sino que representa la exclusividad erótica del ser humano, el rasgo psíquico diferenciador, aquello que nos separa de la animalidad.

EL IMPÚDICO CHRISTUS PUDICUS

Existen otros tipos iconográficos que remiten a la sexualidad crística y que no vamos a tratar por distintos motivos, pero el principal es porque ya han sido analizados por extenso en la obra de Leo Steinberg y porque en esencia nuestro planteamiento no varía de los suyos. Uno de esos *tipos* más recurridos en la Historia del Arte cristiano es el que se basa en un guión de sangre para aludir a la genitalidad crística, es decir, se recurre al tema de la Crucifixión para representar un hilo de sangre que baja desde la herida intercostal propiciada por la lanzada hasta la zona púbica, uniendo de este modo el último sacrificio sangrante de Cristo (la herida de la lanza) con el primer sacrificio sangrante (la circuncisión). Al respecto existen muchos y muy diferentes cuadros en donde podemos observar cómo el reguero de sangre baja desde la costilla hacia sus genitales. Pero tal y como hemos dicho este *tipo* queda muy bien explicado en Steinberg y por lo tanto, sin nada novedoso que aportar sobre él creemos que lo más pertinente es dirigir nuestros esfuerzos hacia los temas en los cuales podemos disentir y completar con aportes de nuestra cosecha.

Uno de los tipos iconográficos más controvertidos por los errores de interpretación a que ha estado sometido es sin duda el del Cristo púdico, o *Christus pudicus.*

A Cristo se le cubren los genitales de diversas formas, una de las cuales consiste en el ya comentado velo de pudor, cuya escena nos remitía directamente a los frescos de la *Villa de los Misterios*, pero otra forma de cubrirle la sexualidad es también con las manos, directamente posadas sobre su miembro con una finalidad que aparentemente pretende ocultarle las vergüenzas. Este gesto, como ya habrán sospechado, tampoco es exclusivo del arte cristiano, de hecho existen multitud de *venus* que reproducen este gesto, como la Venus de Ticiano, ejemplo análogo donde vemos cómo la diosa intenta cubrirse el órgano de la generación con la mano. Dicha Venus oculta sus genitales ella misma, aunque paradójicamente tal acto sólo puede potenciarlos más si cabe, pues sabemos que el espectador intenta descubrir con su mirada lo que se le oculta, ya que el interés por desvelar lo oculto es inevitable. Este recurso en la Venus fue motivo de consternación, polémica y críticas en épocas anteriores, y de los trastornos causados en algunas sensibilidades quedó constancia, como ocurrió con Swinburne, quien escribió lo siguiente acerca de ello: «En cuanto a la Venus de Ticiano –Safo y Anactoria en una, cuatro dedos lánguidos enterrados *dans les fleurs de son jardin*- cómo una criatura en un radio de treinta millas en torno a ella puede conservar la virtud de la decencia, es algo que escapa a mi comprensión»[96]. Es evidente en este ejemplo que los "*cuatro dedos lánguidos enterrados entre las flores de su jardín*" no intentan cubrir su sexualidad, y por mucho que así se nos explique es indudable que logran el efecto contrario: remarcarla. Por supuesto que el correlato cristológico existe, y no es difícil encontrarse con algún que otro Cristo al que se le cubren sus genitales también de una forma tan ambigua como la de Venus, con una más que discutible intención de resguardarla de la vista y consiguiendo el mismo efecto paradójico: remarcar su sexualidad.

Nos dijeron los historiadores del arte cristológico que todo lo referente al Salvador, incluidas sus manos, su postura, su ubicación, sus gestos... formaban parte de la voluntad de Dios, pues es, entre otras muchas cosas, omnisciente y omnipotente; todo lo acaecido es parte de su plan divino, incluso después de muerto su hijo, incluso al ver su mano muerta caer sobre sus genitales. Pero por esta misma razón, si todas las posiciones adoptadas por Cristo muerto responden a la voluntad divina, cuando la mano del crucificado cae sobre sus propias partes nobles debiera ser igualmente por la misma voluntad de Dios: así deberíamos responder a quien pretende excusar dicha pose argumentando que si apunta a sus genitales es un hecho casual y fortuito. Al respecto opina Steinberg:

---

[96] *The Swinburne Letters,* ed. C. Y. Lang, Londres, 1959, 1, 99, n°. 55. Citado en FREEDBERG. *Op. cit.* p. 389.

«En todo momento, la disposición de sus manos, incluso en la muerte, es intencionada y reveladora. Los artistas medievales y renacentistas entendían que las manos de Cristo no podían caer inertes, porque allí estaba la divinidad para impedirlo, y en sus representaciones de las secuelas de la Pasión, la mano de Cristo se posa una y otra vez sobre los genitales, tanto en las pequeñas viñetas como en los cuadros de los retablos o en los grupos escultóricos monumentales.» [97]

Resumiendo cabe decir que esa supuesta ocultación de su sexo atiende a una intención del artista por expresar una significación teológica; no se trata pues de un arrebato de pudor de Cristo ni del artista, ni incluso atiende a una pose naturalista. Algunas hipótesis -que no entraremos a valorar- señalan que la Virgen cubre por modestia y pudor los genitales del Niño, o sea, por vergüenza ajena, de ahí que denominen a estos Cristos como *Christus pudicus*. Pero esta opinión es rechazable ya de antemano. Cristo no se pone la mano delante de sus genitales por pudor, pues al fin y al cabo está exento de pecado original y no siente vergüenza, lo cual implica que el motivo no es la pudicia. Y volvemos a repetir: las razones de la pintura cristológica son de orden teológico, no buscan una representación fidedigna de la realidad ni de nuestras costumbres morales, sino que atienden a la verdad dogmática, religiosa, por lo tanto podemos descartar ya y sin remordimientos la errónea explicación del pudor.

Entendiéndolo así, las imágenes donde vemos que alguna mano se coloca delante de su zona pudenda no representarían un "*Christus pudicus*", sino un motivo sin relación alguna con la timidez genital. Es cierto, según la tradición piadosa, que la Virgen cubre la sexualidad de Cristo por segunda vez en la cruz con un paño por vergüenza ajena. Pero también es cierto que en muchas imágenes Cristo está vestido, y aún así, coloca igualmente su mano

---

[97] STEINBERG. *Op. cit.* p. 120.

delante de sus genitales en un gesto que debiéramos entender como vano, superfluo, pues su sexo ya está cubierto por su vestimenta, lo cual es un argumento más en contra de la hipótesis de la pudicia y a favor de un significado simbólico concreto y autónomo ajeno al imperativo del decoro[98].

Para Steinberg se trata de un gesto funcional reelaborado con intención simbólica y no por razones de pudor genital, y coincidimos con él. A este gesto de cubrirse los genitales lo denomina "ciborio", se realiza con las manos y consiste en ocultar de alguna manera la sexualidad de Jesús de forma consciente y premeditada. Normalmente es la Virgen la que realiza tal gesto, aunque también el mismo Cristo, incluso yaciente. Precisamente debido a que encontramos este gesto numerosas veces en Cristo yaciente muchos historiadores aseguraron que se trataba de una posición natural de "manos inertes" propias de los difuntos, es decir, que aseguran que se trata de una postura natural que adoptan los muertos. No obstante debemos recordar que nunca anteriormente la tradición iconográfica plasmó esa posición de las manos sobre la verija ni existen antecedentes que representen a los muertos de tal forma, tal y como bien nos recuerda Steinberg:

> «No la encontramos en los Galos Moribundos de Pérgamo ni hay nada que se le parezca en los combatientes caídos de las escenas de batalla del Barroco o en las fotografías de la Guerra Civil Americana de Mathew Brady o en los millares de actores y extras que simulan estar muertos en las películas. Los cuerpos de los

---

[98] No olvidemos que el hecho de que la Virgen cubriera a Cristo en la cruz es sólo una leyenda extraída de las *Meditaciones* de san Buenaventura y no un dato de los Evangelios. En todos ellos se nos dice que a Jesús lo despojaron de sus vestiduras estando en la cruz y que los soldados romanos se las echaron a suertes en pago por sus servicios de ejecución. Por tal hecho no deja de ser "imaginativa" la costumbre de representar a Cristo en la cruz con un velo, puesto que ninguna prenda tenía según las Escrituras: estaba completamente desnudo.

muertos, desde las víctimas de la peste hasta los héroes, nunca exhiben ese gesto...»[99]

Lo más acertado es pensar que ese gesto fue ideado con intención expresa de potenciar la sexualidad y no como un intento "naturalista" de reproducir fidedignamente las manos de los muertos. No existe tradición iconográfica precedente que explique por qué representar a un muerto cubriéndose el sexo; la explicación que juzgamos más acertada atiende a que de esta manera se recalca un discurso teológico en torno a su sexualidad; es un gesto con significado simbólico y no una posición natural.

Existen muchas variantes similares aunque evidentemente todas tienen el mismo denominador común: intentan ocultar y potenciar a la vez el sexo crístico. Este gesto es a buen seguro susceptible de subclasificaciones atendiendo a su intencionalidad, o sea, si lo pretendido es ocultar a la vista, proteger del entorno, o realizar una especie de coronación de su sexualidad. En realidad son válidas todas las variantes y es el artista quien da el "toque" personal a cada cuadro, de modo que es difícil hablar de *tipos* puros u originales. Nosotros no vamos a clasificarlos ya que lo importante aquí es comprender que este gesto aparentemente protector pretende en realidad subrayar la sexualidad crística, sea con las manos de Cristo o con manos ajenas.

Cuando es la Virgen la que cubre la sexualidad del Niño se convino en que era un gesto que evocaba la acción protectora de María en la infancia de Cristo, aunque otra hipótesis apunta hacia la protección de María a la humanidad vulnerable de su hijo, aludida por el miembro sexual. Ciertas veces las manos de la Virgen reproducen una especie de cúpula, o de forma piramidal o triangular, reproduciendo la postura de orante (*orans*) y colocando las manos sobre la sexualidad, justo encima de ella, coronándola como si de una especie de torre de aguja o arco apuntado se tratara, o como un cimborrio, tal es el caso que reproduce Giovanni Cariani **(Fig. 33)**. La función de las manos es similar al cometido de

---

[99] STEINBERG. *Op. cit.* p. 125.

la clave de bóveda, pues en ella descansa todo el peso discursivo sobre la sexualidad del dios. Es, como la corona sobre el trono, sobre el verdadero soberano, solo que el soberano es ahora por una operación metonímica el miembro anatómico genital. De este modo las manos unidas de la Virgen, como si estuviera rezando, coronan el sexo potenciando los conceptos intrínsecos del simbolismo fálico. En algunas variantes de este *tipo*, sobre todo en el Gótico flamenco, la forma piramidal de las manos de la Virgen está dispuesta en sentido contrario, es decir, que la punta de sus dedos que forman la punta del triángulo señalan hacia abajo, justo hacia la sexualidad del Niño, a escasa distancia de ésta. Tal es el caso de Van der Weyden *Tríptico Bladelin. La Natividad* (1452. Gemäldegalerie. Berlín) entre otros.

Otros ejemplos muestran a la mano de la Virgen casi que cubriendo la sexualidad infantil, como si de un manto colocado a escasa distancia de sus genitales se tratara, con la palma de la mano plana y hacia abajo, justo cubriendo su zona púbica. Es una especie de ciborio que no corona sino que parece que su cometido es proteger, como si la Virgen intentara preservar la sexualidad del Niño. Su mano es el escudo protector que salvaguarda y protege los genitales infantiles, tal vez condenándolos a la perpetua castidad o quizás protegiéndolos de la vista de los curiosos, o por qué no, por mandatos de pudor. Pero en realidad no es ninguna de las tres cosas: no protegen la genitalidad infantil, no ocultan el sexo a los curiosos, no lo cubren por pudor. Más bien el gesto apunta en el sentido que venimos indicándoles: remarcan, coronan, subrayan la parte significante de un discurso teológico que utiliza la sexualidad como trama discursiva.

Por otra parte no debiéramos olvidar que este gesto aparentemente protector es sólo uno más de los que realiza la Virgen para legitimar su figura maternal, es decir, su rol imprescindible como madre de Dios y alumbradora de Cristo (*Christotókos*), lo que no deja de ser una estrategia de fomento mariano. Sucede lo mismo que lo ya comentado a propósito de la lactación, la cual remitía no sólo a un pasaje amable donde veíamos a un Niño tomando pecho, que también, sino al primer objeto del deseo (el pecho), el instinto sexual y el despertar erótico, y no sólo a una mera escena costumbrista donde un niño tomaba pecho. En última instancia la lactación legitimaba el rol imprescindible de la Virgen para la cristología. En el ciborio acontece lo mismo: puede parecer que la Virgen está protegiendo la sexualidad infantil, pero esta interpretación rechaza otras más factibles. Lo más probable es que este gesto responda menos a la protección de la madre que al discurso teologal que la legitima, y a la postre, a una alocución en torno al falo de Cristo. Aunque dé la sensación de que la Virgen realiza un gesto imprescindible en la protección del Niño, debemos saber que todo gesto apunta siempre a otra significación distinta de la que aparenta, a una interpretación relacionada con la capacidad genésica de la sexualidad divina, cuyo símbolo es el falo.

En el gesto de "ciborio" sucede lo mismo que en el de la lactación: las explicaciones simples y piadosas eran convenientes para el gran fervor mariano pero distraen ocultando el verdadero significado al que remiten. La explicación más plausible atiende a un orden general, a una realidad mayor que jalona y remata –a modo de ciborio, y nunca mejor dicho– todo el entramado discursivo que rodea a la sexualidad crística. La Virgen realiza una pirámide sobre la sexualidad del Niño no porque esté rezando, por mucho que sus manos reproduzcan la postura de orante, sino porque está subrayando dicha parte anatómica del Mesías, la que contiene y recoge toda la esencia significativa sobre la Génesis de la vida, la mayor y más importante propiedad de la divinidad: la de haber creado lo existente. La metáfora y el simbolismo sexual se hallan implícitos en el ciborio, por lo que no podemos atender a explicaciones reduccionistas: la Virgen no reza, ni medita, ni protege; no es casual el ciborio justo encima de la sexualidad, no es un accidente iconográfico.

Estas imágenes expresan una vez más que la carga semántica de la *Encarnación* así como sus propiedades salvíficas se encuentran simbolizadas en sus genitales, no en su cabeza, ni siquiera en la cruz. Con este gesto que corona la sexualidad de Cristo se remarca el símbolo del principio-de-vida, el símbolo que remite a la Creación y al poder genésico.

El falo de Dios se jalona y se glorifica al igual que en la Antigüedad.

TOCAMIENTOS GENITALES DE JESUCRISTO

Un recurso más para señalar y remarcar el sexo crístico es, obviamente, señalarlo con el dedo o con la mano. En verdad cualquier forma de señalar sirve, como por ejemplo mediante la mirada, tal y como hemos comentado. Señalar los genitales en cualesquiera de sus maneras no es exclusivo de ninguna cultura, se viene haciendo desde las cuevas de los primeros *sapiens*, como en la cueva de La Riba de las Salices, en la que un mamut apuntaba con su colmillo directamente al sexo femenino que curiosamente se encontraba encinta. Allí, el mítico mamut -o el chamán disfrazado de tal- señalaba el órgano generador, demostrando que ya en el origen de la humanidad se dotó de una importancia suprema a ese gesto hasta tal punto que desde entonces no ha cesado de reproducirse iconográficamente, lo que demuestra que se trata de un gesto primordial que perdura y perdurará a través de las diferentes culturas: es un gesto transcultural y transhistórico que encontramos alrededor del mundo. Evidentemente aquí trataremos el señalamiento al sexo de Cristo, ¿o acaso alguien duda de que no es el mismo gesto que el de la cueva citada? No se puede, por mucho que se pretenda, desvirtuar un gesto que no necesita explicaciones intelectualizadas para su correcta interpretación. ¿Alguien duda de que el gesto paleolítico no tenga su correlato en la iconografía cristológica?

El arte cristiano en general queda exento de alardes eróticos tales como los que se dieron en los temas paganos que eran refugio de escenas altamente lúbricas, pero aún así hemos ido viendo algunos casos análogos donde las alusiones sexuales paganas tenían su equivalente en el arte cristológico, aunque bien es cierto que de manera más comedida y atemperada, pues su finalidad no es glorificar el instinto sexual sino la demostración dogmática, siempre de una manera más sutil, aunque ello no ha impedido que absorbiera muchos conceptos eróticos de la teogonía pagana y los readaptara eufemísticamente. Debemos tener en consideración que la intención de un señalamiento o tocamiento al sexo de Cristo no es la excitación de su órgano sexual, ni se pretende estimular al espectador: responden a motivos de orden teológico, mientras que los ejemplos paganos atañen al deseo y ensalzan el instinto sexual dirigiéndose para ello hacia al órgano de la generación: la vulva y el falo. En la pintura cristológica, con reservas por decoro, también se señaló la genitalidad, pero obviamente bajo una visión sólo falocéntrica, a la vez que lo remitente al erotismo no es su lectura principal sino que pretende ser elidido. Cuando vemos una Venus señalándose la vulva pronto le atribuimos una interpretación lúbrica, pero no por ello debemos olvidar que sus genitales también remiten a las fuerzas creadoras femeninas de la fertilidad; y esto mismo es lo que pretende el falo de Cristo: remitir a los poderes masculinos de la Creación, en tanto que su falo es concebido como el órgano sagrado e idóneo para representar el símbolo del poder creador de la naturaleza masculina de Dios.

Unos ejemplos espléndidos de Venus señalándose la vulva los encontramos en *Venus* de Giorgione (h. 1510) en Dresde, y la *Venus de Urbino* de Tiziano (1538) en la Galería de los Uffizi, Florencia. Ambos ejemplos son magníficos y constituyen un alarde de magnificencia retórica, y no tarda en despertar la imaginación del espectador si por casualidad se fija en sus manos rozando levemente su vulva, provocando la recreación del mirón.

Al que guste de observar pinturas antiguas en templos o en museos no le será difícil encontrar ejemplos cristológicos del mismo tipo donde se le señalan los genitales a Jesús. Generalmente los señalamientos los realiza la Virgen o el propio Niño; algunas veces claramente con el dedo indicador y en otras existe un poco de confusión, pues la disposición de los dedos es todavía un misterio, por ejemplo cuando se señala el sexo con el dedo medio (*digitus impudicus*). Pero en esencia, la finalidad, sea con el dedo índice o con el impúdico, es la misma: señalar el sexo de Cristo.

Esto sucede en Botticelli (*Virgen con Niño en Gloria*, 1469-1470; Galería de los Uffizi, Florencia.) donde la Virgen apunta hacia la sexualidad infantil con el dedo señalador; y en Stefano di Giovanni

(*La Virgen y el niño entronizada con seis ángeles,* 1437-1444; Museo del Louvre) donde el Niño está desnudo y de pie sobre el regazo de su madre mientras ella le señala con dos dedos su genitalidad. Lo mismo ocurre en Vittore Crivelli (*La Virgen y el Niño y cuatro Santos,* 1481; Museo del Vaticano); en el Parmigianino (Francesco Mazzola Detto: *Adoración de los pastores;* Galeria Doria, Roma); en Tommaso Cassai y Tomasso di Cristoforo (*La Virgen y el Niño con Santa Ana,* 1424-1425; Galería de los Uffizi), y en un largo pero largo etcétera.

No es que la línea directriz del dedo de la Virgen se prolongue hasta encontrarse con la zona pudenda del infante, cosa que también sucede a veces, sino que el dedo que señala al sexo está prácticamente tocándole la verija y, en algunos casos en contacto directo. Este recurso de señalar su sexo es utilizado con esa justa y precisa finalidad: señalar, remarcar, subrayar su sexualidad. Nada erótico podemos ver en estas imágenes a primera vista, pues la significación inherente a este gesto es dogmática, la misma que venimos anunciando: señalar sus genitales en tanto que órganos certificadores de la *Encarnación*, en tanto que símbolo de su poder genésico. Es exactamente el mismo gesto ya representado en el Paleolítico, en los comienzos de la humanidad, cuando empezaron a crearse los dioses. No es por lo tanto nada extraño que el arte cristológico lo recoja, pues pertenece al imaginario colectivo.

****

No sólo se señalaron los genitales crísticos, también se los tocaron, tanto personajes de su Sagrada Familia como Él mismo, en una acción indiscutible que no deja lugar a dudas de que efectivamente se está manoseando su sexualidad. Y otra vez debemos ser reiterativos aún a nuestro pesar, pues son innumerables, verdaderamente abundantes los cuadros donde se tocan sus genitales, por lo que aquí sólo les mostraremos una pequeñísima muestra. Ciertas veces observamos un tocamiento tan sutil que apenas es perceptibles, y otras es más que evidente, pero nunca es un gesto accidental, nunca es fortuito ni casual, nunca es un gesto que remite a una acción naturalista ni cotidiana.

En Lorenzo di Credi, por ejemplo, en la obra titulada *La Virgen y el Niño con San Julián y San Nicolás de Myra* (1490-92; Musée du Louvre, París.) vemos a la Virgen tocando el sexo del Niño con los dedos de la mano de forma muy disimulada, pero sin embargo no nos pasa inadvertido que en realidad se trata de un tocamiento genital. Otra pintura famosa que recoge este mismo gesto es la del célebre Miguel Ángel, titulada *Tondo doni* (también conocida como *La Santa Familia y San Juanito.* 1503-1504, de formato circular, en la Galería de los Uffizi, Florencia). En esta imagen (cuya reproducción es muy fácil de encontrar) la Virgen se dispone a agarrar las partes del Niño, las cuales están precisamente a la vista; no se trata en absoluto de un tocamiento sutil sino notorio, evidente; las figuras desnudas del fondo nos remiten a los desnudos paganos; no hay halos en las cabezas de los personajes santos (los progenitores); el Niño no tiene la trascendencia que debiera, sino más bien parece que el personaje principal sea en este caso la Virgen (en primer plano y sentada en el suelo); la composición es cuanto menos infrecuente; ningún indicio nos dice que se trata de la Sagrada Familia excepto el título (ni Biblia, ni cuna, ni cruz, ni velo, ni pecho...) Esta imagen se salta los patrones iconográficos y aquel que no conozca el título muy bien podría entenderla como una escena pagana, pues algo en ella resulta muy pero muy extraño. No hay duda de que Miguel Ángel probó y ensayó en ella al límite de lo permisible.

Los tocamientos genitales no son extraños en la iconografía cristológica, aunque en verdad, la imagen que más ha dado que hablar debido a estos manoseos es una xilografía de Hans Baldung Grien **(Fig. 34)**. En ella la abuela le toca el pene al Niño en connivencia con su madre y su padre: ¡Toda la Sagrada Familia está implicada es ese tocamiento![100] Mucho se ha especulado acerca de

---

[100] Al respecto debemos señalar las notables similitudes de algunas *Sagradas Familias* de el Greco respecto de esta xilografía de Baldung Grien, como por ejemplo en *La Sagrada Familia* (1585; en depósito en el museo de Santa Cruz de Toledo: Iglesia de Santa Leocadia); y otra copia similar en el Museo del

esta pintura y sobre el por qué la abuela le palpa los genitales. Al respecto algunos críticos esgrimen razones de antiguas supersticiones por las cuales los adultos estimulaban la sexualidad infantil con distintos fines, tales como traspasarle el *genius* de la familia, ayudar a su normal desarrollo genital, cerciorarse de su correcto funcionamiento, provocar relajación en el niño para poder dormirlo, etc. Sobre esta cuestión la única certeza parece ser que los tocamientos a los genitales infantiles efectivamente sí se produjeron como costumbre popular. Las razones pueden ser motivo de debates y de diferentes opiniones, pero sobre el hecho cierto de que esta costumbre de tocar los genitales se produjo no hay lugar a dudas.

Al respecto diversos autores coinciden en corroborar dicha práctica, como Deschner, comentando sobre un hábito común que consistía en «que los padres y los criados masturbaran a los niños para tranquilizarlos...», pero también las nodrizas y niñeras tocaban a los niños con el mismo fin: «Los moralistas discuten sobre lo grave que es que las "criadas y nodrizas toquen momentáneamente y por curiosidad las partes sexuales de los niños mientras los lavan o los visten"; o que "toquen los órganos sexuales de los bebés para calmarlos". Esas criadas sin conciencia dedicadas a "cosquillear" genitales infantiles preocuparon constantemente a los servidores de Dios»[101].

También se pronunció en su tiempo Sigmund Freud, quien propuso que la mayoría de los insomnios nerviosos son debidos a la insatisfacción sexual, de lo que se deduce extrapolando los términos que la satisfacción sexual sería el remedio ideal contra el insomnio. Sobre esta certeza no hace falta consultar libros: muchos

---

Prado (*La Sagrada Familia*. 1594-1604.) En el Greco también los tres personajes cómplices del tocamiento están alrededor del Niño, y la abuela, aunque no toca el sexo infantil, es la encargada de retirar el velo que cubre su sexualidad. La composición tiene similitudes formales más que evidentes y la intencionalidad del artista no puede distar mucho. Ninguna duda cabe de que ciertas imágenes del Greco esconden muchos interrogantes sobre la sexualidad de Cristo.
[101] DESCHNER. *Op. cit.* p. 386 y 347.

de nosotros hemos podido comprobar en carne propia sus efectos relajantes y somnolientos. También Freud se pronunció en su día sobre las "criadas sin conciencia" que calman al niño tocándole los genitales, y apuntó que era sabida esta costumbre tradicional de que «acallan y duermen a los niños que les están confiados acariciándoles los genitales»[102].

Steinberg, a propósito de la xilografía que nos ocupa, saca a colación a un destacado investigador de la obra de Baldung Grien, Carl Koch, quien opinaba que Baldung estaba influenciado por supersticiones «de las misteriosas costumbres populares a las que se atribuyen unos poderes mágicos»[103]; sin embargo, se queja Steinberg de que la explicación de Koch es superficial, lanzada con el propósito de acallar preguntas sobre el supuesto impudor de la imagen. Al respecto comenta lo siguiente:

> «La conducta de santa Ana, desde esta nueva perspectiva, no es un misterio oculto en la superstición popular, sino un simple motivo de género. Y no hay más explicación que dar. Se nos recuerda que la práctica de admirar y manosear los genitales de los niños pequeños era antes muy común en numerosas culturas, de modo que Baldung se habría limitado a representar un episodio rutinario en cualquier hogar típico. De hecho, Philippe Ariès cita esta xilografía de Baldung para documentar lo que califica de "tradición difundida" de juguetear con las partes pudendas de los niños.»[104]

Pero aquí nos topamos otra vez con la misma cuestión sobre la que hemos advertido reiteradas veces: la pintura cristológica *nunca* reproduce una escena naturalista ni cotidiana, *nunca* pretende mostrar un acto costumbrista, sobre todo porque no es un niño cualquiera sino el mismísimo Mesías. Ya lo hemos

---

[102] FREUD. *Op. cit.* p. 163. nota 45.
[103] STEINBERG. *Op. cit.* P. 18.
[104] *Íbid.* p. 18.

anticipado antes y hemos visto cómo algunos críticos matizaron que lo verdaderamente importante es la identidad del sujeto retratado, incluso Steinberg remarcó e hizo notar que es la identidad del personaje principal lo que hace a la escena especialmente significativa[105]. Sin embargo, no aplica esta regla de oro al comentar dicha xilografía; para él, esta imagen sólo reproduce una escena costumbrista. Steinberg, por raro que parezca, cree que la intención del artista fue representar una costumbre popular, olvidó sus propias palabras de que «la experiencia cotidiana no es apta para ser transferida sin más a la esfera del arte».

Por mi parte creo que los tocamientos genitales al Niño apuntan en esta imagen en concreto hacia un sentido que no es el de representar las costumbres de la época, no intentan reproducir un acto costumbrista ni hábitos arraigados, sino que señalan en otra dirección. De ser así, es decir, de no intentar reproducir un acto costumbrista, ello nos impediría ver en esta escena ninguna intencionalidad perversa por parte de los adultos, ¿o tal vez no? Aunque la cuestión principal sería: ¿podemos ligar la trama a la que apunta esta xilografía con una concepción sobre el deseo humano? Es decir, ¿puede estar señalando este gesto algo acerca de la génesis del deseo y del erotismo en la figura de Cristo?

La costumbre de las niñeras se produjo, de eso no hay duda, pero tal y como señala Steinberg citando al especialista en Baldung

---

[105] «La experiencia cotidiana no es apta para ser transferida sin más a la esfera del arte. Hay muchas cosas que hacen los niños –como gatear antes de empezar a andar- que ningún artista, por muy interesado que estuviera en el realismo, habría atribuido nunca a Cristo niño. [...] Cristo niño, igual en el arte renacentista que en el medieval, no es como los demás niños [...] de ahí que, cuando un artista del Renacimiento anima una escena de la infancia con detalles naturalistas, no se limita a plasmar esta o aquella observación... Esta norma ha de ser también válida para el gesto de tocar el sexo del Niño. Lo que importa averiguar no es si tal práctica era cosa corriente, sino de qué modo, sea o no corriente, sirve para singularizar al hijo de María y situarlo aparte de todos los hijos de Eva. [...] Mi respuesta provisional es que esta representación se centra en una demostración, en una prueba palpable con la que se trata de reafirmar nada menos que la verdad capital del Credo, el descenso de Dios a la humanidad.» *Ibid.* p. 19.

Grien, el propio Baldung Grien pudo reproducir una costumbre supersticiosa asociada a las brujas:

> «Koch interpretaba este gesto de santa Ana a la luz del conocido interés que el artista mostró siempre hacia las supersticiones populares, de que es testimonio claro la fascinación que sobre él ejercían las brujas.»[106]

O sea: ¡brujas! O por decirlo de otro modo: ¡las últimas representantes de las creencias mágicas paganas donde el erotismo era celebrado en honor de la regeneración de la naturaleza! Y por desgracia, a ojos de la justicia inquisitorial asistentes a orgías y aquelarres, a fornicaciones con el macho cabrío, al desenfreno y caos lúbrico que desde el inicio de este trabajo venimos anunciando. ¿Tenemos que ignorar el dato que aporta el especialista en Baldung Grien de que éste estaba interesado por las creencias mágicas herederas del paganismo; unas creencias frecuentemente relacionadas con supersticiones de orden sexual acerca de la fertilidad? Tal vez, y decimos tal vez, su xilografía esté demostrando la pervivencia de costumbres paganas que pretendían propiciar la fertilidad y fomentar para ello por cualquier medio (tocamientos, fricciones, etc.) una óptima salud sexual. De ser así nos encontraríamos ante la demostración de que dichas creencias paganas relativas a la sexualidad se infiltraron y perduraron en el cristianismo. Habría que tener en cuenta este dato.

Steinberg dice que este gesto está concebido para demostrar la humanidad de Cristo. Sí, en efecto, pero no hay que olvidar que las creencias paganas empaparon no sólo a la sociedad cristiana sino también al arte cristológico, como bien hemos demostrado en el transcurso de este trabajo, y de esto no se hace eco en absoluto. Él remite enteramente a una concepción teológica cuyo simbolismo fálico alude simplemente a la *Humanización* y la *Encarnación* de

---

[106] *Ibid.* p. 18.

Dios; no apunta nunca ningún indicio de vestigios paganos, reminiscencias y residuos que creo firmemente que sí los hubo y de manera notable. De este modo, el comentario de Koch (el especialista en la obra de Baldung Grien) podría ser la evidencia de que tras las obras de ciertos artistas siempre reside (consciente o inconscientemente) un detrito pagano que enlaza la teología de la *Encarnación* con la teogonía pagana; un parentesco que en cierto modo equipara sus concepciones. Dicho de otro modo: la intuición o la inspiración del artista podría tener acceso a ese sustrato psíquico común que todavía no se ha librado de las creencias mágicas paganas -llámense supersticiones o pensamiento mágico- relativas a la fertilidad y la sexualidad.

Otros elementos también elocuentes se encentran en esta xilografía, como por ejemplo las bandadas de pájaros que vuelan en direcciones opuestas y que parece que van a chocar, o la alta torre del castillo que se encuentra en un montículo elevado, aunque tal vez el más interesante y evocador sea el tronco de árbol seco que está envuelto por una parra de vid que trepa por él. El simbolismo fálico de los troncos es de sobra conocido y, respecto de la vid, aparte de ser característico de Cristo, cabe recordar que anteriormente lo fue de Dioniso, posteriormente llamado Baco, dios del vino e inspirador de desenfrenos lujuriosos en sus fiestas bacanales cuyo símbolo era obviamente la parra. De hecho, los paralelismos entre la religión dionisíaca y el cristianismo son claros para muchos especialistas, como por ejemplo el hecho de comer y beber la carne y sangre de Cristo durante la Eucaristía. Sea como fuere y para no profundizar en demasía, sólo recordar que las correspondencias son notorias, y en esta xilografía encontramos ciertos elementos y costumbres que no son sólo característicos del cristianismo, sino también del mundo pagano.

En el próximo capítulo trataremos de las apropiaciones de los símbolos paganos por parte del arte cristiano; entonces tal vez podamos advertir que no anda muy desencaminado Koch, sino que realmente Baldung Grien pudo recoger en su xilografía una superstición sexual pagana a la vez que demostrar la *Humanización* de Dios: ambos conceptos no tienen por qué excluirse el uno al otro, pueden coexistir y complementarse, como de hecho parece ser que ocurrió en esta xilografía. De facto, el cristianismo contempla todavía muchas celebraciones con base pagana y su simbología y teología no es diferente del resto de otras culturas; la aculturación y el sincretismo fue la nota dominante: el románico obsceno, la Fiesta de los Locos, los carnavales, la Pascua de Resurrección... y todo lo que estamos viendo acerca de la sexualidad del Cristo no son sino la demostración de que el sincretismo define al cristianismo, ¡también a su iconografía! A la postre, los tocamientos a los niños era una costumbre pagana antes de que se hicieran eco de ella en la Modernidad. ¿No recuerdan que los griegos traspasaban el "genio" de la familia a sus hijos por medio de prácticas incluso mucho más extremas como la denominada *irrumare,* que no era sino permitir que el bebé mordisqueara el falo paterno para que éste eyaculara en la boca del hijo y así transmitirle el *genius* familiar que lo protegería contra la infertilidad?

Las costumbres son difíciles de erradicar, de ello ya se percató la Jerarquía y se ocupó de no provocar rupturas ni traumas en los ritos religiosos, por lo que adoptó muchas veces ciertos elementos residuales paganos para no acusar discontinuidad en las creencias ahora cristianizadas. No es improbable que tocar los genitales a los infantes sea una derivación de una costumbre que en sus orígenes tuviera una finalidad higiénica y sanitaria a la vez que religiosa, como sucedió con la circuncisión, por lo que el hecho de que perduren en la sociedad no es extraño. Es más, la adecuación de esa costumbre a la iconografía cristológica demuestra efectivamente lo que muchos eruditos dicen: que el cristianismo adoptó no sólo símbolos sino también ritos paganos dándoles un enfoque cristianizado, que no es sino lo que vemos aquí: una costumbre ancestral pagana –sin lugar a dudas- readaptada al cristianismo para demostrar su teología: la *Encarnación* y *Humanización* de su dios.

Tienen razón tanto Steinberg como Koch, es decir, que este gesto remarca la *Humanización* de Cristo (Steinberg), sí, pero matizando que dicho gesto tiene origen en unas costumbres paganas (Koch), como fenómeno de aculturación, pues el hábito de tocar los genitales infantiles ni es propio del cristianismo ni de los tiempos modernos. Más bien la iconografía cristológica readaptó un gesto pagano porque la sociedad heredó estas prácticas beneficiosas por motivos higiénicos referentes a la salud genital, y Cristo en tanto que humano y *princeps* no pudo eludir dicha práctica sexual -a modo de rito iniciático- para demostrar su *Encarnación*, del mismo modo que tampoco eludió su circuncisión.

****

¿Recuerdan la imagen de Andrea d'Agnolo comentada con anterioridad? (Fig. 22) Ahora compárenla con la de Sandro Botticelli **(Fig. 35)**. Evidentemente ambas tienen algo en común: en las dos el Niño se toca sus genitales. En la de Botticelli la Virgen y San Juanito se encuentran mirando al Niño: la Virgen con el gesto de orante y el santito levantando el antebrazo con gesto de asombro, de plegaria y de constatación ante el nuevo nacimiento, y entre ambos personajes vemos al Niño sobre la túnica de la Virgen. Resulta incuestionable que el Niño se está tocando, no podemos negarlo de ninguna de las maneras, pues es eso justamente lo que sucede. La idea expresada aquí es la misma que en las ostentaciones genitales, o sea, Cristo niño se está manoseando el sexo remarcando así el elemento que certifica su humanidad, y con ello, todos los pormenores relativos a la sexualidad humana.

Algún tiempo después Paolo Caliari (el *Veronés*) pinta *Sagrada Familia con Santa Bárbara y San Juan Niño* **(Fig. 36)**, donde vemos al Niño aparentemente adormilado que también se está palpando el pene entre sus dedos, de hecho, se ve su órgano asomando entre ellos; no se lo toca ni se lo señala, sino que se lo está cogiendo entre los dos dedos como si fuesen una pinza, a modo de vulva. No existe ninguna duda de que efectivamente se coge la verga. Eso no es discutible, tal vez sí su interpretación, y a buen seguro su significado es susceptible de desacuerdos, pero de lo que no hay duda es de lo que se ve: el Niño tiene su pene entre sus dedos a modo de vulva, y ese gesto divino revela el sentido profundo de estas imágenes.

Huelga decir que todos los niños se tocan de pequeños el pene: es un descubrimiento y aprendizaje natural e instintivo que todos los varones experimentan en carne propia a esa corta edad, del mismo modo que las niñas se tocan también sus genitales. Sin embargo volvemos a repetir: no es una escena costumbrista, sino el acento necesario para enfatizar correctamente el sentido de lo pretendido: se toca el pene para destacar el sentido primordial. En esta imagen confluyen muchos elementos y gestos que remiten a los conceptos que hemos ido tratando a lo largo de este estudio: la Virgen se está sacando un pecho aludiendo con ello a las implicaciones eróticas ya comentadas en la lactación respecto del primer objeto sexual de todo bebé; San Juanito le está besando un pie al Niño con el ya consabido significado alusivo a su genitalidad; y Éste, el niño Cristo, se encuentra adormilado e inmerso probablemente en un sueño lúbrico como tantos hermafroditas dormidos que estaban siendo espiados e incluso violados por sátiros, donde su sueño libidinoso viene aludido al tocarse el pene entre sus dos dedos recreando con ello la fisionomía de una vulva. Obviamente el artista no está intentando representar una escena costumbrista; es evidente que el sentido de esta imagen apunta hacia una significación relacionada con el erotismo crístico, pues todos los elementos señalan en esa dirección. Así pues, el Veronés ha introducido en esta imagen un énfasis teológico que gravita en torno a las acciones y gestos sexuales que hemos ido tratando en este trabajo: conceptos sobre la concepción sagrada de la sexualidad y relacionados con el simbolismo fálico de Cristo. Esta imagen no tiene desperdicio, habla por sí misma y es elocuente en extremo: el tocamiento genital y todos los demás gestos denotan un énfasis hacia el falo de Cristo.

LA ERECCIÓN DE JESUCRISTO

Hay una pintura de Mantegna que seguro conocen todos. Se trata de un Cristo yaciente sobre una camilla y cubierto con un manto de cintura para abajo, con el pecho y los pies descubiertos. El cuadro es famoso porque el punto de vista que adopta el artista es novedoso, su ángulo de visión es desde las extremidades inferiores de Cristo, de manera que el escorzo resultante es muy llamativo. Sea como fuere, esta perspectiva tan original, posiblemente una prueba del autor, ha provocado que esta imagen pasara a la posteridad por ello. Pero otra cosa cabe resaltar y es la que a nosotros nos interesa: que la tela de pudor evidencia un bulto considerable en la zona genital. Realmente no debiera extrañarnos ver ese bulto, pues es natural que el pintor reproduzca la anatomía de forma fidedigna, sea la del cráneo como la de la zona pudenda, pero como ya hemos dicho repetidas veces, en el arte cristológico sólo importa el "realismo teológico". Sea como fuere conviene resaltar de momento esta particularidad: la tela está abultada evidenciando una masa subyacente; sus genitales.

Steinberg analiza unos ejemplos muy pertinentes en los que observamos estos bultos en las zonas genitales, lo que demuestra que los artistas al menos consideraron la sexualidad de Cristo a la hora de abordar su tela de pudor, exactamente igual que en el cuadro de Mantegna. No es Mantegna el único que representa un volumen genital, aunque sí el más original por su perspectiva.

Hemos visto ya a Cristo desnudo de mil maneras distintas mientras se le miran, se le señalan y se le tocan los genitales. La diferencia ahora es que se trata de Cristo adulto, y debemos valorar en su justa medida esta gran diferencia, para nada nimia. Estos ejemplos son realmente raros, pues como ya hemos avanzado con anterioridad la sexualidad adulta es apta para el coito y por lo tanto susceptible de herir sensibilidades, por eso la mayoría de ejemplos remitentes al falo de Cristo nos muestran la sexualidad del Niño, inocente e inofensiva, aparentemente sin deseos lujuriosos. Pero otra salvedad más importante tienen los ejemplos que les vamos a mostrar, a saber: ¿qué ocurre cuando el tamaño del bulto representado es excesivamente grande para un pene flácido, qué pensar entonces? ¿Qué decir tras ver el ejemplo de Willem Key **(Fig. 37)**? Evidentemente su volumen no se corresponde ni con la flacidez ni con la blandura, sino que es más grande de lo esperado y parece que su anatomía interior esté levantando la tela desde dentro, como si tuviese la suficiente fuerza como para hacerlo, lo que denota cierto grado de rigidez. En la imagen de Jacques Bellange, también titulada *Piedad* **(Fig. 38)** encontramos otra curiosidad que nos ayudará para una correcta interpretación: la tela cuelga del sexo de Cristo sin caer al suelo, como si estuviese suspendida en una percha, cuyo colgadero debe de estar suficientemente inhiesto y rígido para evitar que la ropa caiga. En otras palabras: si el pene estuviera flácido lógicamente el paño caería, pero se mantiene gracias a la dirección ascendente del falo. Este ejemplo es sin lugar a dudas muy elocuente; pero del mismo modo es obligado comentar que en verdad es uno de los poquísimos ejemplos que existen de este tipo teniendo en cuenta las fechas que estamos tratando: una verdadera rareza. Otro caso similar es el de Maerten van Heemskerck titulado *Varón de Dolores* y en el cual también apreciamos un bulto excesivamente grande, de tal volumen que no deja lugar a dudas que alberga un miembro erguido en su interior, pues la elevación de la tela no responde sino al engrandecimiento del miembro **(Fig.39)**. Y ahora una vez introducidos estos ejemplos vamos a ver las razones teóricas a las que apuntan.

 La hipótesis que defiende Steinberg nos cuenta que existe una implicación ideológica entre la Resurrección y la erección. La explicación que ofrece es sencilla: si la resurrección del Señor se realizó tanto en cuerpo como en alma, ¿qué mejor manera de aludir a la Resurrección de su cuerpo que mediante la erección del miembro que la certificaba? Es decir, como la corporalidad de Cristo se constató precisamente mediante su sexo, es lógico también que sea mediante su sexo como se remita y se demuestre la resurrección de la carne. Incluso dicho de otro modo: puesto que la carnalidad de Cristo (la *Encarnación*) se alude mediante su sexualidad, es lógico que la resurrección de su carne se represente mediante la erección del miembro que simbolizaba dicha carne, esto es, su falo. Por lo tanto es entendible que para simbolizar su resurrección se represente su sexualidad erecta, en sentido ascendente, mirando al cielo hacia donde se dirige su cuerpo.

No es en absoluto descabellada esta hipótesis, no porque lo afirme Steinberg, que también, sino porque ya Dulaure dio en el clavo y apuntó en este sentido hace más de doscientos años, cuando afirmó que para los antiguos la Resurrección estaba emparentada íntimamente con la erección. En otras palabras: la erección simbolizaba la Resurrección en primavera. Veamos lo que escribió Dulaure:

> «Las estrechas relaciones que existen entre el Sol primaveral y el signo de la generación llevaron a los egipcios, tras haber adoptado la costumbre de dar a sus divinidades figuras humanas, a representar al dios-sol Osiris o Baco con un Falo en un estado propio de la fecundación. La mayoría de monumentos antiguos nos presentan al dios-sol sujetando con la mano su Falo, muy aparente, y con la apariencia, de demostrar a sus adoradores su resurrección en primavera y su renovado vigor.» [107]

El cristianismo representó simbólicamente la Resurrección del Señor exactamente igual que se hizo en las religiones paganas, cuando celebraban con el falo inhiesto el retorno de la primavera. Al respecto cabe decir que la Resurrección es un dogma de fe que muchas religiones observan en sus diversas teologías sea de una forma u otra; nosotros no podemos abordar ahora ese análisis aquí, sólo destacar que la Pascua de Resurrección cristiana es equiparable y análoga a tantos otros mitos de muerte y resurrección que diversos sistemas religiosos contemplan para sus

---
[107] DULAURE. *Op. cit.* p. 38.

dioses. En esos sistemas religiosos, las fechas de la resurrección de sus divinidades se corresponde obviamente con la época del florecimiento de la naturaleza, o sea el equinoccio de primavera, donde se celebra la fertilidad, la regeneración, y por qué no decirlo, el frenesí sexual de tantos animales en celo; es decir, exactamente el mismo sentido original al que apunta la Pascua cristiana. De hecho, la fecha de su celebración todavía atiende a factores cosmológicos: la Pascua de Resurrección se celebra el primer domingo posterior al primer plenilunio tras el equinoccio de primavera. En estas fechas señaladas es cuando en los otros sistemas teológicos se desvelaba el falo para mostrar su poder fascinante, cuando paseaban solemnemente en procesión su imagen símbolo de la regeneración, tal y como advierte Dulaure:

> «Siguiendo el ejemplo de los egipcios, que celebraban la muerte de Osiris y su resurrección, también en Bylos se celebraba, con luto y lágrimas, la muerte de Adonis; pronto se anunciaba su resurrección, y a la fiesta lúgubre sucedían las ceremonias donde se manifestaba la alegría del pueblo. Era entonces cuando el Falo, símbolo de la resurrección de la naturaleza, era paseado triunfalmente.»[108]

El falo es símbolo del poder fecundador y por lo tanto contiene una función apotropaica: es un talismán. El mal es conjurado mediante este amuleto que nunca falla, pues siempre y todos los años, pase lo que pase, tras la muerte invernal regresa puntual la nueva vida triunfante y primaveral. Y aquí nos acordamos precisamente de los cuadros titulados *Cristo triunfante ante la muerte*, cuya esencia y mensaje no difiere de las concepciones cosmológicas que estamos explicando. Sea como fuere después de la calamidad viene la dicha, y después de la desgracia la fortuna, y lo que es más, después de la muerte llega la vida: una vida regenerada gracias al nuevo ciclo que la primavera inaugura,

---

[108] *Íbid.* p. 53.

donde la vegetación reverdece; de ahí que se crea en la resurrección de los muertos y en la pervivencia del alma, debido a la observación año tras año de la regeneración natural. Y todo ello, toda regeneración y resurrección natural, se simbolizaba en el mundo antiguo con la erección del miembro generador, el que propiciaba la nueva vida gracias a su poder fecundador. Realmente en la concepción antigua es -como dicen los grandes clásicos- gracias al falo por lo que la vida continúa y el mundo sigue girando. No hay mejor protección.

>«Todas las fábulas orientales, egipcias, fenicias y frigias coinciden en el hecho de que siempre, después de un acontecimiento funesto y desgraciado, el Falo aparece en público y recibe homenajes divinos, porque es después de la escarcha y la esterilidad de la naturaleza vegetante cuando el Sol aparece y esparce por doquier el vigor y la fecundidad.»[109]

La regeneración de la naturaleza se celebró a través del símbolo del falo porque remite al nacimiento a una nueva vida regenerada, a una Resurrección. Obviamente se representa con el órgano erecto, reavivado después de su muerte y ahora fortalecido y entronado. Y cabe resaltar que esta significación simbólica es obviamente análoga a su función: tiempo después de la *petite mort*, es decir del orgasmo, volverá a revivir otra vez pasado el tiempo refractario, o sea el tiempo que necesita el órgano viril para estar otra vez en condiciones de ser y portarse como falo y no como pene. El cristianismo también contempla al igual que muchas religiones la muerte y la resurrección de su divinidad: Jesús muere en la cruz pero resucita como la naturaleza, reflejando así su deuda con los principios cosmológicos paganos. Y al igual que en esos sistemas cosmológicos, en las mismas fechas aproximadas del equinoccio, la Resurrección de Cristo también se simboliza con el falo erecto.

---

[109] *Ibid.* p 54.

En Egipto, Osiris, el gran dios itifálico, se tocaba y se señalaba el pene, y comentábamos al inicio de este trabajo que Min, al igual que Osiris, también era representado itifálicamente

«En el país del Nilo Osiris se tocaba el pene «como demostración de su resurrección, prototipo de la resurrección de sus adoradores. "Oh, vosotros, dioses" reza una inscripción egipcia junto a la figura de un muerto que se levanta de la tumba, "vosotros que habéis surgido del falo, abridme los brazos". Y, por supuesto, el miembro también figuró en las tumbas de Grecia y Roma, como imagen de la fuerza generadora inagotable de la naturaleza, vencedora de la muerte.»[110]

En la Antigüedad griega y romana las representaciones itifálicas también abundaron, baste sólo recordar como ejemplo la proliferación de Hermes en los límites geográficos. Por tal motivo no debiéramos extrañarnos al ver ahora ejemplos en donde se insinúa, aunque de una forma velada y atenuada, la erección del dios cristiano. Sea como fuere debemos señalar que su erección atiende al mismo significado simbólico que en las religiones precedentes, donde el falo triunfante era enarbolado como anuncio de una nueva naturaleza regenerada y fértil. En la iconografía cristológica, tal y como podemos ver en algunos ejemplos extraordinarios, al igual que en esas religiones, tras la muerte de Dios también se alza y enarbola el falo triunfante en su resurrección, aunque cubierto con un velo, esta vez sí por pudor, pues se trata de un falo adulto y de una religión en la que por tradición todos los Doctores de la Iglesia condenaron la sexualidad. Atendiendo estrictamente a la tradición, el día señalado en que se celebra la regeneración de la naturaleza debería desvelarse el falo sagrado, pero eso es imposible verlo en el caso de Cristo adulto, aunque no sin embargo en el Niño, tal y como hemos visto en algún ejemplo donde desvelaban su pequeño falo. No obstante, en Jesús

---

[110] DESCHNER. *Op. cit.* p. 33.

adulto, al no poder mostrar su falo por cuestión de pudor, en su defecto se le hincha el perizoma y se remite así a su erección.

Y tal vez alguien podrá alegar que los cuadros aquí mostrados de Cristo adulto no pertenecen a la escena de la Resurrección, sino a las de la *Piedad*. Y es cierto, como es igualmente cierto que las escenas de la *Piedad* son representaciones de Cristo muerto, lo cual es como decir que ya ha finalizado su vida pública y sólo le resta esperar a cumplir su destino en la Resurrección, sólo le queda ascender a los cielos, hacia donde apunta su falo. La erección en Cristo muerto -por ejemplo en *la Piedad*- nos remite al futuro inmediato de la Resurrección de la carne. Además, la relativa autonomía del artista puede favorecer que determinados conceptos teológicos se representen en otros pasajes distintos de los que cabría esperar, es decir, no existe una rigidez absoluta a la hora de representar un determinado concepto sólo y estrictamente en su paisaje correspondiente. Y en este punto y ya que estamos hablando de posibles alegatos he de volver a repetir que también son totalmente inadmisibles las explicaciones "naturalistas", que intentan explicar el sentido de la erección remitiéndose al *rigor mortis*, pues recuerde el lector, por quincuagésima vez, que es el realismo teológico el que importa en religión. Además, suficientes eruditos de todos los tiempos han dejado constancia escrita de que la resurrección se simboliza con la erección desde hace milenios, como para que determinados sectores con prejuicios morales sobre su dios vengan a negar lo que la tradición parece demostrar.

El falo erecto es símbolo de su resurrección, concepto a la vez subsidiario de la regeneración de la naturaleza. Pero, ¿qué sucede cuando no se trata de Jesús adulto sino del Niño? Cuando el concepto de la Resurrección debe adecuarse a la imagen del Niño podremos ver su órgano erecto, ya que recordemos que el Niño está exento de esa carga del pudor que sí contempla el adulto. Sin embargo algunas veces el Niño está representado itifálicamente pero nos pasa desapercibido porque no apreciamos bien si su órgano está erecto o no, y esto es debido a que es difícil discernirlo, pues el pene pueril no aumenta de tamaño con la misma proporcionalidad que el pene adulto; esto es, hay poca diferencia en tamaño respecto de cuando lo tiene flácido o rígido, pues la evolución eréctil infantil se manifiesta en la dureza del miembro más que en el volumen, y obviamente su dureza no la podemos valorar en una pintura.

Un ejemplo de esta dificultad en apreciar la erección del miembro infantil la vimos en Andrea d'Agnolo (Fig. 27). En esa imagen no podíamos saber a ciencia cierta si la erección se había producido o no, aunque personalmente me decanto a pensar que sí, pues este autor es especialmente sobresaliente a la hora de evocar conceptos relativos a la sexualidad divina. Andrea d'Agnolo tiene muchos ejemplos que nos sorprenden, y las implicaciones eróticas de sus Niños son evidentes y magníficas; al respecto podemos volver a revisar las imágenes Fig. 21 y 22 para convencernos de su sorprendente retórica visual. A la vista de todo esto no sería inverosímil que en la imagen comentada (Fig. 27) el Niño tuviera el miembro erecto, tal y como da la sensación, pues su pene parece que se encuentra apuntando hacia adelante.

A continuación vamos a tratar una imagen de Jan Cornelisz en donde se representa un tocamiento evidente por parte del Niño. Mírenla detenidamente porque fue una sorpresa encontrarla por casualidad durante una visita al Museo de Bellas Artes de Viena **(Fig. 40)**. Fíjense cómo le están tocando el pie al Niño, cuyo significado ya comentamos; observen cómo tiene los ojos bizcos, remitiendo con ello al goce sexual; miren asimismo la disposición de los dedos de la mano del Niño, uno de los cuales, el índice, se encuentra inhiesto remitiendo al falo; y lo más importante, vean cómo el propio niño Jesús se está cogiendo el pene a la altura del glande. Y no; adelantándonos a los alegatos de los naturalistas cabe decir que no es probable que esté señalándose el prepucio aludiendo a la Circuncisión, como bien demostraremos en breve.

Ante tal suma de pequeñas curiosidades gestuales y simbólicas sólo cabe preguntarse si realmente esta imagen intenta expresar lo que aparenta; si es así realmente nos encontramos ante un ejemplo excepcional. Lo menos llamativo es el tocamiento de los pies, ya que al fin y al cabo es un recurso eufemístico para no tener que señalar directamente su sexualidad y es muy común, pero, ¿y su mirada? Quignard nos cuenta sobre la mirada torva de Medea en los frescos Pompeyanos, una mirada "ida", ausente, premonición del instante inmediato que acontecerá, cuando mate a sus hijos fruto de su amor no correspondido. Los ojos bizcos son característicos de la locura, pero también del goce sexual, del placer erótico, tal y como nos recuerda este autor:

> «(los ojos de toro, los ojos torvos, los ojos bizcos son el signo del *furor*, de la locura, pero también de la mirada enfebrecida de Venus, del *amor*). [...] La mirada fija precede a la tormenta, al acceso durante el cual el frenético, con la alucinación de un sueño en la mirada, no ve en el acto (*fascinus*) que comete ni el crimen que está cometiendo ni el sueño que está persiguiendo. El que comete el crimen (el *fascinus*) está fascinado (*fascinatus*) en su mirada. Ve un espectáculo distinto.»[111]

Ciertas personas ponen alguna que otra vez los ojos torvos para gesticular cómicamente sobre el clímax sexual, y mientras hacen la broma ponen cara tonta con ojos bizcos; otros individuos, sin intención cómica sino todo lo contrario, no pueden evitar esta mirada oblicua en el apogeo final del coito, cuestión probablemente neurológica. Es decir, que la mirada torva y extraviada se sabe desde antiguo que remite al clímax sexual.

Vamos con otro pequeño dato: ¿y el gesto con el índice inhiesto?, ¿acaso no remite a la dureza y a la erección del falo? Esta particularidad de los dedos rígidos que remiten al falo la trataremos más adelante en un próximo capítulo, pero de momento concédame el lector el beneficio de la duda para aceptar que en efecto el dedo rígido remite al falo. Esto es lo que sucede en un famosísimo cuadro de Jean Fouquet titulado *la Virgen con el Niño* (1450. Museo Real de Bellas Artes, Amberes, Bélgica), donde vemos el dedo índice del Niño rígido, señalando hacia adelante, del mismo modo que también su pene apunta hacia adelante en claro

---

[111] QUIGNARD. *Op. cit.* p.132.

paralelismo, remarcando así el carácter intercambiable de ambos apéndices, similares tanto en su forma cilíndrica como en su rigidez. La correlación entre el dedo y el pene en esa imagen es clarísima, lo cual apoya la hipótesis de que el dedo inhiesto está relacionado con el pene. En la imagen que nos ocupa de Jan Cornelisz sucede lo mismo pero de forma aún más nítida y evidente, pues el dedo erguido se encuentra justo al lado de sus genitales y por comparación lo vemos más claramente. Además, el Niño se está cogiendo el falo erecto con los otros dos dedos mientras que con el tercero remite a su dureza. Otra cosa es la interpretación que le demos, sujeta obviamente a posibles errores, como por ejemplo si ese gesto es el que le está causando la excitación o no, pero lo que se ve en esta pintura y no se puede negar es exactamente eso: un niño cogiéndose el pene con dos dedos de una mano en la cual hay un tercer dedo, el índice, rígido.

Ahora viene lo más embarazoso, a saber: el dedo rígido remite a la dureza del falo; el Niño se coge su falo erecto con los dedos; la mirada del Niño refleja un goce sexual.... Si intentamos coligar todos estos datos de por qué se coge el pene, un pene erecto que ya es falo, y el por qué de esa mirada bizca y arrobada, todos estos indicios nos llevan en una dirección, y la explicación sólo puede ser un tanto peliaguda y espinosa, hasta tal punto que no lo afirmaremos sino que lo pondremos en tela de juicio, y la susodicha pregunta es la siguiente: ¿se está masturbando el Niño?

Al respecto, actualmente a buen seguro que cualquier psicólogo y sexólogo respondería afirmativamente, pues de sobra es conocido en el ambiente científico pero sobre todo desde el punto de vista de la psicología contemporánea, que todo bebé se masturba dentro de un comportamiento natural que el niño realiza en la constante exploración de su cuerpo. Estos actos masturbatorios desaparecen sobre los seis años de edad para luego volver a aparecer en la adolescencia. La obtención de dicho placer infantil se obtiene por autoestimulación de las zonas erógenas tales como boca, pies y órganos genitales entre otros, generalmente a través del roce. Cabe recalcar que la búsqueda de dicho placer no está vinculada a ninguna significación psico-sexual, es decir, ninguna finalidad perversa psíquica sino que simplemente está limitado a una experiencia corporal, física, una experiencia sensitiva y no psicológica. Se han demostrado casos incluso de masturbaciones *in-útero*, aunque lo normal es que se den al cabo a partir de los dos meses. En absoluto hay que escandalizarse por ello, pues la masturbación forma parte del desarrollo sexual humano, por mucho que se haya intentado condenarla, y de hecho es una actitud que está presente de forma natural en la inmensa mayoría de seres humanos.

Vuelvo a remarcar que el significado al que apunta este gesto pictórico donde vemos al Niño aparentemente masturbarse es probablemente el de reflejar su identidad carnal, pero diferenciándola de la animal y no atendiendo a su naturaleza común como el resto de los mortales, sino que tal y como venimos anunciando desde hace tiempo lo pretendido sería mostrar con ello una particularidad humana, en tanto que Cristo es su paradigma, y esa particularidad estaría, cómo no, emparentada con los usos sexuales humanos, que son lo que nos diferencian de otras especies. Tales usos serían aquí alusivos a la masturbación, no como un comportamiento de exploración sólo física de nuestro cuerpo, sino atendiendo a nuestra identidad psíquica, pues de sobra es sabido que sólo el ser humano copula con íncubos y súcubos, es decir, sólo a nosotros se nos atribuyen perversiones psíquicas, sólo nosotros utilizamos el intelecto para fines sexuales, sólo nosotros nos deleitamos con la imaginación activa. Dicho intelecto es el que en mayor medida participa para la estimulación sexual, al recrearse imaginativamente y por ende gozar físicamente. Sólo nosotros nos regocijamos intelectualmente y eso se refleja en nuestros usos masturbatorios, diferentes del de los animales por esa recreación imaginativa.

Se alegará que este ejemplo es sólo uno de entre miles, que es simplemente un cuadro aislado de un sólo artista, que no representa a la totalidad... En efecto, es un cuadro que corresponde sólo a un pintor y ni siquiera es habitual encontrarnos con casos así, pero llevamos muchos cuadros viendo los derroteros que va tomando el arte cristológico y todos apuntan en el mismo sentido.

Este último ejemplo es un caso excepcional, no lo negamos, pero la dirección de esta investigación nos ha llevado hasta aquí no por casualidad ni por invención personal, sino que hemos llegado a este punto siguiendo la estela de la *Humanización* de Dios: esta imagen es la conclusión, la consecuencia lógica de tanta dialéctica en torno al falo de Cristo.

Llevamos ya muchas imágenes analizadas, obviamente muchísimas más de las que les hemos mostrado a ustedes, que van dejando un poso preocupante, al menos como para que empecemos a cuestionarnos realmente todo lo dicho hasta ahora. El que pretenda negar las evidencias aquí mostradas es libre de hacerlo; por mi parte continuaré cuestionándome si el Niño se masturba, si se excita con los pechos marianos, el por qué su madre y su abuela le tocan los genitales, etc. No es un cuadro solamente: este último ejemplo ha sido sólo uno más de una pequeña lista propuesta aquí pero interminable si atendemos y revisamos toda la imaginería pictórica cristiana; son muchos cuadros los que tejen el hilo de este trabajo, tantos como para no importar algún pequeño descosido, pues por mucho que un hilo rompa están todos los demás ahí para conservar íntegra la prenda. Llegar a ver esta última imagen no ha sido casualidad, sino el camino inevitable donde ha llegado el arte cristológico al contemplar vestigios culturales paganos en su afán por abordar la genitalidad de su dios. Este último ejemplo corrobora la plausibilidad de las interpretaciones que hemos propuesto, tanto como el hecho de que el debate en torno a la sexualidad y el erotismo cristológico es un hecho irrebatible que lleva siglos ante nuestra miopía, una miopía causada por una educación religiosa antisexual. Realmente estos ejemplos son tan elocuentes que ratifican por sí mismos nuestra tesis sobre el sentido erótico de la pintura cristológica. A la vista está lo que no necesita explicación. A las pruebas me remito.

Actualmente se tiende a admitir en el ámbito académico que las referencias sexuales son evidentes y suficientemente claras como para rechazar las opiniones que niegan dicha significación sexual. La "gazmoñería" (por utilizar un término de Freedberg) de algunos sectores conservadores ha impedido durante largo tiempo profundizar en estos temas considerados tabú. Se ha soslayado la cuestión y las explicaciones dadas han sido tan descabelladas y estrambóticas como risibles. Lo extraño es cómo ha sido posible elidir este tema durante tanto tiempo. Aunque bien mirado, ¿realmente era tan fácil advertir aquello que había estado siempre delante de nuestros ojos?, ¿aquello tan obvio que probablemente pudiera pasar desapercibido precisamente por exceso de evidencia? ¿Cómo hubiéramos podido advertirlo antes del siglo XX y del psicoanálisis? Una parte de la explicación ya la hemos adelantado en un capitulo precedente, y es debido a la educación antisexual de nuestra mirada. Nos han enseñado a mirar con ojos asexuales las imágenes cristológicas y a rechazar de antemano cualquier alusión erótica en su figura.

En realidad estas peculiaridades sobre la sexualidad de Cristo no pasaron tan desapercibidas como podríamos pensar. Existen escritos y denuncias -algunos recogidos en este trabajo- de clérigos que se quejaron de la indecencia de Cristo. A sabiendas de que ya en el siglo XIII había obispos contrarios a su desnudez, sólo cabe pensar que el silencio sobre esta cuestión fue impuesto, premeditado e intencionado con el paso del tiempo, y por este motivo el tema cayó "*en el olvido moderno*" (tal y como reza el título de Steinberg). Los antecedentes que reprueban la desnudez del Niño confirman la intencionalidad de la Jerarquía por suprimir estos *tipos* iconográficos, pues entendían, y con razón, que eran subsidiarios de conceptos religiosos paganos.

Una última cuestión: si hacemos caso a Freedberg, la gente menos culta observa con mayor franqueza los aspectos sexuales de las pinturas; por contra, las personas cultas tienden a dar respuestas demasiado enrevesadas y rechazan las primeras impresiones por otra explicación más compleja que tiende a perderse en tecnicismos y no en lo que se ve a simple vista, una explicación intelectualizada que rechaza lo que considera vulgar[112]. Sin embargo la gente común no suele atender a alegorías, metáforas ni símbolos, y donde ve unos genitales no interpreta su

---

[112] FREEDBERG. *Op. cit.* p. 270.

sentido figurado sino el literal: unos genitales. Los genitales pueden remitir al origen de la vida pero no dejan de ser lo que son, que es lo que ve el común de las personas. La utilización de esa parte del cuerpo para aludir a la génesis, aunque es un recurso poético no deja de ser elocuente en extremo. Sólo las explicaciones de los teólogos "intelectualizados" y puritanos que ¡sí sabían el verdadero significado! que pretendían transmitir estas pinturas han podido desvirtuar el verdadero sentido de esas imágenes, vaciándolas de cualquier implicación erótica e ideando para ello un razonamiento estrambótico. Tal vez cabría recordar aquí una frase de Jung: «El hombre culto procura reprimir en sí mismo al hombre inferior, sin reparar que con ello le obliga a revelarse»[113].

---

[113] JUNG, C. G. *Psicología y religión.* Barcelona; Paidós, 1981. p. 129.

V- SÍMBOLOS RELIGIOSOS Y ERÓTICOS

«En el cristianismo popular sobreviven hoy todavía ritos y creencias del neolítico.» (Mircea Eliade)

Todas las distintas religiones del globo contienen elementos comunes: la historia de la primera pareja humana, un diluvio que acaba con la raza corrupta, un dios en el cielo, un río y una montaña sagrada, una concepción virginal por un rayo de luz fecundante, un sacrificio divino con la consecuente muerte y resurrección, etc. Muchos de los protagonistas de estos mitos han nacido de madres vírgenes, no sólo personajes religiosos como Jesús o Buda, sino también célebres filósofos, héroes mitológicos e incluso políticos, los cuales llevaron una vida paralela a la de Cristo mucho tiempo antes de que Éste naciera; y muchos de estos personajes también curaron enfermedades del cuerpo y del alma, calmaban tormentas en el mar, sufrieron burla y desprecio y vencieron a la muerte bajando a los infiernos y resucitando de entre los muertos. De modo similar, también existen las figuras de ciertos "iluminados" o "santos" que son capaces de comunicarse con lo divino, como el chamán, que de modo similar baja al infierno a recuperar el alma del enfermo, lo que implica que el simbolismo de la ascensión es igualmente común a todas las religiones. En otras palabras: la similitud de los simbolismos religiosos es más que evidente. ¿Por qué? Pues probablemente porque todas las religiones poseen elementos propios que son reflejo de la psique humana, común en grado sumo a todos nosotros, y por eso son tan análogas unas de otras en su esencia y en sus símbolos; porque nunca nacen *ex nihilo* sino que son creadas a partir de nuestras emociones, idénticas por naturaleza. Dicho de otro modo: las religiones poseen idéntica estructura y tienen elementos comunes porque todas ellas han sido creadas por la psique humana y por personas comunes.

Uno de los motivos a los que más se suele recurrir para demostrar estas analogías religiosas es el de las fiestas religiosas, pues de sobra es conocido que la mayoría de las fechas festivas tienen una base cosmológica, como las cristianas, muchas de las cuales se establecieron en las mismas fechas en que se celebraban las fiestas paganas. La explicación más común -entre ellas destacamos la de André Grabar- es que de este modo los hábitos culturales de las masas paganas no acusarían trauma en el proceso de cristianización, sino continuidad, lo que ayudaría a convertirlos al cristianismo; por esa razón no intentaron erradicar el culto pagano hacia los nombres ilustres y los héroes de la Antigüedad, sino dirigirlos hacia nuevos personajes cristianos, por ejemplo los santos. Es decir, que se intentó en la medida de lo posible una continuidad de culto. Esta continuidad es observable tanto en las fechas en que se fijó la celebración como en la propia estructura del mito, como sucede por ejemplo en las fiestas relativas al nacimiento y la muerte de Cristo, que se corresponden con las fechas paganas donde celebraban la muerte y la resurrección del mito.

La más famosa fiesta cristiana es la del nacimiento de Jesús (Natividad). La datación de la Navidad se hizo coincidir con el solsticio de invierno, donde el paganismo celebraba el triunfo del sol, o sea, el triunfo de la luz sobre las tinieblas como homenaje a la naturaleza cíclica de las divinidades solares (Apolo y Helios, Mitra, Horus, etc.)[114]; es el triunfo y la promesa del ciclo fecundo que se avecina. En el caso cristiano, el sol y su luz benefactora que vence a las tinieblas es el propio Cristo. De forma similar sucedió con la Pascua de Resurrección, instaurada aproximadamente en las mismas fechas que las fiestas paganas del equinoccio de primavera, donde se celebraba la venida del tiempo fértil y la regeneración de la naturaleza y con el cristianismo la resurrección de Cristo: acto simbólico que sustituye al rito cosmológico. Aquí nos interesa señalar un dato importante, y es que como bien destacan algunos

---

[114] Los romanos celebraban las saturnales del 17 al 24 de diciembre y el día 25 correspondía en su calendario al solsticio de invierno.

autores (Frazer, Quignard, White...), la Pasión de Cristo pudo ser simplemente un montaje festivo que los carceleros romanos celebraron: el *Purim*, que según Frazer es una adaptación judía equivalente a los Saturnalia (los Sacacea) y en la que Cristo representó –a la fuerza- la figura del "dios moribundo". Victor White recoge el texto en el que Dion Crisóstomo describe estos ritos paganos:

> «*"Toman a uno de los prisioneros condenados a muerte, y le sientan sobre el trono del rey, y le dan las ropas del rey y se las ponen... Pero después le despojan, le azotan y crucifican"*. Cualquiera que sea el valor de la hipótesis, las semejanzas con la historia evangélica son innegables.»[115]

Visto así, Jesús no fue sino otro "rey de burlas" -como lo denomina Frazer - obligado a actuar de víctima y a desempeñar tal papel porque así lo requería la farándula de los soldados: fue utilizado como actor para una celebración festiva pagana. Los últimos momentos de Cristo son pues parte de un rito litúrgico pagano concebido para hacer reír y denominado "ludibrium": es una fiesta sarcástica (que el R.A.E define como "escarnio, desprecio, mofa"), es un vestigio de simulaciones y parodias de las fiestas fesceninas. Pascal Quignard opina lo siguiente:

> «El ritual propiamente romano es el *ludibrium*. [...] Este juego sarcástico es lo que Roma aporto al mundo antiguo. Más allá del castigo, más allá del espectáculo del desafío a la muerte o de los sacrificios escenificados en forma de combates a muerte, la sociedad se venga y se aglutina a través de la muerte risible. [...] Un *ludibrium* funda la historia cristiana. La escena primitiva del cristianismo –el suplicio servil de la cruz a quien pretende ser Dios, la *flagellatio*, la inscripción *Iesus Nazarenus Rex Iudaeorum*, el manto púrpura (*veste*

---

[115] WHITE. *Dios y el inconsciente*. Madrid; Gredos, 1955. p. 310.

purpurea), la corona real hecha de espinas (*coronam spineam*), el cetro de caña, la desnudez infamante- es un *ludibrium* concebido para hacer reír»[116].

En esta burla, el cetro de caña y la corona de espinas sólo son los atributos risibles de la fiesta pagana del dios moribundo; fiesta que el cristianismo redirigió hacia sus propios fines proselitistas. A partir de ese momento, la fiesta cristiana se celebrará en las mismas fechas que las paganas, pero ahora con un sentido renovado y cristianizado.

Así pues, existe un paralelismo evidente entre las prácticas, credos y rituales cristianos y los paganos, donde lo que se pone de manifiesto y lo que se celebra es el nacimiento, la muerte de Dios y su resurrección. Para profundizar en estas correspondencias religiosas debemos acudir a Frazer[117], por ser el más pertinente y de lectura obligatoria. Indudablemente con el tiempo muchos de sus discípulos recogieron en sus enseñanzas tales paralelismos religiosos: la entrada al lugar sagrado, la procesión, las ramas de olivos, el banquete sagrado y la comunión sacrificial... e incluso algunos autores han interpretado la inmersión del cirio pascual (simbolismo fálico) en la fuente bautismal (simbolismo vaginal) como la derivación de un antiguo hábito litúrgico que representa simbólicamente lo que antaño fue una unión sexual sagrada (*hieros gamos*) entre el rey sacerdote y la representante de la diosa, pues hasta las oraciones que acompañan tal oficio cristiano hacen «alusiones explícitas a la unión sexual y a la fertilidad»[118].

Muchos otros elementos son comunes en ambas religiones: el *Dios moribundo* pagano con Cristo crucificado, la fiesta totémica con la Santa Cena, la *Magna Mater* primitiva con la *Mater Dolorosa*, etc. Pero indudablemente, de entre todos ellos, debemos destacar

---

[116] Al respecto del *ludibrium* romano realizado con Cristo véase QUIGNARD. *Op. cit.*, p. 53 y 54.
[117] FRAZER, J. G. *La rama dorada. Magia y religión*. México D.F.; Fondo de Cultura Económica, 1956.
[118] WHITE. *Op. cit.*, p. 308. Si no recordamos mal, Deschner también se hace eco de este hecho.

los símbolos de carácter sexual por ser los que conciernen a nuestro estudio, ya que existen correlaciones en el cristianismo respecto de los cultos paganos primaverales de la fertilidad.

Tanto el Nacimiento como la Resurrección de Cristo se insertan en unas fechas en que el paganismo glorificaba la regeneración y el poder genésico de la naturaleza en un mundo sexuado. La continuidad de culto en la figura de Jesús es obvia, por lo que Cristo adoptará en sí y en adelante todos los conceptos relativos a la generación sexual, aunque la Jerarquía trate de erradicar dichas creencias o de imponerles un decoro moral. Nuestra labor consistirá pues en profundizar en dichos simbolismos con el fin de poder interpretar correctamente el origen del pensamiento teologal cristiano, y si en él subyacen resquicios eróticos heredados del paganismo.

****

En realidad no es que el cristianismo se haya apropiado sistemáticamente de conceptos teológicos de otras religiones, sino que actuó como actúan todas las confesiones sin excepción: evolucionar desde formas anteriores adoptando los elementos oportunos y rechazando los innecesarios. Los dioses no han estado siempre ahí con la misma forma, sino que unos dioses nuevos han venido sustituyendo a otros antiguos; es decir, que la idea de divinidad evoluciona con el paso del tiempo. Mircea Eliade nos enseñó sobre esta evolución religiosa de las divinidades, cuyo proceso atiende al principio de efectividad. En otras palabras: los humanos se han sentido tentados de sustituir a unos dioses apenas activos por otros más efectivos, especializados y provechosos, capaces de intervenir en nuestra cotidianeidad, sobre todo en lo referente a la fecundación y la regeneración. La fuerza genésica pasa así a ser una característica común en las divinidades más "modernas".

En el relevo de unos dioses por otros siempre prevalecen los más concretos, dinámicos y fértiles. El vencedor será pues el benefactor de la fecundidad por ser el que actúa de forma directa sobre ella. En el caso de los dioses celestes (o uránicos, como los denomina Eliade), ellos son los responsables del poder fecundador en tanto que representan el principio masculino, por lo que sus cultos han estado emparentados por lo general con ritos orgiásticos. Yahvé no ha nacido de la nada ni ha existido siempre, sino que también es una derivación de otra divinidad anterior, es una forma evolucionada de otra más antigua llamada Ba'al (*Beel-Fegor* o *Baal Fogor* –Dios de los hebreos), y cuya peculiaridad más notoria era la hierogamía con la diosa Tierra a través del rayo, la lluvia, etc. La lluvia es la simiente de Dios que fecunda a la Tierra porque estas divinidades, al ser celestes, se manifiestan a través de los elementos atmosféricos. Yahvé adopta igualmente todas las propiedades características de los dioses predecesores celestes, por eso sus manifestaciones no difieren y son también a través de los elementos atmosféricos: el arco-iris, las nubes, la tormenta, el rayo, etc. Ba'al –su predecesor- fue una divinidad a la que el pueblo hebreo rindió culto sexual, aunque posteriormente Yahvé, en tanto que sustituto más estricto en moral sexual, rechazó sin dudarlo el culto a la fecundidad que venía realizándose con su predecesor. Pero obviamente al decir que Yahvé rechazó dichos cultos no nos referimos a Él, si no a sus sacerdotes.

La santificación de la vida biológica que se dio en el paganismo es desplazada en este caso por una glorificación de orden espiritual, donde son eliminadas las violencias sexuales en pro de una visión más espiritualizada del mundo. El aparente rechazo de Yahvé hacia los ritos sexuales sólo es producto de una demanda religiosa y social de aquella época, porque así lo exigió la concepción ética del momento; el desplazamiento del dios erótico por otro dios introspectivo y pudoroso es la tónica del incipiente ascetismo sexual. Puede dar la sensación de que Yahvé rechaza la cualidad más preciada de toda divinidad, que es la capacidad genésica, aunque esto no es del todo cierto: esta capacidad genésica permanece de forma atenuada, oculta tras un velo simbólico.

Los dioses celestes o uránicos destacan por sus capacidades creadoras. Estos son, podríamos decir, dioses de primera generación, de los cuales derivan otros dioses que son los solares. Los dioses solares atienden obviamente al simbolismo solar, cuyas significaciones son múltiples, pero básicamente refiérense todas al común denominador del poder fertilizante del sol, fuente de calor y origen de vida, por eso cada religión lo identifica con su respectiva divinidad, como el caso de Cristo en el cristianismo.

Hay otros simbolismos muy interesantes que también quedan recogidos en todas las religiones como los acuáticos. De estos destaca especialmente el del bautismo, el cual contempla correspondencias referentes a la creación, la muerte y la regeneración. El simbolismo bautismal participa de la misma naturaleza y esencia que el simbolismo del diluvio, pues en ambos predominan las propiedades genésicas y purificadoras del simbolismo acuático. En lenguaje coloquial podríamos decir que un diluvio es como un bautismo a lo bruto: un bautismo regenerador y purificador no a nivel individual sino colectivo, un "bautismo universal". Mircea Eliade lo explica así:

> «Desde el punto de vista de la estructura, el "diluvio" es comparable al "bautismo" [...] En cualquier conjunto religioso que aparezcan, las Aguas conservan invariablemente su función: desintegran, dejan abolidas las formas, "lavan los pecados", son a la vez purificadoras y regeneradoras. Su destino es preceder a la Creación y reabsorberla.»[119]

Los mitos del diluvio atienden a los ciclos de muerte-resurrección, ya que es una catástrofe cíclica devenida por una falta ritual, a causa de la cual se extinguirá la raza humana para posteriormente renacer limpia de pecados gracias a la inmersión en las aguas. O sea, que a través de las aguas también se regenera la naturaleza. La inmersión en las aguas significa la vuelta a lo preformal, a lo indiferenciado, a una muerte simbólica y a una disolución de las formas que renacerán purificadas. En el

---

[119] ELIADE. *Imágenes y símbolos. Cit.*, p.166.

cristianismo, el bautismo nos redime del pecado original y nos hace renacer puros de mácula: contiene en esencia la misma propiedad regeneradora y purificadora que el diluvio, y ambos participan de la simbología acuática.

Jesús también experimenta en carne propia el simbolismo bautismal y recupera con este simple gesto su semejanza respecto de Dios, tal y como dice Tertuliano. En algunos cuadros vemos a Cristo desnudo mientras está siendo bautizado, y la explicación de su desnudez es obvia: el estado de pureza espiritual a la que nos remite el re-nacimiento del bautismo se representa simbólicamente con la desnudez del cuerpo; desnudez que remite a la pureza de un recién nacido.

Cristo y la Iglesia se han apropiado de los símbolos y los utilizan de una manera más renovada, libre y cristianizada. El simbolismo cosmológico continúa representándose también en el cristianismo pero adaptado al nuevo credo: el sol ya no es el símbolo que remite al poder fecundante, sino a Cristo Salvador; la luna ya no alude a aspectos cíclicos asociados a la fertilidad femenina, sino que es el símbolo de la Iglesia que refleja la luz del sol, que es Cristo; el agua fecundante del mar ya no apunta al origen biológico, al caos preformal anterior a la Creación, sino a una nueva vida renacida bajo el amparo del Espíritu divino, el Espíritu Santo; la madera del árbol cósmico y sagrado que antaño comunicaba la tierra con el cielo es ahora una cruz... y así todos los símbolos religiosos se han tratado de adaptar al cristianismo en la medida de lo posible, unos lo han conseguido sin mayores problemas y a otros les ha costado más esfuerzo, pero a todos los han intentado purgar de sus connotaciones paganas aún siendo los mismos símbolos que antaño y apuntando a las mismas significaciones.

Si algo podemos remarcar hasta ahora es que efectivamente ha habido un proceso de apropiación, utilización, reinterpretación y adaptación de los simbolismos paganos en el cristianismo: cosa lógica y normal, nada extraordinario si atendemos al desarrollo normal de la historia de las religiones.

******

SÍMBOLOS RELIGIOSOS Y ERÓTICOS

En tiempos renacentistas -que es el trascurso que evoca este estudio- se descubrieron una cantidad considerable de ruinas clásicas, lo que provocó una deliberada imitación de esas formas antiguas que se les antojaban idílicas y mejores, pues tal así concebían la Antigüedad. Por eso mismo, por emulación, existe prácticamente un significado simbólico para cada elemento pintado en los cuadros: el pájaro, la fruta, el sol, el agua, la luz, la luna, el árbol, los pies, la sexualidad, etc. Todo tiene un significado codificado que hace falta conocer para que con la suma de todos ellos podamos comprender el cuadro correctamente.

Hemos repasado diversos simbolismos: uránicos, solares, acuáticos... pero ahora vamos con los zoomórficos, y en estos nos detendremos un poco más porque son especialmente sensibles y propicios para contener significados eróticos.

El cristianismo utilizó diversas estrategias para sortear la prohibición que pesaba sobre la fabricación de imágenes, pues tal y como viene estipulado en la Biblia, Yahvé dijo: «*No te harás esculturas ni imagen alguna de lo que hay en lo alto de los cielos, ni de lo que hay abajo sobre la tierra, ni lo que hay en las aguas.*» (Ex 20,4). Sin embargo se violó la regla, se representaron figuras, y debemos dar gracias por ello porque si no hubiera sido así el mundo no sería hoy tal y como lo conocemos. Se sorteó la prohibición divina que pesaba sobre la fabricación de imágenes y se emplearon símbolos gráficos, zoomórficos y antropomórficos para poder representar así simbólicamente determinadas representaciones y narraciones. Un símbolo gráfico es el "crismón" o lábaro, que representa a Jesús. Un símbolo zoomórfico es por ejemplo el "pez", que es un anagrama que representa el nombre de Jesucristo, de ahí que haya sido emblema de la teofagia durante la Eucaristía, pues es entonces cuando se ingiere a Cristo[120]; otro símbolo zoomórfico es el "cordero", la alegoría más famosa

---

[120] Pez en griego es: "IKHTUS", palabra cuyas iniciales forman *Iesus KHristos Then Uios Soter* (Jesucristo, hijo de Dios Salvador). Para GUBERN (*Op. cit.*), sin embargo, es el acróstico griego "ICNTHYS" (Jesus Christos Theou Hyios Soter)

paleocristiana símbolo de fidelidad, pero también el mismísimo Jesucristo anunciado por San Juan (*Jn.* 1, 29). Cristo se simboliza de esta manera por medio de animales: el cordero, el pez, el unicornio... lo que demuestra que no puede prescindir de su naturaleza animal. Pero también se lo representa a través de imágenes antropomórficas, como la del "buen pastor", que es una alegoría que en su origen representó a Hermes Crióforo (el portador del carnero), después pasó a ser Abel llevando en sus hombros el cordero del sacrificio, y de ahí a Jesús como la figura del "Buen Pastor" paleocristiano. En otras palabras: la pintura cristiana reutilizó la vieja iconografía pagana y la adaptó al nuevo paradigma cristiano, como sucedió por ejemplo con la figura de Hércules transportando a Eros, que se convirtió en San Cristóbal transportando al Niño por el río; también le sucedió un caso similar al toro sagrado Apis, que se metamorfoseó en el buey del establo en el Nacimiento y en símbolo del evangelista Lucas; y el asno, animal mesiánico por excelencia, tuvo asimismo su puesto en el Nacimiento por influencias apócrifas lo mismo que el buey; el dragón marino que mató Perseo (Gorgona) es ahora el dragón muerto por San Jorge, etc[121]. Dicho de otro modo: la prohibición divina y el temor que sentían los primeros cristianos de retratar a Cristo se superó gracias a que representaron otros elementos (gráficos, zoomórficos y antropomórficos) para remitir al Mesías.

De igual manera, y continuando con el reino animal, otros menos conocidos también contribuyeron a enriquecer ese intrincado mundo de los símbolos religiosos, como el pavo real, que remite a la inmortalidad, a lo elevado y a lo espiritual; el delfín, símbolo de guía de las almas; el papagayo, símbolo de la virginidad, pues se creía erróneamente que sus plumas no se mojaban; el ciervo, imagen arcaica de renovación cíclica (*renovatio*) debido a las puntas de su astado; la paloma, símbolo de Venus y después del Espíritu Santo, y en ambos casos con capacidad fecundante. Pero también hubo animales que remitían de un modo directo al falo, como es el cisne y la serpiente. El "ave falo", como se denomina al

---

[121] *Íbid.* p. 111 y ss.

cisne, ya se representó en tiempos helenísticos en santuarios dedicados a Dionisos; de hecho, en el altar fálico de esta divinidad sito en Delos, debajo de lo que queda de un enorme falo con sus dos testículos, se encuentra labrado un pájaro. La mitología griega cuenta que Zeus sedujo a Leda metamorfoseado en cisne, y por eso vemos tantas pinturas con Leda desnuda siendo envuelta por el cuello de esta ave, cuya simbología fálica atiende obviamente a la similitud entre su largo cuello y el miembro viril.

Pero si algún animal es especialmente interesante en lo referente a su simbolismo erótico ese es sin duda alguna la serpiente. Este reptil ha sido contemplado en infinidad de sistemas religiosos hasta el punto de que parece ser el animal más común en todos ellos. Su presencia se encuentra en multitud de mitos, leyendas y cuentos: desde benefactora hasta destructora, desde protectora de la fuente de la vida y la inmortalidad hasta la causante de la muerte espiritual por la tentación carnal. La serpiente también simboliza la seducción del espíritu por la materia; del lado masculino por el femenino; remite a los orígenes de la vida, a lo primitivo, y de hecho, incluso el psicoanálisis se dedicó a analizar sus simbolismos del mismo modo que lo hacían los hechiceros, como por ejemplo Gustav Jung, quien se ocupó alguna que otra vez de interpretar los sueños simbólicos con serpientes (por ejemplo en *La vida simbólica; Obras completas*, vol. 18/1.) O Cirlot, que subraya asimismo los aportes de Jung en esta materia: «Jung señala que las representaciones de transformación y renovación por intermedio de serpientes constituyen un arquetipo del que existen muchos documentos»[122].

La serpiente fue un animal telúrico cuyo cometido era el de guardar lo santo de manos de los hombres, es decir, protegía lo sagrado de lo profano. Al mudar de piel se llegó a pensar –como lo hizo Filón de Alejandría- que era inmortal porque se regeneraba periódicamente. También Eliade comenta su simbolismo:

---

[122] CIRLOT, Juan Eduardo. *Diccionario de símbolos*. Barcelona; Labor, 1969. p. 408. (Excelente trabajo de Cirlot, que dedicó una labor continua a lo largo de toda su vida a la compilación, estudio y análisis de los símbolos.)

«En el simbolismo de la serpiente [...] todos sus símbolos convergen hacia una misma idea central: es inmortal porque se regenera; por tanto, es una "fuerza" de la luna, y en cuanto tal, dispensa fecundidad, ciencia (profecía) e incluso inmortalidad. Son innumerables los mitos que evocan el funesto episodio en el que la serpiente arrebata al hombre la inmortalidad que le había sido concedida por la divinidad [...] Pero todos ellos son variantes tardías de un mito arcaico en el que la serpiente (o un monstruo marino) guarda la fuente sagrada y la fuente de la inmortalidad (árbol de la vida, fuente de la juventud, manzanas de oro).»[123]

Para la *Magna Mater Deorum* era uno de los animales más sagrados, y a causa de su similitud con el falo se le atribuyó obviamente un valor sexual positivo. Se la consideró un animal lunar relacionado con la aguas y por ende con la luna y las mareas, con lo que se la coligó a las mujeres y a su período, y así, muchas divinidades mediterráneas de la fertilidad fueron asociadas a este reptil y a su facultad fecundante. Ciertos mitos y creencias son al respecto sobradamente elocuentes: el que narra que la luna baja a la tierra en forma de serpiente y fecunda a las mujeres; entre los esquimales, cuyas mujeres solteras no miran a la luna por temor a quedar preñadas; entre griegos y romanos existía la creencia de que una serpiente se unía a las mujeres, por ello Plutarco y Pausanias nos cuentan que algunas se quedaron embarazadas por estos reptiles[124]; ciertas leyendas de Aristóteles y Plinio que dicen que la serpiente es "el marido de todas las mujeres"; también se encuentran temores y supersticiones sobre serpientes que entran por la boca de las mujeres mientras duermen y las dejan encinta; y creencias en los medios rabínicos de que la relación de una

---

[123] ELIADE. *Tratado de historia de las religiones*. Cit., p. 269.
[124] Lessing redactó unas líneas donde recogió unas leyendas en donde unas mujeres soñaban con serpientes y quedaban embarazadas. Lessing, 1854, p. 66. Citado en FREEDBERG. *Op. cit.* p. 417.

serpiente con una mujer fue la causa del primer ciclo menstrual de Eva[125]. En la actualidad y por sorprendente que parezca, en zonas próximas a la Albufera de Valencia, donde abundan las "bestias del fango" tal y como las denominaba Blasco Ibáñez, todavía se narran historias antiguas en donde estos reptiles apartan a los niños del pecho de su madre, por la noche mientras éstas duermen, para tomar la leche de su pecho.

En los medios judeocristianos la serpiente no tiene connotaciones positivas sino negativas, y aquí deberíamos preguntarnos hasta qué punto sus correspondencias eróticas han sido las causantes de su rechazo. Para conocer el significado simbólico de la serpiente en el cristianismo primero debemos remontarnos hasta sus orígenes hebreos y saber lo que representaba para ellos. Y es curioso: los hebreos realizaron cultos idolátricos a este animal, concretamente a "Nejustán". Les resumimos su historia: el pueblo murmuraba y conjuraba contra Yahvé durante la fatigosa marcha por el desierto, por lo que Éste envió una plaga de serpientes venenosas contra sus propios fieles como castigo. Moisés intercedió ante Yahvé y Éste le mandó hacer la imagen de una "serpiente de bronce" para que la colocara sobre su asta, de modo que quien mirara dicha serpiente sanaría inmediatamente: «*Y Yahvé dijo a Moisés: "Hazte una serpiente de bronce y ponla sobre un asta; y cuantos mordidos la miren, sanarán*». (*Núm*. 21, 8). A esta asta con la serpiente enroscada se la denominó "Nejustán".

Nejustán se convierte así en redentora y salvadora, en un antecedente salvífico, como posteriormente en el Nuevo Testamento lo será la cruz. Pero la curiosidad que conviene resaltar es que el pueblo hebreo rindió culto idolátrico a esta escultura construida por mandato de Yahvé. Y, ¿qué culto idolátrico se puede realizar con una serpiente, que como todos sabemos es un simbolismo fálico de sobra conocido y multitud de historias nos narran que propicia los embarazos?; ¿acaso los ritos idolátricos a Nejustán diferirían de aquellos otros paganos que

---

[125] En ELIADE. *Op. cit.* p. 268 y ss.

glorificaban la fertilidad? Tal vez la respuesta se halle en las propias Escrituras, donde más adelante se nos cuenta que Ezequías destruyó a Nejustán junto con los cipos: a Nejustán por su culto idolátrico y a los cipos suponemos que debido a su simbolismo fálico y a lo que su creencia comportaba[126]. En otras palabras: ¿por qué se nos cuenta en el mismo versículo que Ezequías destruye tanto cipos (con un simbolismo fálico evidente) como el culto a Nejustán?; ¿acaso guardan relación? Nejustán fue destruida por Ezequías porque su culto desagradaba a Yahvé, y ya sabemos que los cultos que lo desagradan tienen por lo general un componente erótico. Todo indica que el culto que recibía esta serpiente de bronce era un culto erótico cuya finalidad era propiciar la fertilidad.

De cualquier modo, y para que no se diga que hemos ignorado la postura oficial, ahora se la resumimos: oficialmente se atribuye la destrucción de Nejustán a un intento de purificación idolátrica, y es considerada por ello un precedente bíblico de destrucción iconoclasta, pues Nejustán es la misma imagen que comentábamos antes cuya fabricación fue ordenada por Yahvé, el cual quebrantó así su propia prohibición de fabricar ídolos. Estas opiniones sin embargo no tienen en cuenta el cariz de los ritos a Nejustán, su obvio simbolismo ni todos los precedentes que atribuyen a las serpientes un componente indudablemente erótico; en general intentan por todos los medios asexuar cualquier pasaje susceptible de contener una lectura erótica. Nosotros por nuestra parte no podemos demostrar que el culto a Nejustán tuviese un carácter erótico, pero todos los datos apuntan en esa dirección.

En otro orden de cosas cabe decir que incluso el material de que estaba hecha la serpiente contiene un simbolismo sexual implícito, pues el bronce está compuesto principalmente por cobre y estaño, que son los metales que representan simbólicamente al género masculino y al femenino, por eso algunos autores entrevén aquí un

---

[126] [Ezequías] «Hizo desaparecer los altos, rompió los cipos, derribó las *aseras* y destrozó la serpiente de bronce que había hecho Moisés, porque los hijos de Israel hasta entonces habían quemado incienso ante ella, dándole el nombre de Nejustán» (2 *Re.* 18, 4.)

significado simbólico sobre la unión primigenia entre sexos al modo platónico. Según estas opiniones "mistéricas" esta serpiente de cobre simbolizaría la unión primigenia de los dos sexos en el ser andrógino y primigenio.

Resumiendo lo dicho: la serpiente posee significaciones referidas al simbolismo fálico fecundador, sólo cabe remitirse a tantos diccionarios de símbolos y libros que sobre ella tratan, lo cual la convierte por necesidad en un símbolo erótico. No obstante en la pintura cristiana la práctica totalidad de las veces que aparece alude a Satán y a la tentación, aunque se le atribuye, unido al demonio, también un simbolismo fálico, obviamente bajo un punto de vista negativo y cristiano. El valor simbólico positivo de la serpiente en tanto que animal sagrado que protege lo sacro y que remite a la fertilidad ha desaparecido con el cristianismo; al reptil le ha sucedido lo mismo que le aconteció al macho cabrío: de animal sagrado pasó a maldito endemoniado, el cabrón por su lujuria y la serpiente por su forma fálica, condenada desde el *Génesis* a arrastrarse sobre su vientre: ¿y qué es el bajo vientre sino la sexualidad?

****

Podría extrañarnos ver cómo el cristianismo ha utilizado muchos símbolos antiguos y los ha readaptado, pero tal y como hemos dicho no tenemos por qué sorprendernos. Dicen que el cristianismo unificó la Europa medieval porque supo agrupar y sintetizar todas las diversas creencias míticas locales al mismo denominador común (Cristo); que trasmutó dioses y creencias paganas, que revalorizó y actualizó las propiedades de sus símbolos... De esto, dicho así, todo y nada es verdad, pues las influencias, así como las valoraciones y desvalorizaciones de los elementos religiosos, son una constante en la historia de las religiones: todas las religiones contemplan una "evolución" en sus formas, todas; y todas se han creado a partir de elementos ya constituidos.

Beinaert opina que la simbología cristiana remite a mitos y arquetipos inmanentes del ser humano, y que gracias al cristianismo se volvieron a revitalizar las antiguas simbologías paganas aún a pesar del proceso de cristianización. Para los creyentes –dice Beinaert- el saber que su religión posee rasgos de otras religiones preexistentes sólo los reafirma en su fe, porque ello demuestra que las valencias de su credo son universales, que el Espíritu de su Dios siempre ha estado presente incluso en otros tiempos, que el valor de su mensaje redentor es eterno y atemporal[127]. Por ese motivo apenas dolieron los intentos de descrédito que lanzaron las élites académicas sobre el cristianismo, cuando algunos estudiosos movidos por el positivismo decimonónico se empecinaron en mermar su credibilidad. A finales del diecinueve investigadores como Robertson Smith y Frazer demostraron las semejanzas entre el cristianismo y otras religiones, y con ello una considerable plaga de literatura tendenciosa intentó aprovechar la oportunidad alegando que la Revelación cristiana ni era nueva ni era original. Pero se equivocaron si creyeron disminuir en modo alguno la fe de los creyentes, pues éstos, donde otros veían una imitación, vieron la confirmación de que los ritos cristianos "siempre" habían habitado de una forma u otra el interior del alma humana, y Cristo pasó así a ser un dios que en todo momento y en cualquier forma -tanto en pneuma como en espíritu como en carne- había existido en el hombre desde los comienzos del mundo: las creencias cristianas no rompían con la tradición sino que se sumaban a los mismos anhelos ancestrales del ser humano: ¡Cristo siempre había estado ahí!

En realidad no podemos decir que haya sido una estrategia ideada por la Jerarquía, pues los ataques contra el cristianismo obviamente no provienen de sus dirigentes, por eso sólo podemos preguntarnos dónde reside el éxito de la doctrina cristiana. La respuesta parece vislumbrarse atendiendo a Mircea Eliade, quien

---

[127] Beinaert, Louis. *La Dimension mythique dans le sacramentalisme chétien* (Eranos-Jahrbuch, 1949, vol XVII, Zürich, 1950) Recogido en ELIADE. *Imágenes y símbolos. Cit.*

deja entrever que probablemente la efectiva adaptación cristiana de los símbolos religiosos paganos sea la clave del triunfo. El cristianismo amalgama una inmensa variedad de simbologías y ha sabido integrar en sus enseñanzas aspectos comunes de tal manera que no es descabellado atribuir su éxito a la inteligente utilización de símbolos, pues al fin y al cabo todos necesitamos de prototipos psíquicos con los que guiarnos y sentirnos identificados. Y el cristianismo se define por su óptima adaptación de las imágenes simbólicas a las necesidades de la psicología colectiva, o al menos fue así en su "edad de oro".

El cristianismo no ha creado los símbolos sino que ha tenido que adaptarlos, pues nadie puede inventar un símbolo por mucha voluntad y esfuerzo que le dedique, pues pertenece al imaginario colectivo, actúa a través del inconsciente y es como un condensador que enlaza pensamientos, ideas, intuiciones, y que sin saber muy bien de dónde procede es común a muchos pueblos. De igual manera que no podemos inventar un símbolo onírico no podemos inventar un símbolo pictórico, pues participan de la misma esencia, solo que uno se materializa plásticamente y el otro se vislumbra en el sueño. Los símbolos religiosos no fueron creados por la decisión o voluntad de un artista, sino que tal y como dice Jung, «son "representaciones colectivas" emanadas de los sueños de edades primitivas y de fantasías creadoras. Como tales, esas imágenes son manifestaciones involuntariamente espontáneas y en modo alguno invenciones intencionadas»[128]. Los símbolos aparecieron por intuiciones emotivas del inconsciente. ¿O alguien cree que el triángulo (Trinidad) es un símbolo inventado por el cristianismo?; o el círculo de la mandorla, de los halos en las cabezas de los santos, del planeta que sostiene Cristo en su mano, del rosetón... ¿fue acaso creado expresamente para representar la totalidad y perfección del Dios cristiano?; el toro, el león y el águila ¿tienen significado simbólico sólo por representar a los evangelistas cristianos?; ¿es la cruz un símbolo creado por y para el

---

[128] JUNG. *El hombre y sus símbolos*. Barcelona; Caralt, 2002. p. 49.

cristiano o existió con anterioridad?; ¿y el sol y la luna, los ríos y las montañas... el Jordán, el Gólgota? Un símbolo no se crea, pertenece a la psique colectiva, y sus significados, aunque revestidos de sacralidad y apropiados por diferentes doctrinas, no dejan de tener la misma base significativa y las mismas funciones que hace miles de años, aún a pesar de que la tendencia del hombre lleve a definirlos como propios. Tal y como dice M. L. von Franz:

> «Toda doctrina religiosa oficial pertenece, en realidad, a la consciencia colectiva (lo que Freud llamaba el superego); pero una vez hace mucho tiempo, surgieron del inconsciente.»[129]

Este modo de expresión del inconsciente a través del símbolo es análogo a lo que en teología se denomina Revelación: para el religioso esta revelación deviene de un agente externo (Dios) que se interioriza en el hombre; para la psicología es una revelación interna del inconsciente que se exterioriza a la consciencia.

¡Todos los sistemas religiosos toman prestados sus símbolos! que pertenecen al imaginario común y no a ninguna religión en concreto por muy antigua que sea. Los judíos no inventaron la estrella de David, ni el diluvio, ni la voz de Dios (el trueno); el dios solar no lo inventaron los romanos, ni los egipcios; el Jordán no fue el primer río sagrado, ni siquiera el Nilo. Los símbolos radican en los estratos más profundos de la psique humana desde que empezó a existir como tal, y junto con ella han evolucionado y se han enriquecido, siendo utilizados por todas las religiones de forma absolutamente igual de legítima. Algunos de ellos, como vamos a ver a continuación y esta vez ilustrado en imágenes pictóricas, se utilizan para representar de forma velada conceptos eróticos en la figura de Jesucristo.

---

[129] Franz (von), M.L. "El proceso de individuación". En *Ibid.* p. 226.

LA FRUTA DEL AMOR

«*Por sus frutos los conoceréis.*» (*Mt.* 7, 16)

Unos símbolos frecuentemente utilizados son los vegetales. Normalmente las divinidades tienen asociado algún que otro vegetal como por ejemplo la encina, que señala el santuario de Yahvé (*Gén.* 35, 4 y *Jos.* 24, 26). El árbol es muy rico en simbologías por pertenecer al mundo vegetal, el cual implica una forma de vida más arcaica y por lo tanto más sabia. Participa de los tres mundos: del subterráneo (raíces), del terrestre (tronco) y del celestial (copa). Simbólicamente une la tierra con el cielo, pues a través de él se accede a lo divino por *ascensión*. El árbol cósmico se encuentra en el centro del mundo místico y por medio de él se alcanza la *unio mystica* progresivamente por sus diferentes ramas (o estadios arrobáticos). No sólo el chamán accede a Dios por las siete ramas del árbol cósmico, también la mística cristiana utiliza el simbolismo de los siete (o nueve) estadios para representar el acercamiento a Dios, como sucede con *Las* (siete) *Moradas* del *Castillo interior*, de santa Teresa de Jesús. Conviene recordar que su verticalidad, rigidez y crecimiento se asociaron en el pensamiento religioso arcaico con el simbolismo fálico.

Yahvé nos ofreció «árboles frutales cada uno con su fruto» (*Gén.* 1, 11.); «cuantos árboles producen fruto de simiente, para que todos os sirvan de alimento» (*Gén.* 1, 29.); «toda clase de árboles hermosos a la vista y sabrosos al paladar» (*Gén.* 2, 9.) Pero si hay árboles especialmente significativos son los dos que habían en el centro del Edén: el árbol de *la vida*, y el árbol de *la ciencia del Bien y del Mal*. Nosotros nos ocuparemos sin embargo de la fruta de estos árboles: «*frutos de simiente, hermosos y sabrosos*».

Las metáforas frutales han sido una constante a lo largo de la historia del arte y sus orígenes atienden, como no podía ser de otra manera, a simbologías religiosas. Su significado es obvio, pues el fruto no es sino un símbolo cargado de significación remitente al poder fértil de la naturaleza, a una vida que germina gracias a otra, pues contiene en latencia una nueva vida que se desarrollará. Desde el punto de vista ontogenético el fruto es el ovario maduro de las plantas con flor, cuya pared del ovario se engrosa para proteger la semilla. Los significados que la tradición cristiana atribuye a estas simbologías vegetales están cristianizados, lo que significa que utilizan el mismo signo simbólico pero con un sentido distinto, o al menos esa es *a priori* la intención. La primera simbología frutal que nos atañe directamente es la del fruto prohibido, el cual constituye el primer precepto que se le da al hombre tan pronto fue creado: no comer del árbol de la *ciencia del Bien y del Mal,* por tradición una manzana. Su simbolismo no atañe únicamente al cristianismo, pues tiempo atrás se realizó en Grecia una escultura de Afrodita con una manzana: la Venus de Milo, también llamada Afrodita de Melos, hallada en la isla homónima en 1820, en la misma isla que se encontró una columna de piedra sobre la que descansaba un brazo de la diosa, y poco después otra mano que sostenía una manzana que probablemente pertenecía a la misma escultura. Si este fuera el caso Afrodita hubiera sido la diosa de la isla de la Manzana, puesto que en griego "melos" significa "manzana". Si la diosa del amor porta una manzana en la tradición pagana, ¿cómo no convenir que el fruto de la corrupción sexual de nuestros primeros padres fuera también una manzana?, ¿cómo no asimilar la manzana y la mujer a la depravación pagana? Así se demonizaba tanto al paganismo como a *venus*, que a fin de cuentas derivó en Eva: símbolo sexual temido por el ideal de abstinencia cristiano. Eva con una manzana en la mano pasó a ser la causante del *peccatum originale*, el correlato de Afrodita, a la que tiempo atrás se veneró.

La vid es otro fruto con un significado simbólico importante: era el fruto que remitía por antonomasia a la inmortalidad y al vino, símbolo de la juventud y vida eterna; incluso hay quien afirma que el árbol del paraíso -el de *la ciencia del Bien y del Mal*- era un árbol vid. En verdad en el *Génesis* no se nos dice que fuera un manzano pero la tradición así lo estipuló. Existen narraciones que cuenta que fue un limonero, una parra de vid, etc. Y hay ejemplos con representaciones de una diosa-árbol o de una diosa-vid rodeada de emblemas. Es decir, se utilizó la valencia fecundante de la vid y por ende la de la parra para simbolizar la fuente inagotable de vida, por eso se le asignó como emblema a la Diosa Madre, llamada también "Diosa cepa de vid". Las uvas simbolizan la sabiduría y el que en su interior se encuentre agua en tal proporción remite a significaciones creacionistas, pues la vida viene del agua y el simbolismo acuático se encuentra implícito en la uva. Así la vid contiene una valencia fecundante que simboliza a la vez la fertilidad y el sacrificio cuando su líquido es de color sangre, o sea, cuando el vino es tinto. La uva es el alimento del que se extrae el vino y por eso es la bebida sagrada de la embriaguez de Baco, dios del vino y la trasgresión sexual, de la vegetación y del poder fértil, dios del falo. Dionisio hace plantar una vid "eterna" en la tumba de Sémele (su madre) y sus ceremonias ya sabemos qué cariz tomaron. Y las vides judías son igualmente el símbolo que pretenden transferir virtudes relacionadas con la fertilidad.

Son corrientes los cuadros con el pequeño Cristo cogiendo entre sus manos un racimo de uvas, de hecho es el fruto más recurrido con que la tradición pictórica lo ha representado. Por eso los historiadores nos dijeron que simbolizaba la Pasión, pues de la uva negra se extrae el vino rojo, como la sangre de Cristo, aunque esa es sólo una de sus múltiples valencias: se olvidaron de comentarnos las que remiten a la facultad fecundante. Además, si el vino que remite a la sangre es de color rojo, ¿por qué se pintan generalmente al Niño con uvas blancas de las que saldría vino blanco? ¿Tal vez porque no remiten a la sangre de Cristo sino a su propiedad fecundante, la cual se ha caracterizado de forma más eficaz con el color blanco del semen? Recordemos al respecto que la lechuga, por ejemplo, era la hortaliza emblema de Min porque el líquido blanco que desprende al ser cortada evoca el líquido seminal. Al igual que ésta, otras muchas frutas y hortalizas fueron veneradas precisamente por su líquido blanco que recordaba la savia viril. Así pues repito: ¿por qué se pintaron uvas blancas en las escenas cristológicas y no las rojas que remiten a la sangre?

Pero si existe una fruta que es claramente metáfora sexual esa es la granada. La granada remite a la inmortalidad y a la multiplicidad dentro de la unidad (y en esto se asemeja al racimo de uvas). También remite a la abundancia, al buen tiempo y a la vida eterna; es el símbolo del regreso periódico de la primavera y la fecundidad de la tierra; es la planta que brotó de la sangre de Dioniso; es el emblema de Hera y de Afrodita. En los Misterios de Deméter los hierofantes de Eleusis tenían prohibido este fruto para los iniciados, pues pensaban que tenía el poder «de hacer caer a las almas en la carne», tal y como nos cuenta Chevalier.

> «En el Asia, la imagen de la granada abierta sirve para expresar deseos. Según una leyenda de una imagen popular vietnamita: "la granada se abre y deja salir cien hijos". De la misma forma en el Gabón, este fruto simboliza la fecundidad maternal. En la India las mujeres beben jugo de granada para luchar contra la esterilidad. La mística cristiana traspone este simbolismo de la fecundidad al plano espiritual.»[130]

En la religión Hebrea representa la regeneración y la fertilidad[131]. Y en Roma el tocado de las novias estaba elaborado con ramas de granado para favorecer su preñez. Todos los simbolismos de la granada son reductibles al mismo común denominador: la fecundidad, pues está compuesta interiormente por sus propias semillas. Muchos pueblos han visto en la granada el símbolo del amor: Afrodita plantó el primer granado y su fruto fue utilizado para seducir a Perséfone; la granada se utilizó para ritos que

---

[130] CHEVALIER, Jean y GHEERBRANT, Alain. *Diccionario de símbolos.* Barcelona; Herder, 1995. p. 538.
[131] COOPER, J.C. *Diccionario de símbolos.* Naucalpau (México); Gustavo Gili, 2000. p. 87.

acompañan al embarazo; se la ofrece a los recién casados para auspiciar una descendencia numerosa; en el Corán se mencionan las granadas como ejemplo de las buenas obras que Dios ha creado y de los frutos que existían en el Paraíso[132]. Es decir, que no podemos poner en duda el simbolismo erótico y fecundante de la granada porque queda recogido en innumerables textos de distintas tradiciones. No obstante debemos comentar que los exegetas cristianos pretendieron que remitiera al martirio por su jugo de color rojo sangre; intentaron convertirla en símbolo del martirio.

Evidentemente a nosotros nos interesan aquellos ejemplos de la pintura cristológica, los cuales cabe mencionar que no siguen un patrón fijo, es decir, no siempre encontramos representada una granada, sino que a veces incluso algo parecido a un melocotón, como en Carlo Crivelli y su obra titulada *Virgen con el Niño* (S. XIV-XV.) **(Fig. 41)**, donde Cristo, junto a un pepino, mete un dedo por la parte trasera del melocotón, por la pequeña depresión también llamada "cáliz", por un pequeño y sospechoso agujerito.

Carlo Crivelli es un verdadero portento en símbolos de cualquier índole, un artista excepcional que utiliza constantemente unos recursos que no dejan de asombrarnos. Algunos ya los conocemos: tocamientos al pie, señalamientos a los genitales, posiciones extrañas en los dedos de las manos, imágenes enigmáticas de *lactatio,* pájaros atados con un hilo (que comentaremos más adelante), etc. No hemos encontrado un sólo cuadro de este autor en que no se hallen representados motivos vegetales, lo que demuestra la importancia que les dio. Otra obra suya también muy elocuente y titulada *Virgen con el Niño* parece ser que nos remite al mismo significado **(Fig. 42)**. En ella vemos al Niño tocar con dos dedos una manzana, la fruta a la que el paganismo le atribuyó un sentido sexual y que fue el signo de la diosa del amor. En este ejemplo sin embargo no es Venus sino la

---

[132] *Sura* 6, 99; 6, 141; 55, 68. *El Corán.* Madrid; Editorial Nacional, 1984. (2ª ed.)

Virgen quien coge la manzana por la ramita que la une al árbol, o como también y curiosamente se la denomina, "vástago", "pezón" o "rabo". En este punto debo recordarles que los usos del lenguaje muchas veces son elocuentes en extremo porque se atribuyen por semejanza.

Muchas asociaciones nos vienen a la cabeza después de estas imágenes. En la primera que hemos comentado estamos tentados de pensar que el fruto remite a la vulva femenina y que el dedo del Niño intenta meterse dentro de ella. En la segunda, la que muestra la imagen, esa manera tan delicada con que la Virgen coge "el rabo" de la manzana nos recuerda otra obra del mismo autor en que también cogía igual de refinadamente su *velamen capitis* (el himen simbólico). Este modo tan particular representa, por muy sorprendente que parezca, tanto tocamientos fálicos como vaginales, y es en verdad una forma eufemística de hacerlo que, a buen seguro, extrañará a más de uno porque probablemente se haya topado en más de una ocasión con alguna de estas imágenes y nunca hubiera pensado que encierran este cariz erótico. A buen seguro que de ahora en adelante mirarán con otros ojos las pinturas cristológicas, pues encierran unos significados velados muchas veces sorprendentes.

La siguiente pintura del pintor Hans Holbein quizá les aclare un poco las cosas por si todavía guardan dudas, pues en este ejemplo en concreto sí se trata de una granada **(Fig. 43)**. En ella la Virgen sostiene dicho fruto que tiene una abertura vertical, un corte que muestra su interior de un color rojizo, análogo al color de la fisionomía íntima femenina. El Niño toca la granada, es más, introduce los dedos en la raja húmeda, en el interior, mientras en su otra mano tiene lo que parece ser un pasador, el broche del *velamen capitis*: el mismo *velamen capitis* que tuvo que retirar para poder acceder al pecho mariano, el mismo que tantas veces se ha utilizado para cubrir la sexualidad del Niño, como sucede aquí, solo que esta vez es tan trasparente que apenas se percibe y permite ver perfectamente sus genitales. El pequeño Cristo, mientras nos mira cómplice, acaricia la raja dulcemente, pero no sólo Él ofrece una caricia sensual, pues la Virgen intenta devolverle el favor con otra tenue caricia en su genitalidad, potenciando de este modo las partes pudendas del Niño al acercar su mano hasta extremos inusitados. Este juego de caricias mutuas convierte a esta obra en una de las más insinuantes del arte cristológico, donde sólo el eufemismo metafórico frutal atenúa lo que en realidad son unos tocamientos genitales mutuos. No hace falta introducirse en cuestiones teologales para dilucidar el sentido de esta imagen, pues todos hemos comprendido ya lo que intenta trasmitirnos el autor: que la granada abierta es una metáfora frutal de la vulva femenina, y que el mismo tocamiento que la Virgen le dedica a los genitales del Niño es recíproco y lo recibe también en sus genitales virginales acariciados por el Niño.

No se trata de ninguna sobreinterpretación, sino de precisar a qué atienden los diversos simbolismos y qué acciones se desarrollan en la imagen; simplemente se describe lo que aparece en el cuadro, que nos habla a su manera, y en este caso en concreto el Niño acaricia la vulva de la Virgen: el útero fértil que concibió al dios encarnado. ¿Pueden albergar alguna duda de que la granada representada no sea una metáfora de la vulva femenina?; ¿acaso se necesita de una explicación más intelectualizada que nos desvíe del sentido al que apunta?; ¿qué piruetas retóricas debemos exponer para negar su evidente significación sexual?; ¿necesitan más ejemplos donde la granada remita a la vulva? Eso no es complicado, pues las metáforas frutales y sexuales se dieron en la Antigüedad y continúan vigentes incluso en pleno siglo XXI. Su uso pictórico se puede rastrear fácilmente, como ocurre por ejemplo con dos cuadros de Botticelli: *La Virgen de la Granada* **(Fig. 44)** y *La virgen del Magníficat*, también conocidada como *Virgen con el Niño y cinco ángeles* **(Fig. 45)**. En estos ejemplos observamos que el Niño toca una granada que está resquebrajada y tanto Él como su madre acercan sus dedos y tocan el interior jugoso de la fruta rajada. Otro ejemplo igual de elocuente lo realizó Fra Angelico y se titula asimismo *La Virgen de la Granada* **(Fig. 46)**, donde también vemos que el Niño acaricia el interior de la granada abierta que sostiene su madre. Aunque tal vez sea más pertinente para demostrar lo dicho un ejemplo más moderno y de más fácil interpretación, el cual podrá permitirnos dilucidar mejor su sentido, y es el que pintó Dante-Gabriel Rossetti titulado *Proserpina* (1877), donde la granada que tiene entre sus manos remite sin lugar a dudas a la vulva femenina, tal y como comentan Alberto Carrere y José Saborit[133]:

> «[Rossetti] prefirió aludir al sexo femenino por medio de una granada entreabierta por la maduración, metáfora visual de clara intención eufemística, en la que la magnitud presente (granada) mantiene con la ausente (sexo femenino) perceptibles analogías visuales en la forma (raja, hendidura), cromáticas (el rojo), sinestésicas (humedad) o funcionales (apertura, comunicación entre interior y exterior de algo).»[134]

En este punto creemos oportuno volver a recordar lo que decía Chevalier en su *Diccionario de Símbolos*: que la granada abierta servía para expresar deseos, que se abría y salían cien hijos, que simbolizaba la fecundidad maternal... Pero debemos igualmente tener en cuenta que también nos contó que la mística cristiana transportó el simbolismo fecundante (biológico) al plano espiritual, lo que equivale a decir que la divinidad fecunda el alma del fiel y hace que germine en ella la semilla del Espíritu. De cualquier manera, sea de una forma u otra, la granada remite a la fecundidad, tanto en plano biológico como espiritual, pues la gracia del Señor también fecunda su don en el espíritu humano, sin relación alguna con la genitalidad.

A buen seguro que ni se han dado cuenta; he introducido la explicación recurrida por la Iglesia y apenas lo han notado; les he

---

[133] Volvemos a pedir perdón por la economía de imágenes y a no dudar ni por un momento de que el lector avezado sabrá encontrarlas en internet.
[134] CARRERE, A. y SABORIT, J. *Retórica de la pintura*. Madrid; Cátedra, 2000. p. 377.

dicho que la fecundidad de la granada en el cristianismo remite al plano espiritual y no al genital y ni siquiera lo han dudado, es más, de súbito lo han comprendido y les habrá convencido de que estas imágenes remiten al espíritu y no a la carne. Indudablemente con este razonamiento nos topamos de bruces con la tendencia cristiana que tiende a asexuarlo y a espiritualizarlo todo: tal es la inercia que mueve a los defensores del puritanismo cristológico. Sin embargo ahora nosotros podríamos alegar: decir que la granada remite a la fertilidad del Espíritu de Dios en cada uno de nosotros (en tanto que granos de la granada: la unidad dentro de la multiplicidad) es suprimir cualquier relación sexual de forma intencionada y programática; es reflejo de prejuicio y de oposición instintiva a todo lo relativo al sexo de Cristo; es no querer atender a todos los precedentes conocidos en los que las manzanas, las uvas y las granadas tienen un cariz indudablemente erótico y sexual. ¿Acaso los mismos símbolos no son aplicables aquí a causa de la tan pretendida espiritualización cristiana? De mano de los grandes eruditos hemos aprendido que los símbolos siempre conservan sus significaciones íntimas, que por muchas diferentes épocas y culturas que utilicen el mismo símbolo éste siempre conserva sus correspondencias originales.

El cristianismo cristianizó la esencia de los símbolos, es cierto, pero una cosa es cristianizarlos y otra diferente pretender suprimir sus significaciones íntimas, que según los expertos es cosa imposible, máxime si apuntan a cuestiones eróticas, pues la sociedad y con ella sus costumbres conservan largamente sus creencias -tanto supersticiones como temores- en el inconsciente colectivo y resulta prácticamente imposible erradicarlos, máxime en cuestiones de higiene sexual, o llámese superchería si se prefiere. Aunque un símbolo cambie de formas y se modernice, su esencia y significado profundo siguen siendo el mismo, inalterables, como de hecho sucede con la pintura de Rossetti, que en pleno siglo XIX representó una granada para aludir a la vulva femenina. Dicho de otro modo: el mismo signo remite al mismo significado, y por mucho que se intente espiritualizar un símbolo erótico, éste conserva intacta su significación sexual.

Evidentemente si pretendiéramos decirlo de otro modo tendríamos que explicar que un símbolo y una metáfora se basan en la asociación semiótica de los signos; que un símbolo es una representación sensorial y perceptible de otra realidad sustituida por un signo (el símbolo); que una metáfora es una sustitución de un significado por otro, un salto semántico de un signo a otro basado en la semejanza entre los referentes. En ambas se opera una sustitución donde el signo remite a un significado distinto, pero que gracias a un desplazamiento semántico podemos asociar a su verdadero significado. Y ahora se lo resumimos en otras palabras que a buen seguro agradecerán: la granada, por su forma de rajarse cuando está madura y por otras muchas diversas y variadas analogías, es una sustitución de la vulva que opera por semejanza. Obviamente pintando una granada nos evitamos representar la fisionomía femenina, tal y como nos tenían acostumbrados los cultos paganos, pues el cariz que toma el incipiente cristianismo tiende a representar en símbolos los elementos relativos a la sexualidad, ya que de ese modo eufemístico creen ver reflejados mejor sus principios morales; por eso se otorga a lo representado un valor superior a lo que representa realmente, y por eso el gran apogeo del arte cristiano: porque supo sublimar el instinto sexual en las imágenes, permitiéndonos regocijar inconscientemente nuestras perversas mentes lúbricas en ellas mientras nos catequizaba sin apercibirlo, y a la par, conservábamos el recato moral intacto, aunque en el fondo, subliminalmente, nos mostraran caricias genitales tanto al falo como a la vulva.

El símbolo erótico apunta a una realidad sublimada, y por lo tanto la muestra de una forma atenuada, eufemísticamente, más acorde al nuevo modelo "anti-eros" cristiano. Pero recordemos: el cristianismo contempla las mismas nociones relativas a la sexualidad y a la generación que el paganismo, sólo que de forma tan velada que por lo general ni los mismos feligreses lo perciben.

Resumiendo se podría decir que la iconografía alude unas veces de forma directa a los genitales crísticos (tocamientos, erecciones, etc.) y otras veces de forma indirecta a través de simbolismos tomados de la iconografía pagana, como en este caso donde la granada simboliza la vulva de la Virgen; o el otro que hemos comentado en el que la Virgen cogía la manzana por el rabo, donde el término "rabo" designaba por extensión al miembro viril.

La utilización de simbologías frutales en el arte cristológico apunta, como en sus orígenes paganos, a un sentido fecundante y regenerador dentro de un contexto sexual. La Iglesia ha pretendido definir a estos símbolos sólo por su valencia espiritual queriendo suprimir las implicaciones sexuales, ajena a los deseos de la carne, y en parte lo ha conseguido en la conciencia de los fieles, pero no sin embargo en la de los artistas, más doctos por tradición y con un espíritu escrutador que tiene a indagar para conocer y revelar al mundo la verdadera naturaleza de las cosas, su esencia interior, plasmada en una representación que ellos esperan retrate lo más fidedignamente posible la realidad, por eso han sabido recoger y plasmar aquella "verdad" que se pretendía suprimir. A la vista de todo esto, ¿podemos decir que estas pinturas no son eróticas?, ¿o es que el eufemismo implica que el sentimiento erótico se diluya en el terreno religioso? No lo creo, de hecho lo erótico y lo religioso son inextricables, y el que se aluda de manera metafórica y eufemística sólo implica un modo distinto del lenguaje, no una pérdida de sus significados. "Eufemismo" se refiere a la «manifestación suave o decorosa de ideas cuya recta y franca expresión sería dura o malsonante» (D.R.A.E.); de modo similar la sublimación torna aceptable algo que de otra forma es inaceptable. Por lo tanto, si algo podemos extraer de todo este embrollo pictórico es que el simbolismo erótico no ha desaparecido del cristianismo, sino que se ha intentado espiritualizar en la sublimación, que es un velo eufemístico que vuelve aceptable algo que por su cariz violento y sexual es rechazable.

BREVE HISTORIA DEL "PAJARITO"

En el pequeño apartado que a continuación expondremos vamos a hablar de un pájaro con el que aparentemente juega el Niño. En estos ejemplos que vamos a analizar convergen simbologías de muy diversa índole que es menester tratar con atención. Este *tipo* es realmente muy interesante y, no obstante, nada definitivo se ha dicho todavía, de hecho, no tengo constancia alguna de que ningún otro autor haya escrito acerca del "pajarito de Cristo".

Describimos el típico cuadro: el Niño, generalmente en brazos de su madre, sostiene entre sus manos un pájaro, el cual muchas veces está atado por una cuerdecita o un hilo que sujeta el propio Niño; ese hilo con que ata al pájaro es similar e incluso a veces es el mismo hilo que utiliza la Virgen para sujetarse el velo de la cabeza o la blusa, el que ataba su *velamen capitis* hasta que el pequeño Cristo lo desató para acceder a su pecho nutricio. Ese es en esencia el cuadro. Miren pues las imágenes que les mostramos a continuación, advirtiéndoles de que son sólo unos pocos de los muchos ejemplos existentes, pues este *tipo* del Niño con el pajarito es verdaderamente abundante. En muchas de ellas el Niño sujeta al pájaro con el hilo, como si fuese su juguete: eso es exactamente lo que siempre nos han contado los exégetas y grandes historiadores de arte religioso, que se trata del juguete del Niño.

Para ejemplificar este *tipo* vamos a valernos otra vez de las imágenes de Carlo Crivelli **(Fig. 47 y 48)**, aunque en verdad este autor tiene otras muchas más del Niño con el pájaro, no sólo estas. En ellas vemos sus típicas metáforas frutales a la vez que una mosca pintada, ya que existía la creencia de que pintándola se ahuyentaría a los insectos que pudrían las telas. También, cómo no, podemos ilustrar lo dicho con una imagen anteriormente mostrada de Rafael (Fig. 8), donde el Niño todavía no le ha puesto el cordel al pájaro sino que se dispone a hacerlo; e incluso también vemos en Jacopo del Sellaio que el pequeño Cristo tiene un pájaro en su mano

(Fig. 9). Otra imagen muy célebre del Niño en brazos de su madre con el pájaro volando y atado de un hilo es el tríptico de Bartolomé Bermejo titulado *La Virgen de Montserrat*. Nosotros no vamos a analizar estas pinturas sino en base a sus referencias teologales: todas las implicaciones religiosas de cuanto rodea al significado simbólico del pájaro y los elementos a él añadidos.

El simbolismo del pájaro se ha explicado por lo general mediante la similitud de la pose, pues muchas veces se ha representado al Niño cogiendo al pájaro y abriéndole las alas en cruz, a la manera de la crucifixión. Este ha sido el razonamiento argüido hasta la saciedad para sostener que el pájaro es un símbolo premonitorio de la crucifixión; toda la crítica apuntaba a ese hecho y estaba plenamente convencida de ello. Ya citamos a Emile Mâle en su momento y de cómo sus explicaciones se reducían a una interpretación literal, pues argüía que este *tipo* representaba "el juego de un Niño" con un pájaro del mismo modo que otros niños también juegan con pajaritos, al fin y al cabo es lo que se ve en el cuadro: al Niño jugar con un pájaro, en apariencia. Por eso, cuando el Niño abría las alas del animal, se convenía en estimar que era un gesto que presagiaba la futura crucifixión, ya que se reproducía con sus alas la posición de la cruz. Se consensuó así entre los grandes historiadores del arte sin que nadie osara contradecirlos. Sin embargo, según mi opinión, se equivocó Mâle y se equivocaron todos los que aceptaron estos planteamientos.

Evidentemente si hay algún animalito susceptible de ser utilizado para los juegos infantiles es éste, pues en los ambientes rurales y en nuestra infancia todos hemos jugado de niños con pajaritos caídos del nido, por lo que son del todo comprensibles las explicaciones piadosas. Sin embargo no nos vamos a basar en la tradición popular sino en la escriturada, como en la del libro de *Job*, en el que leemos unos versículos que apuntan en la dirección del *tipo* iconográfico que estamos analizando, es decir, tratan sobre el pajarito como juguete de los niños. En él se dice lo siguiente:

«¿Puedes tú agarrar con anzuelo al cocodrilo y atarle una cuerda a la lengua? [...] ¿Jugarás con él como con un pájaro, le atarás para juguete de tus niñas? [...] a su sola vista quedará aterrado.»[135]

¡Pero atención!, recordemos que no podemos caer en el sentido superficial y literal del texto, pues erraríamos; debemos profundizar en las imágenes-símbolo que describen los textos. Decimos esto porque algunos expertos coinciden en señalar que el cocodrilo se refiere en la Biblia a Leviatán, bestia marina, descrito en *Isaías* como "leviatán serpiente tortuosa". Veamos pues lo que dice *Isaías* sobre Leviatán:

> «Aquel día castigará Yahvé con su espada pesada, grande y poderosa, al leviatán serpiente huidiza; al leviatán serpiente tortuosa, y matará al monstruo que está en el mar.»[136]

Al respecto cabe señalar que Leviatán es una imagen-símbolo de las fuerzas destructoras de la naturaleza femenina: es un monstruo marino con escamas al igual que Medusa, y debemos recordar que el medio acuático es subsidiario de simbolismos femeninos relacionados con la fertilidad. Leviatán es descrito como "serpiente", del mismo modo que los cabellos de Medusa eran también serpientes retorciéndose (que apuntan a un simbolismo telúrico y terrenal tanto como acuático y lunar). Dichas serpientes retorciéndose en la cabeza de Medusa evidencian la posesión de deseos lujuriosos, al igual que "Leviatán serpiente tortuosa".

Así pues, si el cocodrilo se refiere en la Biblia a Leviatán y éste simboliza los aspectos terribles y destructores de la sexualidad femenina, ¿por qué en el libro de *Job* se nos pregunta si ataríamos al cocodrilo como si fuese un pajarito y lo entregaríamos como juguete a nuestras niñas? En el libro de *Job* pretenden atar un pajarito porque creen que es más apto para los juegos infantiles que un monstruo, lo cual es obvio, pues un monstruo es peligroso y

---

[135] *Job.* 40, 20/25-24/29-28/41.
[136] *Isaías* 27, 1.

da miedo. Pero, ¿por qué atar al monstruo marino y para qué? Evidentemente para domeñarlo, para así controlar los aspectos destructivos de la sexualidad femenina a la que representa. Tal y como se nos dice, *"...a su sola vista quedará aterrado"*, aunque bien mirado hubieran podido traducir "fascinado", al igual que fascinados dejaba Medusa a los hombres. Dicho de otro modo: pretenden atar al monstruo marino en tanto que representante de los aspectos destructivos de la sexualidad femenina y aspiran a controlarla, ya que fue considerada *terra incognita* y todos sus pormenores tratados como tema tabú, vergonzosos y pecaminosos, pues recordemos que Eva fue la causante del pecado original y la perdición de los hombres, la que trajo la muerte al mundo. Sin lugar a dudas el temor a la sexualidad femenina se esconde tras estos pasajes y, debido a la dificultad que parece ser comporta la empresa de atar al "monstruo marino", parece ser que es mucho mejor y más sencillo atar a un pajarito que sí se deja domesticar. Pero, ¿qué representa el pajarito?

Por supuesto no podemos atender sólo a la tradición piadosa, de ser así daríamos muchas veces con explicaciones pueriles, como por ejemplo la de Jacinto Verdaguer, que expresó poéticamente la leyenda popular sobre el simbolismo del pájaro, lo cual no debe hacernos olvidar que se trata de poética en base a devoción popular: "infantilismo" a fin de cuentas, como lo denomina Eliade, o "arte pueril como lo hace Plazaola, que es el derrotero degradado y erosionado que toman algunos simbolismos religiosos. Esta inercia "degradante" que toman algunos símbolos es porque se tienden a adaptar a las clases sociales más bajas y menos instruidas. Aún así, a pesar del peso que ejerce esta tradición popular, no creo que estas imágenes del Niño con un pájaro representen un mero juego de niños, es por ello que para averiguar su sentido debemos indagar en los simbolismos de las aves.

El pájaro es uno de los símbolos más utilizados y más antiguos que se conocen. Simboliza la trascendencia, el alma, el espíritu; es identificado a veces con los dioses solares y es subsidiario también del simbolismo de los árboles, por lo que se lo representa posado en las ramas del árbol cósmico, a cuyo pie se encuentra, en oposición, una serpiente que es símbolo de los aspectos telúricos y terrenales. El ave es lo celestial que se opone a lo terrenal y corporal, y remite a los estados superiores del alma, por eso observamos representaciones de pájaros atacando a la serpiente, para aludir a la lucha de lo espiritual contra lo terrenal. En la cultura chamanística los chamanes tienen un alma-pájaro que los transportan al cielo, remitiendo así al "vuelo mágico" del chamán y confiriéndole la habilidad de comunicarse con los dioses; los vestidos de los chamanes portan plumas para ayudarlos en la ascensión; los pájaros son proféticos por los augurios que suscitan al conocer los designios divinos, por eso por la dirección de su vuelo se conoce el devenir; y denotan un estado espiritual elevado y superior. El símbolo del pájaro remite de este modo al acceso a otras realidades trascendentes. En la cultura egipcia, el alma (*Ka*) abandona el cuerpo en forma de pájaro, y en *El libro de los muertos* la muerte es simbolizada por un halcón. El pájaro es igualmente símbolo de las relaciones entre el cielo y la tierra: el Intermediario. En el Corán se toma con frecuencia como sinónimo de destino en sentencias tales como: "Hemos atado al cuello de cada hombre su pájaro", "Hemos consultado sobre ti y los tuyos el vuelo de los pájaros", y "hemos consultado el vuelo de los pájaros sobre vosotros"[137]. De hecho, Abraham impeló a Dios para que le hiciera ver cómo resucitaba a los muertos y Dios le dijo: «Toma cuatro pájaros y córtalos en pedazos; dispersa sus miembros por la cima de las montañas y llámalos luego; vendrán a ti...»[138]. El alma también se compara a un ave cautiva. En el arte africano el pájaro «simboliza el poderío y la vida; a menudo es símbolo de fecundidad»[139]. Habitualmente los pájaros y las mariposas representan las almas de los niños y según algunas creencias las mujeres embarazadas sueñan con pájaros, a los cuales, si se les discierne el sexo en el sueño, se adivina el género del futuro

---

[137] *El Corán.* (*Op. cit.*) *sura* 17, 13(14); 27, 47(48); 36, 18(17). (Entre paréntesis el mismo versículo dependiendo de distintas ediciones.)
[138] *Íbid. sura* 2, 262 (260)
[139] CHEVALIER, *Op. cit.* p. 156.

vástago. En la tradición esotérica existen infinidad de correspondencias entre diferentes aves y las diversas pulsiones psíquicas: cuervo negro inteligencia; pavo real verde y azul las aspiraciones amorosas; cisne blanco símbolo de la libido; fénix rojo la sublimidad divina y la inmortalidad; la paloma y el gorrión, "famosos por su lascivia", simbolizan el amor de lo carnal a lo divino, siendo por ello emblema de Afrodita[140], etc. Asimismo se nos cuenta que, según el simbolismo religioso, el lenguaje de los pájaros se puede llegar a comprender comiendo serpientes, indicando así que a través de lo terrenal (alimentarse de serpientes) se puede comprender lo divino (el lenguaje de las aves); concepto éste emparentado con el de la *contemplatio*, o sea, alcanzar la sabiduría divina a través de la contemplación de la naturaleza. De cualquier modo lo que interesa tener en cuenta aquí es que el pájaro posibilita la infusión de la ciencia divina.

Algunas divinidades celestes han estado asociadas a determinadas clases de pájaros por su peculiaridad de predecir el tiempo, concretamente la primavera y las tormentas, éstas últimas manifestaciones de divinidades celestes. Del mismo modo y también para las religiones cosmológicas, el pájaro era emblema de la primavera de igual manera que el "árbol de mayo", y era al igual que éste símbolo de la regeneración primaveral. En la tradición cristiana el pájaro remite a lo espiritual y a las almas en el Paraíso, o sea, a los aspectos relacionados con la vida celeste y en especial a la elevación del alma para ascender a lo divino. Algunos diccionarios comentan que a Jesús se lo representa frecuentemente con un pájaro, cierto, tal y como hemos visto en las imágenes aquí mostradas, pero no entran a valorar sus correspondencias debido sobre todo a la multiplicidad de interpretaciones posibles, ni profundizan ni se cuestionan los significados a los que apunta, simplemente dan por sentado que remite a lo espiritual.

---

[140] Este dato recogido por Chevalier es muy importante. Robert GRAVES también se hace eco de que Afrodita (*venus* en Roma) siempre «inicia su vuelo acompañada de palomas y gorriones. [Pues] las palomas y los gorriones eran famosos por su lascivia» en GRAVES. *Los mitos griegos. Op. cit.* p. 59-60.

Pero el simbolismo del pájaro tiene otras correspondencias relacionadas directamente con la sexualidad, y eso lo omitieron. En las ceremonias antiguas del *hieros gamos* se practicó la cópula con animales, de hecho, muchos dioses eran asociados de este modo con sus respectivos animales: Indra con un toro, Thor con una cabra, y el gorrión, quiere la providencia que fuese el animal acompañante de la diosa del amor, Afrodita, cuando ésta iniciaba su vuelo, es decir, su ascensión extática, su trance erótico, que es cuando infunde su espíritu a los enamorados haciéndolos yacer. Este pájaro -junto con la paloma- es pues símbolo de una vida propiciada por el misterio de la generación fecundante. Tal y como comenta Deschner, se asoció el gorrión a Afrodita no por casualidad, sino porque remitía a sus cualidades propiciadoras de vida[141]. Así pues, en su origen pagano, este pájaro estuvo asociado a un grupo más amplio de animales que se utilizaban para remitir a la actividad sexual y la fecundidad. En *El simbolismo animal,* leemos lo siguiente acerca del gorrión:

> «Afrodita, la diosa del deseo, "se echa a volar acompañada de palomas y gorriones". Recibe el influjo del planeta Venus, que tiene jurisdicción sobre los animales lujuriosos y prolíficos". Un gorrión "en manos de una mujer joven significa Libertinaje, aspecto de la LUJURIA; o la identifica como LESBIA, amante del poeta latino Catulo que habla en sus versos del gorrión que ella tenía". Comentando los jeroglíficos egipcios, Horapolo escribe: "Si quieren indicar HOMBRE FECUNDO, pintan un gorrión de las torres, pues éste, agitado por un ardor sin medida y por la abundancia de esperma, se une a la hembra siete veces en una hora, fecundando a la vez". Covarrubias nos informa que al LUJURIOSO, "al que es pequeño de cuerpo y garañón, dicen que es un gorrión". Huerta: "Son estos pájaros por su salacidad símbolo o jeroglífico de los

---

[141] DESCHNER. *Op. cit.* p. 41.

hombres lascivos y deshonestos, y así fueron dedicados a Venus..."»[142]

Y Gubern nos dice lo siguiente sobre algunas aves:

«Así, el jabalí, la liebre y el conejo se convirtieron en símbolos de la lujuria, los dos últimos por su proverbial fecundidad. También lo fue el gorrión, sobre todo en manos de una mujer joven. Estos animales podían combinarse con otros, de modo que uno de los emblemas de la concupiscencia consistía en una mujer desnuda sentada sobre un cocodrilo y sosteniendo entre las manos una perdiz con las alas desplegadas.»[143]

Si atendemos a lo que nos dice Román Gubern, la mujer desnuda sentada sobre un cocodrilo y con una perdiz con las alas desplegadas en sus manos es símbolo de concupiscencia. Obviamente una mujer sentada sobre un cocodrilo es una mujer sentada sobre Leviatán, símbolo de los aspectos destructivos de la sexualidad femenina, lo que demuestra la complicidad de la mujer con su lado oscuro y perverso, pues no olvidemos que ella es por tradición la culpable de nuestra caída; pero al sostener una perdiz con las alas desplegadas entonces simboliza la concupiscencia. Si el cocodrilo representa las fuerzas destructoras de la sexualidad femenina, ¿acaso la perdiz no simboliza su contrario, las fuerzas masculinas fecundantes necesarias para el acto concupiscente a modo de *coincidentia oppositorum,* es decir, la unión de lo masculino con lo femenino? Encontramos una nueva pista en la obra *El simbolismo animal,* que dice lo siguiente sobre esta ave: «Aristóteles la pone como ejemplo de animal lascivo: "Unos son muy dados al acto amoroso, como, por ejemplo, el género de las perdices»[144]. Y es que tal y como también dice Eliano, "son las aves

---

[142] MARIÑO, Xosé Ramón. *El simbolismo animal.* Madrid; Encuentro, 1996. p. 180.
[143] GUBERN. *Op. cit.* p. 198.
[144] MARIÑO. *Op. cit.* p. 362.

más incontinentes". Así pues, si no es una mujer la que sostiene un ave con las alas desplegadas sino el niño Cristo, ¿que simboliza sólo un pájaro sin su opuesto?, ¿el símbolo fecundante masculino (el falo), o la premonición de la posición de la cruz como algunos estipularon? ¿Acaso debemos interpretar un símbolo de diferente manera atendiendo a quién es el que lo sujeta? Si un pájaro con las alas abiertas simboliza la lujuria en el caso de una mujer, ¿debemos entenderlo de modo piadoso si se trata del Niño? Si el gorrión era emblema de Afrodita y símbolo de la lujuria, ¿debemos interpretarlo como sinónimo de espiritualidad en manos del Cristo, máxime cuando todos los elementos remiten a su naturaleza sexual? Otro dato importante es el que apuntaba Horapolo comentando los jeroglíficos egipcios, los cuales para expresar la fecundidad de un hombre representaban a un gorrión. Es decir, ¿por qué no convenir que estas imágenes puedan representar la capacidad fecundadora de Cristo en tanto que símbolo de su poder creador? Sea como fuere interpretar estas imágenes como el juego inocente del Niño o como premonición carece de rigor y de sentido.

Quieren las circunstancias que siglos atrás, los griegos, utilizaran el pájaro en la mitológica figura de Eros, portador de toda la carga significativa concerniente a la sexualidad y el erotismo. La historia a grandes rasgos es la siguiente: Psique quería verle el rostro a Eros, aunque éste se negaba y no se lo permitía. *Non videbis si videris*, le decía Eros. Ella, mientras éste dormía, acercó una luz para verle el rostro y, automáticamente, Eros desapareció convertido en pájaro. Pero Eros no muere, se metamorfosea. El pájaro es aquí el resultado de la metamorfosis acaecida tras la vista de lo "fascinante", o sea, el enigma del erotismo, su misterio, el cual *si lo ves desaparece*. Al fin y al cabo lo sagrado se metamorfosea en profano tan pronto pretendemos conocerlo, pues esa voluntad de sabiduría es profana porque atiende a deseos humanos y no divinos (es la ciencia del Mal); precisamente los místicos no se cansan de repetirnos que una condición de acceso a lo sagrado es el total despojo de nuestra voluntad humana. Por eso si se pretende acceder a la esencia del erotismo tal vez se pierda su rastro tras los innumerables datos insustanciales de la ciencia (Psique). Quizá Bataille pensó mitológicamente cuando afirmó que la sexología y toda la asepsia científica actual no hacen sino tratar al hombre como lo que no es: un objeto de laboratorio; no debemos diseccionar a un hombre para observar dónde reside la vida y su alma. Del mismo modo, a Eros sólo se lo conoce durante el trance amoroso, durante su enajenación, con su experiencia inmediata y de forma personal y no mediante la psique, la ciencia o la razón. Por eso desapareció Eros, porque la Psique quería conocerlo de forma profana y no desde el rapto amoroso. En este punto tal vez el filósofo se acerque más a la verdad que el sexólogo, el científico o el estadista (y aquí tengo en mente el informe Kinsey). Sea como fuere, Eros, a fin de cuentas, se convierte en pájaro para huir de Psique, que es la razón, la lógica, la ciencia. Pero no sólo Eros se metamorfosea en pájaro, también Zeus, que le pidió a Hera que se casara con él y ella lo rechazó todos los años durante un período de trescientos, mas un buen día el lúbrico dios se disfrazó de cuclillo durante una tormenta y Hera lo recogió, secó, y le dijo que lo amaba: «Pobre pajarito, te quiero». Ante estas palabras Zeus recobró de repente su auténtica forma y Hera se vio obligada a casarse con él esclava de sus propias palabras. El pájaro es pues tanto el animal que escapa del raciocinio humano como el que engaña a la mujer para yacer con ella. El pájaro no sabe de razonamientos, ni le interesan, sólo persigue copular.

A todo esto: ¿es casualidad que en muchas lenguas se les diga a los niños en lenguaje infantilizado "el pajarito" para referirse al pene? ¿Es el "pajarito" el pene infantil de un niño? Evidentemente sí. Es sabido que los usos del lenguaje indican unas relaciones y parentescos a los que hoy día no les damos mayor importancia. En el vocablo "pájaro" sucede esto y numerosas lenguas lo usan para designar al miembro viril masculino: en alemán *voegeln* (de *vogel*: pájaro) designa la actividad sexual; en el italiano *ucello* significa pájaro y alude al miembro viril; en español lo mismo: el "pajarito" remite al pene; y en catalán también se denomina "el pardal" al pene. Ocurre lo mismo con en el término "cola" o "colita" (*coda*) para aludir eufemísticamente al sexo masculino por analogía con el rabo de los animales; y aquí a "rabo" también se le achaca el mismo mal, pues cuelga (y de ahí "colgajo") del mismo modo que el pene, y recordemos al respecto la imagen (Fig. 42) donde la Virgen cogía la fruta por el rabo. Para Freud la particularidad aparentemente nimia del uso del vocablo "pajarito" apunta a una realidad mayor. Él remarca que efectivamente el uso de tal vocablo guarda relación con el órgano genital masculino, e incluso se atreve a aventurar que el sueño de poder volar refleja aspiraciones en el hombre de pretender ser apto para la función sexual; o sea, que simbólicamente es estar plenamente capacitado para llevar a cabo una unión carnal de forma eficaz[145]. A estas alturas ya deberíamos saber todos que decir "pájaro" para referirse al falo no es casual sino que tiene su explicación. El pajarito se refiere pues al pene.

Vistas ya unas cuantas correspondencias eróticas del pájaro vamos a pasar a ver ahora otro elemento que aparece en el conjunto pictórico que nos atañe: el hilo con el que se ata al pájaro.

Según el mito, en el Tíbet, los dioses descendieron a la tierra por una cuerda, pero después de la caída del hombre y de la aparición de la muerte «fue abolida la relación entre cielo y tierra»[146]. La cuerda y el hilo eran por lo tanto lo que posibilitaban la comunicación del cielo con la tierra, como un hilo de teléfono que permitió mantenernos en contacto con nuestro creador, pero a causa de la corrupción del hombre se cortó la correspondencia. La magia también observa el simbolismo de la cuerda: muchas leyendas cuentan que los magos tienen poderes para hechizar a sus víctimas por medio de nudos, y que pueden surcar los aires gracias a cuerdas mágicas que se elevan. Dichas leyendas folklóricas están relacionadas con infinidad de mitos indios donde el mago (faquir, chamán, etc.) trepa por una cuerda hacia el cielo hasta que desaparece de la vista. Estos temas de la ascensión a los cielos por medio de una cuerda están difundidos por todo el planeta: el árbol

---

[145] FREUD. *Obras completas.* Cap. *Un recuerdo infantil de Leonardo de Vinci.* (VII) Madrid; Biblioteca Nueva, 1968. p. 487.
[146] ELIADE. *El vuelo mágico. Cit.* p. 132.

cósmico, el hilo o la cuerda que sube al cielo, la columna del cielo, el pilar cósmico, etc., y son simbolismos subsidiarios que responden al mismo principio: comunicación del cielo con la tierra, *ascensión*. El simbolismo de la ascensión por la cuerda es pues subsidiario de la ascensión chamánica por el árbol cósmico.

Pasemos ahora brevemente al significado simbólico de los nudos, pues al fin y al cabo el pájaro está atado con un nudo. Tanto la muerte como la enfermedad atan al ser humano, también el amor. La concepción metafísica resulta clara porque el símbolo del nudo ilustra perfectamente el significado que pretende expresar: una persona atada es una persona inmóvil, presa, cautiva, esclava... La magia ha utilizado los "nudos" para realizar sus hechizos. La superchería y las creencias ancestrales mágicas elaboraban encantamientos donde una cuerda anudada aprisiona alguna facultad de la víctima, aunque no son simplemente supersticiones populares, pues su raigambre se percibe con un trasfondo religioso más complejo. Existen diferentes tipos de ligazones en los que no vamos a profundizar, sólo apuntar que hay un paralelismo etnográfico que reproduce en síntesis el mismo valor simbólico de los nudos. El simbolismo "ligador" tiene base tradicional en muchas culturas, y no se realiza sólo con una cuerda sino que también se puede "anillar", "encadenar", etc. Dicho de otro modo: la ligazón es una constante en diferentes religiones y un elemento común a ellas. En unos ritos albanos y germánicos por ejemplo ser ligado era imprescindible para participar en la ceremonia; dicho gesto responde a una expresión de sumisión, de servidumbre, de esclavitud; el creyente manifestaba así la sumisión total a la divinidad[147]. De hecho, el anillamiento de los contrayentes en el matrimonio católico, así como la ligadura que el sacerdote realiza entre sus manos, contemplan estas valencias simbólicas.

---

[147] «La "ligadura" se caracteriza así en una especie de marca de vasallaje». ELIADE. *Imágenes y símbolos*. *Cit.* p. 112. En la p. 110 y ss. se recogen numerosos ejemplos de dioses ligadores.

En la Antigüedad, cuando se creía en el poder mágico de las imágenes, algunas esculturas eran encadenadas para impedir que se escaparan y provocaran algún mal a nadie, y en el caso de que se tratara de divinidades buenas y protectoras eran igualmente encadenarlas a la ciudad para que permanecieran allí y asegurarse su protección divina[148]. El simbolismo del nudo es aquí evidente, pues de una manera u otra lo pretendido es beneficiarse con la cautividad de la imagen. Existen lazos mágicos para lograr lo deseado y existen rupturas de lazos contra lo que nos constriñe; lazos contra el que odiamos y lazos para el enamorado; lazos malignos y lazos benéficos... Los lazos son buenos y son malos dependiendo de la orientación y finalidad que se les dé. Atendiendo pues a estos nuevos datos sobre el simbolismo de los nudos, tal vez convendría reinterpretar las imágenes de cuando el Niño desataba el velo de la Virgen para tomar pecho.

En aquellas imágenes veíamos que el Niño "jugaba" con el broche, el pasador, el nudo que sujetaba el vestido de la Virgen e incluso el nudo del velo de su cabeza. Entonces apuntábamos la idea de que estaba pidiendo pecho, incluso vimos ejemplos donde intentaba desnudar a la Virgen para comer. Pero desnudar la cabeza de la mujer es desposarla para poseerla (todavía perdura el simbolismo de la retirada del *velamen capitis* en el matrimonio) y no está exento de carga erótica. Es necesario volver a recordar que simbólicamente el velo representa el himen "intacto" de la Virgen. Ahora, a la vista de estas aportaciones en los simbolismos ligadores debemos preguntarnos: si el Niño intenta desatar el nudo del *velamen capitis* y éste simboliza su himen, ¿está poseyendo simbólicamente a la Virgen al desatarla? ¿Desatar el velo significaría romper el himen simbólico, es decir, espiritual? Obviamente no debemos confundir nunca el sentido simbólico de su virginidad con el fisiológico, pero tampoco debemos obviar sus correspondencias eróticas. Pero no nos desviemos del tema y

---

[148] A este respecto con numerosos ejemplos véase FREEDBERG. *Op. cit.* p. 51.

regresemos a las pinturas que nos ocupan de Cristo con un pájaro atado.

Respecto de cuerdas y nudos es el momento de sacar a colación unas procesiones muy significativas que se dieron en Europa durante la Edad Media e incluso con posterioridad, pues la elocuencia de sus gestos es extraordinaria. En una de estas procesiones era costumbre ver a penitentes acusados de adulterio siendo obligados a marchar en procesión desnudos -o sólo con una camisa- y con una cuerda que sostenía la mujer de un extremo y cuyo otro extremo estaba atado a las partes sexuales del hombre, como si los llevaran atados y los arrastraran del pene. Los castigos de los adúlteros consistían en pasearlos por la ciudad desnudos con el sexo del varón atado con una cuerda que sujetaba la mujer. Veamos cómo lo describe Dulaure:

> «En algunos países [...] los dos adúlteros se paseaban igualmente por la ciudad. La mujer iba delante y sujetaba con una mano el extremo de una cuerda cuyo otro extremo estaba atado a las partes sexuales del hombre.»[149]

Cabe señalar la semejanza entre las pinturas del Niño con un pájaro atado a una cuerda y estas procesiones con otra clase de "pájaro" atado. En cuanto a la pintura cristológica hemos encontrado ejemplos donde parece que el extremo de la cuerda llega hasta los genitales del pájaro, donde debiera estar su sexualidad; en otras parece que la cuerda está atada a sus patas, lo cual apunta en la misma dirección si atendemos al significado simbólico de los pies. Y aquí debemos volver a recordar que el del "pie hinchado" –Edipo– fue curiosamente atado de pies por su padre, en clara sintonía con los simbolismos "ligadores" que hemos tratado.

---

[149] DULAURE. *Op. cit.* p. 161. En este libro de Dulaure también se recogen los lugares donde se realizaban estas procesiones de penitentes, como por ejemplo en Francia (en Martel, Lemosín, Clermont- Soubiran, Languedos, entre otros), y en especial en Suecia.

SÍMBOLOS RELIGIOSOS Y ERÓTICOS

Es sorprendente la conexión ideológica entre las procesiones de adúlteros y las pinturas que nos ocupan, aunque bien es cierto que en las manifestaciones populares los penitentes expiaban sus pecados sexuales y que el Niño no lo hace por el mismo motivo; sin lugar a dudas el significado de las imágenes cristológicas debe estar relacionado con el tema del erotismo y la trascendencia, no con el de la culpabilidad sexual. De momento todo da a entender que estas pinturas pretenden trasmitir un mensaje relacionado con los usos sexuales.

Hagamos un inciso y pasemos de momento a otra cuestión relacionada con las ligaduras de los nudos para ver si nos aclara un poco más las cosas. Eliade se encarga de demostrarnos que existe una conexión entre *fascinum* y *ligare*[150]. Mientras, Quignard nos dice que el *fascinus* ha sido durante la Antigüedad el objeto fálico protector por excelencia y que etimológicamente *fascinum* significa encantar, ligar mágicamente, fascinar. Pero, ¿acaso *fascinum* no está emparentado con *fascinus*? (El *fascinus* es el falo, y su representación destinada al culto -el objeto venerado- es el *fascinum*.) La conexión que comenta Eliade entre *fascinum* y *ligare* se entiende a su vez con las palabras de Quignard, quien nos cuenta que «El *fascinus* atrapa la mirada, que ya no podrá apartarse de él»[151]. Es decir, que la mirada al falo nos ata con su poder hipnótico por un encantamiento mágico que nos deja fascinados. Eliade relaciona etimológicamente el objeto fálico con el simbolismo de los nudos precisamente porque tal y como decían en la Antigüedad el falo atrapa la mirada y cautiva al ser, o sea, lo ata al deseo. Claro que *fascinum* y *ligare* están relacionados, por eso siempre ha hecho falta un talismán para evitar las desgracias de su mirada, la cual ata a los hombres a la locura.

---

[150] «...en latín, *fascinum* significa "encanto, maleficio", y está emparentado con *fascia*, "banda, vendaje"; con *fascis*, "haz"; *ligare*, "ligar"; *ligatura*, "acción de ligar", significan también "encantar" y encanto"» ELIADE. *Imágenes y símbolos. Cit.* p. 120.
[151] QUIGNARD. *Op. cit.* p. 8.

Visto lo visto, ¿guarda esa misma relación la iconografía cristológica? Es decir, ¿representa el pájaro el *fascinum* y el cordel con el que está atado el concepto *ligare*?, ¿es la correspondencia etimológica similar a la iconográfica? Si el *fascinum* representa las fuerzas de la naturaleza masculina (tanto creadoras como destructivas), el pájaro atado, ¿representa la parte oscura y siniestra de las esas fuerzas generadoras? Y lo que es más: el nudo con el que está atado el pájaro, ¿es para contener los usos perjudiciales de la sexualidad? Todo apunta en esa dirección, pues toda atadura sirve para un determinado fin según nuestros intereses, y aquí está impidiendo el vuelo libre del pájaro. Cristo tiene dominada la sexualidad por medio de un encantamiento ligador.

Sea como fuere Cristo tiene la sartén por el mango, el hilo en este caso, y domina sobre el problema irresuelto de la sexualidad que desde siempre ha carcomido al hombre y sobre el que mil y un rito hemos inventado para protegernos de sus desastres. El pájaro queda conjurado, dominado por Jesús, que triunfa sobre los aspectos terribles de la sexualidad, representados bajo un símbolo masculino en vez de femenino; ahora es el pájaro el símbolo que representa los excesos sexuales masculinos. En *Job* se nos dice que no se puede atar un cordelito al monstruo marino, pues al fin y al cabo la sexualidad femenina era *terra incognita* en aquellos tiempos misóginos. Ya no se representa a Gorgona Medusa ni a Leviatán porque es imposible controlar los excesos de la sexualidad femenina al ser desconocidos. Se ata al pájaro porque es más fácil contener la sexualidad masculina que la femenina, porque el hombre está hecho a imagen de Dios mientras que ella es la culpable del pecado: es más fácil que se contenga el varón que cambiar la esencia lujuriosa femenina, la causante del Mal. Sin embargo sí se ata con un cordelito a su homólogo masculino, el falo; el mismo falo de la *Villa de los Misterios* pero domeñado ahora por el nuevo Mesías. El falo pagano está ahora dominado por Cristo. ¡Un falo sometido y cristianizado!

Estos ejemplos muestran a Eros domesticado con su sexualidad atada por el nuevo Salvador: la transformación del Eros pagano en un nuevo y cristianizado ideal sexual. Cristo lo tiene preso para que no desparrame su particular paroxismo transgresor: el "pajarito" está atado y bien atado por medio de un nudo ligador que mantiene a raya sus excesos y transgresiones. Al igual que ataban tanto a las estatuas paganas provechosas para beneficiarse de sus ventajas como a las perjudiciales para tenerlas cautivas y reprimir sus infortunios, Cristo ata al pájaro para utilizar a voluntad sus beneficios a la vez que lastrar sus violencias. El pájaro es el *fascinum* controlado, conjurado. Remite al erotismo y una cosa queda clara, que ahora está bajo el control del nuevo Mesías, quien inaugura así un nuevo y controlado paradigma sexual.

Para algunos puede que estas imágenes con un pajarito remitan a una sexualidad de Cristo virginal, casta, inocente y sin uso. Estas interpretaciones ven el sexo de Jesús como el "pajarito" infantil, sin función sexual, atado y que no puede "volar", o si preferimos en términos freudianos "copular". Para estas personas se alude así a su perpetua castidad sin referencia alguna a los significados comentados, cuando lo acertado es tener en consideración todos los elementos y toda la Tradición a la que apunta para interpretar correctamente contemplando todos los elementos incluidos en el cuadro, pues los símbolos no son exclusivos de ninguna civilización y en esencia no difieren de una a otra religión si no que contienen las mismas significaciones. Las explicaciones piadosas están bien para los niños y para el catecismo escolar, no para el adulto que busca respuestas serias.

Representar al miembro viril como "pájaro" o "pajarito" es, al igual que en el lenguaje, un modo de infantilizar al fiero falo, de hacerlo menos temible; es una forma de domesticarlo, pues recordemos que el *fascinus* fascina y que su poder hipnótico mata, por eso en el mundo pagano estaba cubierto con un velo y no se lo miraba directamente. Ahora el fiero falo está domado, ¿y qué mejor demostración del dominio del Salvador que verlo atado por Él? El pájaro atado por el Niño es la expresión del intento de control cristiano de los aspectos oscuros, temibles, violentos y problemáticos de la sexualidad, es decir, de toda la sexualidad en su conjunto para la concepción de aquella época; refleja el nuevo paradigma sexual que se inicia con el cristianismo: una sexualidad sumisa y disciplinada. Su significado apunta a que los excesos sexuales paganos están ahora contenidos por el nuevo paradigma cristiano, en el cual no tienen cabida los excesos lúbricos ni la glorificación del instinto sexual.

No se trata de un juego inocente con un pájaro como nos dijeron ni de una posición premonitoria: se trata de la represión cristiana de la sexualidad.

EL DEDO IMPÚDICO

Por mucho que intentemos averiguar cuál era el sentido original de algunas pinturas siempre persistirá un resquicio que nos impedirá interpretarlas correctamente, en parte porque el paso del tiempo borra muchas huellas necesarias para poder hacerlo con todas las garantías. Al igual que ciertos símbolos nos son hoy en día desconocidos, también lo son ciertos gestos representados por los personajes de las pinturas. Es cierto que ya hemos dejado atrás el capítulo dedicado a los "gestos simbólicos", sin embargo permítanme insertar aquí este breve apartado relativo a un gesto muy especial que por sus características es idóneo para ocupar este lugar y no otro, pues hubiera sido prematuro haberlo tratado con anterioridad porque el desarrollo del trabajo estaba inmaduro y todavía no lo permitía. Ahora sin embargo ya hemos tratado tantas ideas relativas a la sexualidad de Cristo como para que el lector pueda asimilar sin esfuerzo los conceptos propuestos. El desarrollo de este trabajo ya permite exponerlo aquí y no antes. Permítanme pues esta licencia.

Algunos gestos nos son conocidos pero otros no podemos interpretarlos de forma inequívoca, por lo que muchas pinturas seguirán sin que lleguemos a conocer su significado. La clave para interpretar correctamente algunas pinturas parece ser que se halla en mayor medida en los gestos que en los elementos simbólicos, pues éstos últimos remiten a sus correspondientes simbologías y éstas son, aunque readaptadas al cristianismo, relativamente accesibles a nuestra interpretación gracias a la Tradición. Son algunos gestos los que nos dan verdaderos quebraderos de cabeza, pues tal y como decía Barasch, son gestos de convención que «surgen en determinados períodos históricos, y suelen ser propios de una cultura, e ininteligibles por tanto para otra»[152]. En ellos se encierra un significado aparentemente nimio, aunque nada más

---

[152] BARASCH. *Op. cit.* p. 12.

lejos de la realidad, hasta el punto que es pertinente recurrir al símil de que son como una pequeña gota de tinte que cambia el color de todo un gran cubo de agua. No podemos interpretar un cuadro obviando sus gestos, ni incluso por desconocimiento, pues encierran el verdadero sentido de la obra.

En algunas de esas pinturas desconcertantes vemos a los personajes realizando contorsiones extrañas, giros imposibles de las articulaciones y dedos de las manos en posiciones forzadas, antinaturales; percibimos algo extraño que se hace digno de nuestra atención. Así observamos muchas veces que la Virgen le toca el pie al Niño con los dedos de la mano en una posición tan inusual que sin duda alguna responden a una intención premeditada del artista, quien intenta ocultar un sentido oculto que no alcanzamos a comprender. Créame el lector que son numerosas las pinturas en que las posiciones de los dedos de las manos son extraordinariamente raras. Esta extraña constante se repite en muchos pintores de tiempos góticos y renacentistas.

Algunos de estos gestos enigmáticos son representados por Dierick Bouts, quien pinta *La Virgen y el Niño* (2º tercio del siglo XV; Musée Royal des Beaux-Arts, Amberes) donde vemos que la Virgen le toca el pie a su hijo con los dedos de la mano realmente forzados. No es razonable que un pintor los represente así, pues es antinatural para la modelo a la vez que más complicado de pintar, lo que indica que ese trabajo "extra" atiende sin duda a unas razones que todavía no conocemos. En una pintura anónima del discípulo anónimo de van der Weyden titulada *Virgen de la leche* (2º tercio siglo XV; Museo Nacional de Escultura, Valladolid) vemos un paralelismo muy peculiar entre los dedos de la mano de la Virgen y el del Niño, que atiende, como en la imagen anterior, a motivos desconocidos. En otra imagen de Carlo Crivelli titulada *La Virgen en el trono con el Niño, San Francisco y San Sebastián* (S. XIV-XV; The National Gallery, Londres) también observamos un paralelismo semejante entre los dedos de las manos de la Virgen y el Niño. Y en *La Virgen amamantando al Niño* de Marinus Claeszon van Reymerswaele (Siglos XV-XVI; Museo del Prado, Madrid) vemos una contorsión realmente inusitada en los dedos de la Virgen.

Sin lugar a dudas estas imágenes guardan su secreto; no fueron pintados los dedos con esas posiciones tan antinaturales de forma azarosa por mero capricho del artista, por lo que no podemos cuanto menos que cuestionarnos sobre su significado y, aunque no lo conozcamos, no dudamos ni por un momento que lo tiene o al menos lo tuvo en su momento. Una vez introducida la noción de que existen gestos desconocidos realizados con los dedos de las manos, vamos a pasar a otro gesto dígito: el realizado con el dedo medio.

Durero pinta una *Virgen con el Niño* donde vemos que el pequeño Jesús tiene todos los dedos de la mano flexionados menos el dedo medio, que se haya rígido, inhiesto, a la vez que se encuentra apuntando directamente a los pechos de su madre. Y Hans Holbein, el discípulo predilecto del taller de Durero, recoge el gesto de su maestro y lo representa en *Cadáver de Cristo en la tumba* **(Fig. 49)** En estas imágenes de Cristo, tanto niño como adulto, tanto en la obra del maestro como en la del discípulo, el dedo medio se halla tieso, yerto.

La célebre Julia Kristeva, filósofa, teórica de la literatura y el feminismo, psicoanalista y escritora francesa de origen búlgaro, tiene un ensayo, en verdad magnífico, sobre esta pintura del *Cadáver de Cristo en la tumba*. Ella atribuye este gesto que Cristo realiza con el dedo medio a los estigmas de la crucifixión. Dicho de otro modo: según ella el dedo se encuentra rígido porque el clavo que atravesó su mano o muñeca al crucificarlo seccionó el tendón correspondiente a ese dedo, de ahí que impida que pueda encogerse como los demás[153].

Vamos sin embargo a poner en tela de juicio el argumento de Kristeva, que es el mismo que el que defiende la postura oficial de la Iglesia, o sea, que el dedo medio está rígido debido al clavo que

---

[153] Kristeva, Julia. Cap. *El Cristo muerto de Holbein*. En: VV.AA. *Fragmentos para una Historia del cuerpo humano*. Madris; Altea, Taurus, Alfagura, 1991. vol. I. p. 249 y 251. [tit. orig. *Fragments for a History of the Human Body*.1989.]

le seccionó el nervio de la mano al crucificarlo. Para refutar esta hipótesis vamos a empezar con los aportes de la medicina legal forense, y recurriremos a Miguel Lorente, doctor en medicina y cirugía y profesor de medicina legal. Aparte de otras muchas conclusiones forenses sobre la muerte de Jesús gracias a los análisis de la Sábana Santa, como por ejemplo las teorías que cuestionan su muerte y resurrección en las cuales no vamos a detenernos, lo que a nosotros concierne es el supuesto nervio seccionado por el clavo. Parece ser que al seccionar el nervio *mediano*, que así se denomina al que supuestamente se le seccionó en la cruz, la postura que adoptarían sus dedos sería diferente, es decir, que adoptaría la posición «denominada "mano de comadrón", que lleva a adquirir una postura en semiflexión de la palma de la mano y a una aducción de los pulgares»[154]. O sea, la posición también denominada "benedictio latina", o incluso designada por Lorente "mano del predicador", que no es sino la posición que adoptan los sacerdotes al bendecir y que queda representada en infinidad de cuadros donde vemos a Cristo bendiciendo: semiflexión de toda la mano incluidos pulgares menos los dos dedos índice y medio; la típica postura de bendición que todos hemos visto alguna que otra vez y conocemos. (Podemos verla en el ejemplo aquí mostrado de la Fig. 10.) Así pues esta sería la posición que adoptaría la mano suponiendo que el clavo atravesara por el «Espacio de Destot, en el lado cubital de la muñeca», lo cual produciría «una afectación del tronco del nervio mediano»[155]. Resumiendo: en ningún caso la posición de la mano y los dedos de Cristo al crucificarlo adoptarían la forma representada en la pintura mostrada de Hans Holbein, la cual no reproduce la postura de *benedictio latina* (o "mano del predicador") sino el gesto denominado *digitus impudicus*.

---

[154] Para conocer los aportes de la medicina legal respecto de la extraña posición de las manos en las figuras de Cristo véase: LORENTE, Miguel. *La mano del predicador. Conclusiones forenses sobre la muerte de Jesús*. Madrid; Aguilar, 2010.
[155] *Íbid.* p. 82.

Pascal Quignard, repasando la concepción de la sexualidad en la cultura griega y romana, comenta este gesto en cuestión, el cual era entendido ya en aquel entonces como una ofensa a la dignidad[156], y de hecho todavía posee similar connotación insultante precisamente por su analogía formal con el falo. Ese gesto realizado con el dedo medio rígido era el máximo insulto para los griegos porque remitía al falo y se le mostraba a la cara del oponente a modo de símbolo de nuestra superioridad genital. El mismo Quignard se encarga también de advertir que estos gestos – al igual que infinidad de objetos apotropaicos- estaban destinados a evitar el mal de ojo, o lo que es lo mismo en la concepción griega: evitar la esterilidad. Los temores de aquel entonces se centraban en la sexualidad, por lo que este gesto, al igual que otros objetos protectores, sería un gesto apotropaico para proteger y salvaguardar la fertilidad. El *digitus impudicus* es pues un insulto a la vez que un gesto protector. De ser así, no habría mucha diferencia entre un *Hermes* y este gesto con el dedo erecto, pues ambos estarían destinados a evitar la infertilidad y a favorecer la fecundidad.

Por muy increíble que parezca, parece ser que quienes no ven un sentido erótico en este gesto no han tenido en cuenta que se denomina precisamente *digitus impudicus*, remitiendo con ello a la impudicia. Las palabras hablan si se las escucha, pero da la sensación de que han hecho oídos sordos a estas: *digitus impudicus*. La sola denominación del gesto como "dedo impúdico" ya debería haber sido suficiente indicio como para haber percibido los derroteros a los que apunta el significado de ese dedo.

Existe un gesto muy similar donde la Virgen coge su velo con infinita ternura entre sus dos dedos índice y pulgar mientras que mantiene el meñique rígido. Para estas ocasiones se puede interpretar, como marginalmente se hace, que el meñique inhiesto

---

[156] «Los dedos medios extendidos (*digitus impudicus*, la mano con los dedos cerrados salvo el dedo corazón, *mésos dáctylos*, que apunta hacia arriba, era el máximo insulto)»; tiene también un sentido similar –en tanto que erótico- «los amuletos que representan la *fica* (sacar la punta del pulgar entre el índice y el dedo medio)». QUIIGNARD. *Op. cit.* p.59.

representa el falo, y el velo sostenido con suma delicadeza el himen intacto de la Virgen, tal y como comenta Lahuerta[157]. Para ciertos críticos no cabe duda de que los dedos inhiestos remiten a la dureza del falo, y la explicación que ofrecen es clara: ese dedo está «petrificado como un *terminus* antiguo, o fascinado como esos sátiros que retiran las cortinas descubriendo de repente a la ninfa dormida»[158]. Es decir, que se representa un dedo erecto que por analogía remite al *fascinus*. Al respecto cabría preguntarse: ¿es casualidad que todavía en la India se utilice un gesto similar para ir al servicio: el puño cerrado y el meñique tieso apuntando al cielo? Una cosa es cierta, y es que existen muchos ejemplos cristológicos similares donde la Virgen coge con el dedo inhiesto el velo que cubre el sexo del Niño[159].

Vamos ahora con otro asunto igualmente relacionado con el dedo rígido. Kristeva, al igual que tantos historiadores que explican este gesto por el clavo que le seccionó el tendón, no tienen en cuenta, ninguno de todos ellos, los precedentes iconográficos en los que se observa el gesto de *digitus impudicus* en la figura mitológica de Cupido. Y es que la tradición está ahí para recurrir a ella.

Quiere la casualidad, y conste que es una forma de hablar porque aquí no hay cabida para la casualidad, que existan cuadros

---

[157] Para un ejemplo de este tipo véase LAHUERTA, Juan José. *El fenómeno del éxtasis.* Madrid; Siruela, 2004, quien comenta un gesto de este tipo realizado por Dalí para las ilustraciones de la Virgen en *La Inmaculada Concepción.*

[158] *Íbid.* p 165.

[159] Aunque en este trabajo no podemos explayarnos todo lo que nos gustaría baste solo comentar que muchos autores plasman de modo similar la misma disposición en los dedos de la Virgen para coger el velo. Por ejemplo Luis de Morales en el cuadro titulado *La Virgen de las Fresas* (Museo del Prado; presuntamente de Luis de Morales o algún copista anónimo); también en abundantes ejemplos de *Sagradas Familias* del Greco vemos la misma disposición digital de la mano que sujeta el velo: el pulgar en contraposición con el índice formando un círculo cerrado (que sujetan la tela) mientras los otros dedos permanecen rectos a la vez que el Niño los mira fijamente. Existen asimismo muchas obras de tema pagano donde Venus realiza este gesto dígito. Es de suponer que la mayoría de estos gestos han sido readaptados del paganismo.

donde se representan escenas mitológicas donde vemos realizar este mismo gesto a otros personajes en actitudes licenciosas, promiscuas. Un ejemplo al caso es el de Bartholomäus Spranger (1546-1611), quien fue prolífico a la hora de representar dichos gestos, como en el caso de *Venus y Adonis* (**Fig. 50**) donde Cupido se encuentra realizando claramente el gesto de *digitus impudicus* con un sentido erótico. En esta escena hay representado, aparte de los perros de caza que aluden a la cacería del jabalí que acabaría con la vida de Adonis, unas palomas posadas sobre Cupido, que recordemos son el emblema de la diosa del amor por su rijosidad, al igual que los gorriones, tal y como hemos visto en el capítulo precedente. Y Cupido, con las palomas sobre él y con su gesto de *digitus impudicus* expresa la unión carnal entre ambos amantes. Sin lugar a dudas este gesto del dedo medio rígido pretende remitir al falo, a la unión sexual que en breve se producirá.

Otro cuadro del mismo autor que también reproduce el gesto del dedo impúdico es el de *Júpiter y Antíope* (**Fig. 51**). Antíope, hija del rey Nicteo de Tebas, es seducida por Júpiter trasformado en sátiro, de ahí sus patas de cabra, animal eminentemente lujurioso. Júpiter ha sido guiado por Cupido hasta ella, aunque en este caso no se represente al niño del Amor sino sólo a los dos amantes. En la imagen está Antíope realizando con su mano izquierda el gesto impúdico que remite al falo mientras que con su derecha, cerca de la ingle de Antíope, abre dos dedos de su mano aludiendo a su vulva femenina.

A la vista de estas imágenes que muestran escenas lúbricas de temas mitológicos relacionados con la unión sexual, tal vez sería hora de replantearnos el gesto impúdico que se representa en Cristo, el cual es el mismo gesto que vemos aquí: un gesto que remite al falo. O, tal y como hemos avanzado en capítulos precedentes, ¿debemos interpretar el mismo gesto con un sentido distinto sólo porque se trate de Cristo y se pretenda asexuar su figura?

Todos los que defienden que este gesto dígito es debido al clavo que seccionó el tendón en la cruz no tienen en cuenta algo tan importante como el hecho de que la Tradición recogió ese mismo dedo rígido en la figura de Cupido con un sentido claramente erótico, se olvidan de los precedentes iconográficos; ni tampoco parecen tener en cuenta que existen imágenes donde el niño Jesús, antes de que lo crucifiquen, realiza esa misma posición, como el ejemplo comentado de Durero en que tiene el dedo tieso apuntando al pecho de su madre. Para ser exactos tendríamos que representar el "dedo impúdico" sólo para las imágenes en que Cristo ya esté muerto, pues sus manos han sido atravesadas en la cruz de adulto y no de infante. No obstante suponemos que se alegará que cuando el gesto lo realiza el Niño y no el adulto es porque se trata de un gesto premonitorio que presagia su futuro en la cruz, y si no se les ha ocurrido con anterioridad les presto la idea. Pero tal y como hemos visto con los ejemplos del "pájaro" atado, las interpretaciones de estos gestos como *gestos premonitorios* no son acertadas aunque sí muy frecuentemente socorridas, más de lo deseable, pues intentan desviar la atención del verdadero sentido que suele gravitar en torno a la realidad sexual de Jesús. En el peor de los casos –y dirigido a esos críticos e historiadores – vierten sus "hipótesis premonitorias" o bien por omisión consciente o por ignorancia. Sin embargo el cuadro de Durero muestra que el Niño está señalando con ese dedo los pechos de la Virgen, es decir, el primer objeto del deseo sexual. No cabe duda de que el gesto de *digittus impudicus* representa exactamente eso: un dedo impúdico que remite al falo, tal y como queda recogido en el mundo griego. Las otras explicaciones no tienen en cuenta ni el sentido del término, ni todos los precedentes iconográficos, ni contemplan en sus explicaciones la realidad corporal de Cristo. Para este gesto sólo cabe una conclusión posible: es un gesto simbólico genital pagano, y el hecho de encontrarnos con él en la pintura cristológica demuestra la pervivencia de los gestos eróticos paganos en el cristianismo.

Pero pasemos a comentar el *Cadáver de Cristo en la tumba* que es lo que nos interesa. En esta imagen el lugar donde se encuentra ubicado Cristo sorprende por el espacio tan angosto, ya que evidentemente se trata de una tumba, por tal motivo el autor intenta transmitirnos esa sensación de claustrofobia que siente toda persona al imaginarse en una situación tal. El sitio tan reducido intenta crear esa atmósfera angustiante, sin un atisbo de salvación, sin esperanza ante la Resurrección ni espacios abiertos celestiales; aquí hay un Cristo que es un verdadero cadáver, como su título indica, ante una muerte real, sin escapatoria posible. No obstante un pequeño destello de luz parece reanimar nuestras esperanzas de un futuro de Salvación y eternidad, y ese pequeño gesto de claridad e ilusión es precisamente ese dedo rígido. Si el gesto dígito contiene un sentido sexual, cosa más que probable, está intentando expresar lo mismo que desde el paleolítico: que el erotismo es la única arma eficaz contra la extinción de la muerte, el único talismán válido para conjurar sus efectos. El dedo impúdico de Cristo nos ofrece la verdadera salvación diciéndonos que sólo los frutos vivos nacidos del falo resisten a la muerte. En esta imagen, la salvación y la esperanza se hallan en ese dedo de Cristo que simboliza el falo, la vida eterna y la inmortalidad, la regeneración, al igual que en el mundo antiguo.

El espacio claustrofóbico que se nos muestra aludiendo a la muerte es sólo una falsa impresión para aterrar al neófito, y por supuesto el dedo rígido no es debido al clavo que le seccionó el tendón en la crucifixión. El Cristo de Hans Holbein revela sólo a unos pocos iniciados -que evidentemente guardarian el secreto - el misterio de cómo conjurar y vencer a la muerte; misterio que apunta directamente a la sexualidad por medio de ese dedo fálico.

Qué poca diferencia existe entre este Cristo y los Misterios de la Antigüedad que glorificaban al falo y a sus frutos vivos, a la continuidad de la especie y a la inmortalidad gracias al instinto sexual. Este cuadro nos muestra un cadáver sin Salvación física porque la Salvación se gana en vida, mientras se está a tiempo de *ayuntarse con fembra fermosa y placentera*, como dijo el Arcipreste, y mientras el falo tiene vida y se yergue. La inmortalidad y la eternidad no pertenecen al cuerpo: éste no escapa del cajón y su destino es la descomposición mineral. La vida eterna nos la reportan nuestros vástagos gracias al miembro simbolizado por el dedo que muestra este Salvador: la eternidad y la victoria sobre la muerte se expresa aquí con un solo dedo.

El gesto comentado está relacionado con la sexualidad, con la protección de la fecundidad y la fertilidad. El gesto impúdico poseía en la Antigüedad un sentido apotropaico destinado a evitar el mal de ojo y alejar la esterilidad; tiene una finalidad protectora y de talismán. En el cristianismo el proteccionismo con la progenie humana es responsabilidad exclusiva de Cristo y se manifiesta a través de su sexualidad, la cual remite a conceptos relacionados con la génesis del mundo, con su poder creador y con la *Encarnación* de Dios; no se reduce a una lectura sólo erótica, superficial o vacía de contenido teologal. La sexualidad desbordada e incontrolada de la Antigüedad, representada por dioses pasionales que se dejaban llevar por las violencias del erotismo, ya no existe en el cristianismo porque Cristo es su contrapartida, su opuesto, cuya sexualidad contenida refleja nítidamente el control y la represión sexual imperante. Las interpretaciones de algunos cuadros, a la vista de los nuevos aportes, deberían dar un giro nuevo que contemplaran una mayor relevancia de la realidad carnal de Cristo, porque Éste muestra su sexualidad aludiendo a cuestiones relativas a la consecución de la vida bajo un nuevo paradigma sexual cristiano, exento de los excesos irracionales de la Antigüedad, sí, pero aun así dirigiendo sus discursos hacia la idea capital de que la continuidad de la vida es gracias al falo.

No pasemos por alto este hecho: el sentido fálico del *digitus impudicus* es incuestionable, remite al miembro viril y tiene un sentido protector contra la infertilidad al referir que la muerte puede ser conjurada y vencida por medio del falo y sus frutos vivos; es así como se consigue la inmortalidad, a través de la progenie. ¡Cristo ofrece un alegato sobre la vida y la muerte mediante su dedo impúdico, el cual remite a su falo como victorioso ante la muerte!

En esta imagen, Holbein parece poner en boca de Cristo, o mejor dicho en el dedo de Cristo, las palabras de san Pablo:

«*La muerte ha sido sorbida por la victoria. ¿Dónde está, oh muerte, tu victoria?...*» (*I Cor.* 15, 55.)

RECAPITULACIÓN: VESTIGIOS DEL CULTO A PRÍAPO

A estas alturas ya podemos hacernos una idea del alto grado de sincretismo que se dio en el cristianismo al adoptar la superchería sexual pagana, o tal vez debiéramos decir que fue una especie de "herencia psíquica religiosa" (por utilizar terminología jungiana) que perduraba entre los individuos. Tal "herencia psíquica religiosa" trajo consigo tanto la permanencia como la adopción de ciertas creencias y supersticiones en el ámbito de la sexualidad y sus usos, y tal hecho se puede constatar, afortunadamente para nosotros, por medio de la iconografía cristológica. Otros autores como Lucie-Smith también se han hecho eco de estas heredades del pensamiento pagano reflejado en la iconografía cristiana:

> «Aunque en efecto podemos encontrar muchos ejemplos de erotismo en el arte medieval. Algunas veces éstos parecen ser supervivencias vestigiales de los antiguos cultos paganos.» [160]

Asimismo este autor opina que en el Bosco podemos encontrar elementos que nos remiten sin lugar a dudas a los cultos de la Antigüedad:

> «Encontramos en él elementos que parecen ser alusiones a antiguos cultos de fertilidad...» [161]

Pero en realidad tal vez deberíamos plantearlo al revés, es decir, no es que el cristianismo asimilara la superchería sexual pagana, sino que la pastoral cristiana se introdujo en territorios históricamente paganos en los cuales no pudo acabar con sus

---

[160] LUCIE-SMITH. *La sexualidad en el arte occidental. Cit.*, p. 32.
[161] *Íbid.* p. 40.

creencias de forma repentina, sino que éstas perduraron durante siglos en la nueva sociedad cristianizada, aunque de forma no oficial sino marginal, a modo de oposición psíquica natural, como una especie de misoneísmo conservador en el espíritu humano, como una resistencia de la psique religiosa. Las creencias populares de los pueblos no son nada fáciles de erradicar; el cristianismo lo intentó en muchas ocasiones y a lo sumo sólo pudo solapar la festividad pagana con un nuevo santo para cristianizarla, sin embargo tales festividades cristianizadas nunca perdieron su sentido original y erótico. La Iglesia intentó, vista su incapacidad para erradicarlos, reconducirlos según sus intereses, lo que degradó ciertos símbolos, cosa habitual en la historia de las religiones; sin embargo, aunque las formas y significados aparentes cambiaron, el trasfondo ideológico seguía participando de la misma esencia erótica que en el culto pagano: en poco se diferenciaba ampararse en un rito pagano para proteger la fertilidad como hacerlo rozando las "partes pudendas" con algún símbolo de un santo cristiano; poca diferencia había entre desvelar el falo en Pompeya y desvelarle el "pajarito" al Niño.

Dulaure demuestra que el culto a Príapo continuó existiendo bajo nuevas formas cristianizadas con nombres de santos cristianos, pero cuyo cometido era el mismo que el de Príapo: salvaguardar la potencia viril y la fecundidad. Tal culto estuvo vigente en Europa primero de forma más purificada bajo el dios Príapo o uno análogo, y luego, velada por algún santo cristiano que adoptó su rol. De este modo diferentes santos cristianos (con diferentes nombres y en diversas zonas europeas regidas bajo el cristianismo) fueron honrados por los mismos motivos que se honraba a Príapo: por su facultad fecundante. San Futino de Varailles era venerado en Provenza por su capacidad de fecundar a las mujeres estériles, y se le ofrecían exvotos para dicha causa con formas semejantes a los órganos genitales; San Guerlichón o Guerluchón, san Gil, san Renato, san Reinaldo, san Arnaldo, san Guinolé etc., tenían un miembro fecundante notorio, algunos desgastados a fuerza de rascarlo las devotas[162]. La devoción a estos santos cristianos y su concreta "especialización" en asuntos sexuales no pasó por alto a muchos escritores antiguos, que no dudaron en remarcar las similitudes de estos santos con el antiguo Príapo. Dulaure recoge los comentarios de algunos escritores cristianos de aquella época que constatan afirmativamente el intento de reconducir las devociones sexuales paganas hacia formas más "cristianas[163]. A Príapo se le cambió el nombre por el de algún santo cristiano, sí, pero sus facultades beneficiosas continuaron siendo las mismas. Se siguieron utilizando los *fascinum* como amuletos, tan en boga en el siglo XV que han perdurado textos donde se recogen sus restricciones y penitencias para quien los haya utilizado, de hecho existen prohibiciones fechadas desde el siglo IX hasta el XVIII que vetan su uso, lo que indica que tal costumbre no pudo erradicarse y que la Iglesia la combatió hasta que dio por perdida la batalla (sólo cabe visitar un *sex shop* para darse cuenta que continúan y continuarán estando en boga los *fascinum*). Galos, bretones y germanos rindieron culto al falo; en España Baco era adorado bajo el nombre de Hortanos; el culto a Príapo se mantuvo en Alemania hasta el siglo XII, y en Anvers hasta el XVII[164]. Para Dulaure no hay duda de que estas prácticas todavía existirían si los protestantes no las hubieran denigrado con sus guasas, convirtiéndolas en blanco fácil de sus bromas. La solución de los católicos, avergonzados por las burlas de los protestantes ante prácticas tan "incivilizadas y supersticiosas", no fue otra que la de imponer la ya practicada represión sexual "civilizadora" del cristianismo.

> «Avergonzados entonces del papel que habían desempeñado, y con el deseo de arrebatar a sus antagonistas ese medio de ridiculizarlos y de perderlos para la opinión de los pueblos, los sacerdotes católicos reformaron insensiblemente esos Príapos, o sustituyeron

---

[162] En DULAURE. *Op. cit.* p. 141 a 144.
[163] En *Ibid.* p. 146 y ss.
[164] Sobre lo expuesto véase *Ibid.* p. 126 y ss.

su culto por un culto parecido, pero cuyas formas no ofendían tan abiertamente la decencia.»[165]

Sea como fuere es posible rastrear el culto a Príapo en Europa hasta el siglo XVIII. Y no podemos extrañarnos de que el mundo cristiano asimilara estos préstamos del paganismo, pues como ya advirtió Mireca Eliade «toda "forma" religiosa tiene un fondo "imperialista" que le lleva a asimilarse continuamente el contenido, los atributos y los caracteres de otras "formas" religiosas, a veces muy distintas de ella»[166]. Si los símbolos sexuales han sobrevivido a las divinidades que los han utilizado y han ido pasando por distintos dioses hasta llegar al cristianismo, es prueba de que dichos símbolos fueron anteriores a las divinidades que los ostentan. Eliade también nos cuenta que «la transmisión de símbolos de un dios a otro es un fenómeno corriente en historia de las religiones»[167], lo que implica que el arquetipo religioso es común a todas ellas. Por lo tanto, las representaciones cristológicas que hemos tratado aquí demuestran la continuidad del culto al falo en el cristianismo bajo una forma erosionada: es el culto al falo degradado, evolucionado.

A estas alturas del trabajo hemos visto muchas evidencias que demuestran una permeabilización de creencias paganas dentro de la esfera cristiana: cultos hebreos de formas líticas y ritos sexuales en el pueblo de Israel; liturgia con base erótica en el *risus paschalis* y su expresión artística en el Románico obsceno; ritos sexuales con el único cometido de emular la *Creación*: acto fundacional imitado en la orgía, en la que a través del "caos" de los cuerpos se tomaba consciencia intuitiva del acto inaugural que fundó el universo; hemos visto también unas tipologías iconográficas que evidencian el paralelismo conceptual con la iconografía erótica pagana... Todo ello demuestra que las formas artísticas cristianas, sincréticas en

---

[165] *Ibid.* p. 148.
[166] ELIADE. *Tratado de historia de las religiones. Cit.*, p. 250.
[167] *Ibid.* p. 621.

grado sumo, recogieron la esencia simbólica que veneraba la regeneración a través de los cuerpos. Ahora, el principio ideológico que rige las orgías, su demostración física, será corporizada únicamente a través del cuerpo de Cristo, que remite simbólicamente a la *Creación* precisamente con su propio cuerpo, con su *Encarnación*.

El erotismo es conjurado en el cristianismo, pero sólo su parte perniciosa, instintiva y violenta, no sus aspectos beneficiosos ya que, recordemos, el pájaro atado no es sino un pájaro domesticado y subyugado. La *Génesis* ha cambiado: ya no implica un desbordamiento de violencias y caos emulados con el desenfreno de la orgía, pues Cristo tiene el pajarito bien atado. La *Creación* ya no tiene por qué implicar un caos confuso, violento, amoral y perjudicial para el nuevo sistema social, ya no tiene por qué peligrar la estabilidad a causa del paroxismo. Cristo controla la *Creación* y le atribuye un uso racional y comedido para que no desborden sus excesos.

Y con esto contradecimos las hipótesis de Steinberg, quien nos contó que todas las simbologías de un cuadro renacentista nos remitían siempre a lo mismo: a la *Encarnación* del Niño. Nosotros lo creímos, pero a estas alturas tal vez debiéramos matizarlo o incluso desarrollarlo tal y como sigue: Creemos las palabras de Steinberg cuando afirma que algunos simbolismos remiten al mismo común denominador de la sexualidad de Cristo, lo cual no hace sino confirmar el fin último de estas pinturas, que es, en parte, la *Encarnación*. La *Encarnación* de Dios es lo que diferencia y define al cristianismo, por lo tanto es lógico que una gran carga discursiva gire en torno a este dogma. ¡Pero ojo!, que una cosa parece ser que se le pasó por alto: la *Encarnación* no es el fin último, sino el intermedio, el entreactos. El cristianismo tiene un inicio que es la *Creación*, un nudo que va desde la *Encarnación* a la *Resurrección*, y un desenlace final que es la *Parusía*. La *Encarnación* es sólo un episodio si bien el más importarte, pero antes, mucho antes, Dios creó "lo existente" en la *Creación*, gracias a la cual todo ha sido viable, pues dicha *Creación* ya contenía en germen todo lo que vendría después, a modo de semilla, ya que según la teología Dios concibió y definió allí hasta el final de los días. Ni la *Encarnación* ni la *Parusía* serían posibles sin la *Creación*, que es el acto inaugural y donde todo lo que acaecerá ya ha sido dado antes de que fuera. La *Encarnación* está pues circunscrita dentro de un conjunto más amplio que es "la existencia de lo que existe". En la *Creación* ya está contenida la *Encarnación* porque la *Creación* es origen y causa tanto de la *Encarnación* como del Juicio Final, tanto de la *Resurrección* como de la *Parusía*. La *Creatio ex nihilo* (sólo atribuible a Dios) es a todos los niveles causa y origen de todo, pues implica una futura y continua regeneración *ad infinitum* de la naturaleza (*creatio continua*).

Para Steinberg, obviamente influenciado por su conocimiento sobre el dogma, el fondo último de la pintura cristológica es la *Encarnación*, pero se olvidó de la *Génesis*. La *Encarnación* es un pequeño capítulo que trata sobre la demostración física del cuerpo de Cristo, inserto en una concepción teológica más amplia. La *Encarnación* sólo es su aspecto visible, sólo demuestra que a través de los cuerpos físicos se expresa simbólicamente la *creatio continua* y *ad infinitum,* como Dios, que existe *ab aeterno, ab initio* y *ab origine*. La *Encarnación* corrobora la validez de la teoría teológica, pero representa una parte de la totalidad. Así como la sexualidad remite por extensión a la *Humanización* y a la *Encarnación*, éstas asimismo remiten a la *Creación* y a la *Génesis*; una *Génesis* aludida por el nuevo paradigma sexual y carnal de Cristo.

Dicho de otro modo: Steinberg, obsesionado con el dogma, no comenta ni una línea del culto al falo que se dio en el arte cristiano porque para él toda su finalidad se dirigía hacia la demostración de la carnalidad de Cristo (la *Encarnación*), pero olvidó que la pintura cristológica también recogió de modo residual vestigios del culto al falo pagano en la figura de Jesucristo. Dicho culto, como ya hemos comentado, se dirigía y era celebrativo en honor de los poderes creadores del universo. Steinberg pensó que las desnudeces y alusiones a los genitales crísticos sólo tenían como función subrayar su carnalidad (la *Encarnación*), pero ignoraba que con ello se estaba dando paralelamente un "culto al falo" cristiano que glorificaba el poder creador de Dios (la *Creación*). No pudo sospechar Steinberg que las desnudeces de Cristo remitían a un culto al falo, en forma de herencia de una psicología religiosa y colectiva que tuvo su origen en la religión pagana.

Todo símbolo que remite a la *Encarnación* de Dios está contenido siempre en una realidad mayor, una interpretación que apunta a la *Génesis* de todo lo existente, al poder creador de la vida, a la *Creación,* simbolizada ésta a través de los genitales de Cristo.

El culto al falo de Cristo apunta pues a su poder creador, al poder creador de Dios, vestigio de creencias paganas relativas al poder fértil de la naturaleza y por tanto, relativas al poder de los dioses en tanto que promotores de esa regeneración natural y de la continuidad de la vida. Todo ello simbolizado a través de los órganos genitales de los dioses, puesto que el falo es por su propia función sexual el órgano que mejor simboliza la capacidad "procreadora" de vida.

El falo de Cristo es el símbolo de su poder creador y con ello se remite a la capacidad creadora de Dios, a la *Creación*, y no sólo a su carnalidad, aludida ésta por la *Encarnación*. El culto al falo de Jesucristo demuestra pues una continuidad ideológica con la glorificación pagana del poder creador de Dios. Obviamente atribuir las alusiones genitales de Cristo a la simple finalidad demostrativa de la *Encarnación* es estar influenciado sobremanera por la pastoral y el dogma cristiano, y es eludir las evidencias que demuestran la continuidad del culto al falo en el cristianismo. Dicho culto al falo de Cristo pretende glorificar no sólo su naturaleza humana, que también, sino principalmente el poder creador de Dios.

VI- EPÍLOGO

«Nada hay oculto que no llegue a descubrirse, ni secreto que no venga a conocerse.» (Mt. 10, 26).

A través de las huellas que va dejando la pintura cristológica podemos rastrear la realidad religiosa de una determinada época. A partir del arte de la pintura podemos aprender mucho más del sexo de Dios que con la teología; podemos llegar a saber lo que no se puede razonar ni demostrar pero aún así el artista intuye: el nexo inextricable entre la religión y la sexualidad, residente en el inconsciente religioso y oculto para la consciencia del creyente.

La pintura de Cristo nos cuenta mucho más que sobre pintura. Además de narrarnos historias religiosas nos habla también sobre nuestra concepción sagrada de la sexualidad. La pintura cristológica, si se sabe interpretar correctamente, refleja la concepción sexual de la sociedad cristiana en cada momento histórico.

Del mismo modo que un antropólogo o un paleontólogo conoce por los restos hallados a una determinada cultura, nosotros, a través de la pintura cristológica y descifrando sus símbolos, podemos comprender la realidad erótica y sagrada de cada período del cristianismo: el inconsciente erótico religioso.

****

Hace muchísimo tiempo que unos primates empezaron a evolucionar física y psicológicamente, pues la evolución biológica implica tanto a lo físico como a lo psíquico. El hombre se cuestionó no sólo el entorno sino a sí mismo, lo que supuso el origen de la consciencia, y así, tras diversos avatares, fue naciendo el ser humano, lentamente, tras una larguísima gestación de millones de años.

Este origen de la consciencia queda registrado de forma poética en las Escrituras con la creación del primer hombre sobre la Tierra, pues en la memoria colectiva del ser humano fue posible intuir ese hito histórico y gradual en que la consciencia humana aventajó definitivamente a las demás especies inferiores. El mito de Adán es uno de tantos mitos que refleja esta prehistoria de la consciencia, cuando todavía no discerníamos correctamente entre el Bien y el Mal. Pero con la toma de consciencia también nos alejamos inevitablemente de la naturaleza, y con ello, a su vez, esta particularidad que es la consciencia acarreó un sentimiento de soledad cósmica y marginación, ya que ese lento proceso cognitivo implica *per se* el abandono de la animalidad natural y su rechazo. Y fue así como nos dimos cuenta de nuestra soledad: "No es bueno que el hombre esté sólo" -dice el *Génesis*-, y fuimos dos, a imagen del Creador: hombre y mujer. Y aunque en el fondo no se trate más que de especulación, si algo refleja este pensamiento es que desde los primeros tiempos en que tomamos consciencia, la dualidad sexual y su problemática nos ha traído de cabeza, tanto como para construir mitos y leyendas gravitando en torno a ese comezón.

En aquellos tiempos oscuros el entorno natural era tan enigmático y terrible que por fuerza el Creador del mundo tenía que ser o bien la propia naturaleza o, al menos, alguna especie de poder a ella asociado. Eran tantos los misterios por conocer que tuvimos que ampararnos por necesidad en las fuerzas naturales para buscar su protección. De este modo creamos dioses, en un intento por controlar el absurdo de la vida y el misterio de la muerte, con intención de conjurar nuestro miedo, pues ellos regían nuestro destino; y así creímos en su amparo porque intervenían mágicamente en la bonanza de la tribu por medio de la natalidad. Eran ellos quienes nos bendecían favoreciendo las preñeces y regalándonos neonatos.

Creamos dioses porque no teníamos experiencia en el mundo, porque precisábamos de un hermano mayor, de un ángel guía; estábamos solos, desamparados y desconsolados frente a lo

EPÍLOGO

inconmensurable y necesitados de ayuda. Esa soledad cósmica se intentó conjurar mediante dioses amorfos y cosmológicos, pero resultaron ineficaces para nuestro sentimiento de desamparo; teníamos que darles un aspecto más determinado, más cercano, más eficaz para sentirnos identificados con ellos, tenían que comprender nuestros miedos.

Si bien las primeras divinidades fueron fenómenos naturales y atmosféricos, con el tiempo los dotamos de cualidades animales y posteriormente de atributos humanos, y así fue como los concebimos paulatinamente antropomorfos. Los filósofos advirtieron con acierto que los dioses no tenían por qué tener aspecto humano, y nos avisaron de sus peligros e incongruencias, pero como suele pasar, la devoción popular no entiende de razonamientos lógicos.

Tuvieron entonces los dioses aspecto antropomorfico, evolucionaron, haciéndose más cercanos y familiares, aunque había que dotarlos también de los atributos característicos que remitían al ciclo natural de la vida y la muerte, a la regeneración de la naturaleza, al poder que creó el mundo y que propiciaba su continuidad. Por ello se concibió a los nuevos dioses con órganos genitales: para simbolizar el poder fértil y fecundador de la naturaleza, para representar el poder de la vida. Por eso se estipularon las fiestas religiosas en las fechas primaverales, para imitar la vida y propiciar por contagio mágico su fecundidad entre los hombres, del mismo modo que vimos a tantos animales reproducirse en primavera.

Se veneró a estas divinidades antropomorfas, pero sobre todo se glorificaron sus cualidades genésicas y por extensión las sexuales: esa válvula de escape que impide la autodestrucción de la humanidad mientras nos reporta progenie. Es una doble función que tiene la sexualidad: a la par reporta placer y descendencia. Sucede lo mismo que con los instintos, en los que lograr la supervivencia y obtener el placer coinciden. Así de sabia es la naturaleza que dota a la sexualidad de esa doble función: anzuelo y cebo.

Pero nos dimos cuenta de que no éramos sólo seres sexuales como los animales, sino también eróticos, y que ese erotismo era en cierto sentido diabólico, pues contemplaba la transgresión de la norma establecida y con ella los aspectos violentos del Ser, los cuales, si no eran correctamente conjurados con los ritos, podían acabar con la estabilidad social. Esa es la función del "pararrayos erótico": el que canaliza el exceso de energía sexual que podría destruir la sociedad.

Y así nacieron los mitos, que cuentan que el aspecto terrible del erotismo es una faceta más del ser humano, nuestro lado perverso, nuestro *alter ego*, pero nuestro al fin y al cabo. Y así los dioses reflejaban esa dualidad nuestra subrayando más si cabe los aspectos transgresores, pues copulaban habitualmente entre ellos, con humanos y con animales. Los excesos lúbricos formaban parte de su naturaleza y la orgía se consolidó como el rito que mejor emulaba la idiosincrasia divina. El falo se convirtió entonces en el símbolo del poder fecundador y algunas divinidades exhibían triunfantes su gran poder itifálico.

Pero la consciencia humana evoluciona y con ella también la mentalidad religiosa. Necesitábamos de nuevas creencias que no fomentaran esas brutalidades, que no santificaran la violencia sexual y la bestialidad animal, que no demandaran sacrificios de sangre y que nos diferenciaran de los animales, en vez de subrayar las semejanzas irracionales que tenemos con ellos. Por eso nacieron otras formas renovadas de religión donde el nuevo dios Todopoderoso castigaba cruelmente a todos los que practicaran esos ritos nefastos en honor a la naturaleza y al instinto sexual. La nueva religión, más evolucionada culturalmente, excelsa y pacífica, se oponía a la animalidad. El nuevo dios rechazaba el caos sexual y el frenesí indiferenciado de la orgía porque una nueva ética humana demandaba la primacía de lo espiritual en detrimento de lo carnal: la nueva moral del dios Yahvé fue sin duda la proyección de una demanda social, una evolución de la psicología religiosa colectiva.

Aún así, como hemos dicho, la devoción popular no sabe de razonamientos, por lo que los aspectos eróticos y sexuales de las antiguas divinidades permanecieron en la memoria colectiva hasta el punto de introducirse en las Sagradas Escrituras de forma velada, a través de símbolos y metáforas. De este modo creencias mágicas relativas a la sexualidad empaparon la religión del Libro: piedras, fruta, risas, bailes... todo ello son metáforas eróticas registradas bajo formas poéticas. Aunque volvemos a repetir: la consciencia religiosa evoluciona y el humano quiere vivir en paz, por lo que pasado el tiempo rechazamos al Dios terrible y cruel que nos castigaba cuando infringíamos sus normas y empezamos a idear un dios más cercano y menos vengativo: un dios del amor. De este modo se fue gestando paulatinamente en el inconsciente religioso colectivo la *Encarnación* de Dios, no sólo con apariencia humana sino con un cuerpo verdaderamente humano, hecho de carne, como nosotros. Y así llegó Jesucristo al mundo: por una necesidad evolutiva de la psique religiosa, la cual nunca olvida nuestras ancestrales creencias naturales, sino que las retiene en forma latente e inconsciente.

Por esta misma razón Cristo también contemplaba los aspectos sexuales del paganismo, aún a pesar de que sus representantes religiosos se empeñasen en crearle un estatus asexuado para diferenciarlo de las religiones precedentes, pero como ya hemos repetido la devoción popular es más fuerte que la imposición de la autoridad. Las creencias mágicas relativas a la fertilidad han estado tantos milenios entre nosotros que la aparición de la nueva religión no pudo erradicar ese pensamiento que quedó grabado a fuego en nuestra mente: es un residuo, una herencia religiosa. A la par, la concepción mágica sobre la sexualidad y la natalidad es consustancial al ser humano, una estrategia psíquica que tiende por naturaleza a aumentar la especie en provecho propio; por eso es normal tanta superchería sexual, porque nos beneficiamos de la fecundidad que reportan sus ritos eróticos. Y por eso, de esta manera, la figura de Cristo contemplará el mismo símbolo que desde siempre ha representado al poder fecundador en el mundo pagano: el falo sagrado.

****

Durante el Renacimiento proliferaron muchas pinturas que de forma velada aludían a los genitales de Jesucristo, y rizando el rizo idearon todo un inmenso repertorio de estrategias para remitir a su sexualidad. El Misterio religioso motivaba al pintor, que disimulaba en sus pinturas unos significados herméticos que sólo el iniciado en simbologías podía desvelar. "Desvelar la génesis velada" de Dios era cuestión de aplicar unos conocimientos de simbología sobre la verdadera realidad sexual del dios-hombre "completo en todas sus partes".

Dios ya no es un ser terrorífico, ni tiránico, despótico o distante; ahora es un hombre como cualquiera de nosotros. Y lo vimos nacer, tomar pecho de su madre, jugar desnudo con su primo, con un pájaro que simbolizaba su falo, con una granada que hacía las veces de vulva, lo vimos tocarse sus genitales, tener erecciones... Pero estos actos aparentemente inocentes no intentaban demostrar únicamente su humanidad, que también, sino que iban más allá: eran utilizados por los artistas para construir un discurso acerca de la vida, de la Creación, del origen del deseo, de la fuerza capaz de mover el mundo. Todo ello, aparte de demostrar su naturaleza humana, también pretendía demostrar la capacidad genésica de dios, su poder creador y el verdadero motor del mundo.

En estos discursos existe también un sentido que apunta hacia la exclusividad del ser humano, a ese distintivo psíquico con el cual nacemos, a esas condiciones psicológicas tan especiales que nos hacen humanos y no bestias. En esencia, lo que transmiten los genitales de las pinturas cristológicas atiende a principios teológicos, filosóficos, metafísicos e incluso antropológicos y ontológicos (por remitirnos a una realidad global del ser humano), pero con ello también a nuestra especificidad psicológica, a nuestra naturaleza humana. Y así se empezaron a representar artísticamente una ingente cantidad de obras que remitían a la sexualidad de Dios, característica que nos hacía sentir exclusivos en el reino animal pero más si cabe nos equiparaba con el mismísimo Dios, con unos genitales similares y, tal y como narra el Salmo, nos creímos dioses con el mundo a nuestros pies.

EPÍLOGO

Evidentemente los administradores de lo sagrado y los abanderados de la moral reclamaron un *estatus* asexual para su dios, al cual se lo representaba ya con demasiadas frivolidades y sensualismo en su figura. Tal exceso hacía peligrar no sólo el respeto y la solemnidad que se le debe a un dios, sino también la pretendida diferenciación y distanciamiento respecto de las religiones paganas, lúbricas por excelencia. Por tal motivo y debido al poder político que ostentaba la Iglesia se dictaron unas normas iconográficas para que el Mesías no fuese representado con escaso decoro; es decir, prohibiciones contra los desnudos de Jesús para no ver salpicada su casta reputación. Nacieron de este modo las normas trentinas (llamadas así por el Concilio de Trento), que durante el Barroco tuvieron entre sus misiones refrenar los excesos sensuales en la figura de Cristo, eliminar sus desnudos y procacidades.

Es cierto que esta carga erótica es apenas inapreciable si la comparamos con obras de factura pagana como las *venus*, o incluso escenas abiertamente lúbricas y explícitas en el trato carnal; no obstante debemos hacer un esfuerzo para valorar en su justa medida la transgresión que supone cualquier mínima alusión erótica en la figura del Dios cristiano, pues recordemos que su Padre castigaba con la muerte a todo aquel que osara rendir culto al instinto sexual. Debemos valorar la intrepidez de unos artistas que arriesgaron algo más que su prestigio para expresar unas creencias religiosas influenciadas por el paganismo; artistas que pintaron un dios natural con una sexualidad normal; un dios que sentía aprecio por su aspecto humano, por lo terrenal y carnal, y no el típico rechazo al cuerpo que se profesaba desde la Jerarquía. Los artistas representaban a un dios que aceptaba su condición de hombre y que como tal aceptó y vivió en carne propia el deseo humano; representaron un Cristo del amor que mostraba su sexualidad porque la aceptaba, porque amaba la condición humana. El Cristo así representado no era partidario de la idea que rechaza el cuerpo en favor del espíritu, sino que estimaba ambos por igual, como bien demostraban tanto su cuerpo como sus palabras: *¡Ay de la carne que depende del alma! ¡Ay del alma que* *depende de la carne!*, se dice en el Evangelio. Él es el *logos* encarnado, el "espíritu físico", el dios materializado. Cristo es el fin de la separación platónica entre el alma y el cuerpo, es la síntesis entre ambos, la coincidencia de opuestos, como toda divinidad.

De todo esto nos hablan las pinturas donde se exhiben y aluden los genitales de Cristo: de la aceptación de nuestra condición carnal y mortal, de la aprobación de nuestro cuerpo y con él de la sexualidad, no sólo de la preocupación del alma y la ultratumba, no sólo de escatología sino del aquí y del ahora. Incluso dentro de su tumba se permite la licencia de mostrarnos el verdadero secreto de la inmortalidad: el dedo impúdico, sólo efectivo mientras estemos vivos: ese es el último alegato de un muerto que se da cuenta que sólo en vida se vive. *Carpe diem.*

Mucho se ha especulado sobre las posibles relaciones sexuales del Cristo histórico, y aunque eso no compete en este trabajo, no quiero dejar pasar a oportunidad para decir que tales leyendas reflejan la tendencia del ser humano de atribuir una sexualidad normalizada a sus dioses, de suponerle y concederle pasiones carnales, historias de alcoba, de hacerlos a fin de cuentas "*a imagen y semejanza*" de nosotros, pues si algo queda claro en la Historia de las religiones es que son los dioses los que han sido creados a imagen nuestra, y no a la inversa: la evolución de las divinidades demuestra este aserto. En otras palabras: las leyendas que puedan insinuar una probable relación sexual de Jesucristo sólo son proyecciones de la psique religiosa que tiende a dotar a los dioses de los mismos atributos humanos. Y Cristo, hombre como nosotros y a la vez dios, refleja con su sexualidad la importancia que el pensamiento religioso atribuye a la sexualidad: el atributo más importante y elemental para propiciar la continuidad de la especie, pues como toda especie tenemos un instinto que vela por nuestra supervivencia, condensada en un símbolo genital que aglutina todos nuestros anhelos y temores vitales.

La iconografía cristológica demuestra la continuidad del culto al falo de Jesucristo en el cristianismo. Tal culto tiene innegablemente un origen pagano. Soy consciente que aporto una visión de la pintura cristológica que contempla una lectura erótica. La interpretación vertida en este libro queda demostrada por las supersticiones cristianas marginales, pero en mayor medida por los ejemplos pictóricos aquí citados así como por muchísimos otros que no han encontrado lugar en este libro por falta de espacio. No es acertado hablar de arte cristológico sin tener en cuenta los aspectos sexuales que hemos comentado, ni es correcto ignorar estos nuevos aportes si se pretende entender adecuadamente el arte cristiano. No podemos relegar la realidad genital de Cristo porque con ello rechazamos su carnalidad, con la cual se remite no sólo al sacramento de la carne y la sangre de la eucaristía, sino al milagro de la *Encarnación* de Dios; y no podemos obviar su sexualidad porque con ella también se remite, y principalmente, a la génesis del mundo, a la capacidad creadora de Dios, a su poder creador; pero también a los aspectos puramente humanos y biológicos, no sólo filosóficos o metafísicos sino también a nuestra especificidad psicológica, que es la que nos hace humanos y configura la génesis del deseo.

Cristo contempla una forma degradada del culto al falo. La razón es debido a que nuestra psique, que es la que crea a los dioses con aspecto humano, no puede evitar proyectar nuestra condición erótica en mitos y leyendas.

Jesucristo es el lugar común en el que han de analizarse juntos la sexualidad y lo divino. Él es el nexo entre el erotismo y Dios, en tanto que es humano y divino a la vez, de cuerpo y de espíritu, de carne y de pneuma, de materia mortal y de esencia inmortal, hombre y dios, como nosotros. Él articula toda una dialéctica esquiva todavía hoy en día por la gazmoñería de unos moralistas que temen a su propia sexualidad reprimida y vetan los debates sobre la sexualidad de Dios. Sin embargo Cristo y su sexualidad son la llave maestra sin la cual no podremos conjugar nuestra constitución física con nuestro anhelo trascendental. Tenemos el alma dividida, el espíritu quebrado, los pies en la tierra y el pensamiento en el cielo. Somos soñadores que trascendemos nuestra mera corporalidad material, por eso nuestro falo se yergue apuntando desafiante al cielo, porque es allí a donde tiende. Sólo reconociendo y profundizando en el estudio de la sexualidad de Jesucristo haremos justicia y aprenderemos cómo es verdaderamente el ser humano: con una psicología escindida en dos polos, dualistas quiérase o no, de materia y con un espíritu que infunde vida a esa misma materia.

Cristo es el común denominador entre el hombre y Dios. Su sexualidad es la clave de bóveda, la piedra angular sin la cual cualquier relación con lo trascendental se derrumbará tarde o temprano, pues a la fuerza hemos de conjugar ambas realidades, la carnal y la espiritual, tal así somos.

El punto de encuentro entre el hombre y Dios son los genitales de Cristo. Ahí está el punto de partida para avanzar en el conocimiento sobre la esencia del alma humana. Esa es la clave de bóveda que sustenta el aserto de que los dioses somos nosotros.

«El que tenga oídos, que oiga»
«El que pueda entender, que entienda»

"Y VIO DIOS SER MUY BUENO CUANTO HABÍA HECHO."

EPÍLOGO

www.ingramcontent.com/pod-product-compliance
Lightning Source LLC
Chambersburg PA
CBHW071350210526
45465CB00001B/39